徐晉如 著
林語尘 繪

海枯石爛古今情

唐宋詞人十五講

華夏出版有限公司

緒言
千古不滅的詞心

詞，初名曲子詞，發源於隋唐，起初是配合燕樂演唱的文辭，故又名曲子。到宋代乃極流行，近人焦循、王國維至以「一代之文學」尊之。但在傳統文學史的概念中，詞在較長時期內，一直被稱作「詩餘」，不能有很高的地位。對於這一境遇的形成，必須於中國文化精神有一真確之體認，然後始能有同情之瞭解。

原來，中國文學的主流，乃是一種政治性上層文學，個人之出處窮通，莫不與家國興亡相關，那些徒然以文辭綺麗相飾，衹表現個人情感的作品，從來就被目為輕薄，不能有很高的文學地位，更不用說那些代人立言的代言體曲藝文體了。而詞之得名詩餘，正因詞在一開始是不合於此種主流的。據孫光憲《北夢瑣言》記載，和凝本是著名的詞人，但後來做了後晉的宰相，「專託人收拾焚毀不暇」。從此則故事，可見一般人心目中，始終認為詞體卑下，無當於中國文學之根本傳統。

曲子詞之初興，原僅盛行於社會下層。故其文辭近於俗語，不及詩語之下字雅馴。詩家語老杜、韓愈特重錘煉，宋黃庭堅至謂其「無一字無來處」。但詞的文辭從一開始是較通俗的。今傳王重民先生所輯《敦煌曲子詞集》，所收錄的作品，都是在二十世紀初纔在敦煌石室中發現，此前一千多年，始終湮沒不彰，然而那本是歷史的必然，它們本就屬該被文學史所刪汰的作品，因為它們完全不合中國文學尚雅、重人文主義的傳統。我們來看兩首《敦煌曲子詞集》中的作品便可知道：

鳳歸雲

兒家本是，累代簪纓。父兄皆是，佐國良臣。幼年生於閨閣，洞房深。訓習禮儀足，三從四德，針指分明。　娉得良人，為國遠長征。爭名定難，未有歸程。徒勞公子肝腸斷，謾生心。妾身如松柏，守志強過，魯女堅貞。

洞仙歌

悲雁隨陽。解引秋光。寒蛩響、夜夜堪傷。淚珠串滴，旋流枕上。無計恨征人，爭向金風漂蕩。擣衣嘹亮。　懶寄回文先往。戰袍待縫絮，重更薰香。殷勤憑、驛使追訪。願四塞、來朝明帝，令戍客、休施流浪。

一方面，敦煌詞文辭傖俗，殊無詩人一唱三歎之致，故不能突破時空上的限制，成為可以流傳久遠、四海廣被的作品；另一方面，敦煌曲子辭多是代言之體，非就作者自身生活取材，不是「有感而發」，故不能見出作者的生命、作者的歌哭。這些，都是中國文學所鄙薄的。

至五代風氣攸變。時有蜀人趙承祚編《花間集》，歐陽炯為作集序，中有「綺筵公子，繡幌佳人，遞葉葉之花箋，文抽麗錦；舉纖纖之玉指，拍案香檀。不無清絕之辭，用助嬌嬈之態」之語。可知詞發展到五代，文辭固已漸趨雅麗，但就表達場合而言，則既非宗廟朝廷，又非邦國盟會，乃在花間尊前、豪門家宴、秦樓楚館，是對私人生活的寫照，用作尋歡作樂時的助興，詞之體格所以卑下，此亦不可忽視之一因。

亦惟詞之功用，最早是供「綺筵公子，繡幌佳人，遞葉葉之花箋，文抽麗錦；舉纖纖之玉指，拍案香檀」。是用「清絕之辭」，「助嬌嬈之態」，則以囿於欣賞者的水平，詞作的感慨不能深刻，多寫眾情眾相，而沒有作家個人之生命體驗，詞之格調，不及於詩，此亦重大消息。

宋初歐陽修以一代名臣，而頗經意詞作。歐詞如《臨江仙》：

柳外輕雷池上雨，雨聲滴碎荷聲。小樓西角斷虹明。闌干倚處，待得月華生。　燕子飛來窺畫棟，玉鉤垂下簾旌。涼波不動簟紋平。水精雙枕，傍有墮釵橫。

此詞據宋錢愐《錢氏私志》云：

歐陽文忠任河南推官，親一妓。時先文僖（錢恤父錢惟演）罷政為西京留守，梅聖俞、謝希深、尹師魯同在幕下，惜歐有才無行，共白於公。屢微諷而不之恤。一日宴於後圃，客集而歐與妓俱不至，移時方來，在坐相視以目。公責妓云：「末至何也？」妓云：「中暑往涼堂睡著，覺而失金釵，猶未見。」公曰：「若得歐推官一詞，當為償汝。」歐即席云：「柳外輕雷池上雨……」坐皆稱善。遂命妓滿酌賞歐，而令公庫償其失釵。

是知歐詩文追隨韓愈載道之旌，而所為小詞，則僅為座上侑酒，與中國文學之大傳統無涉。又有《長相思》二首：

蘋滿溪。柳繞堤。相送行人溪水西。回時隴月低。　煙霏霏。風淒淒。重倚朱門聽馬嘶。寒鷗相對飛。

花似伊。柳似伊。花柳青春人別離。低頭雙淚垂。　長江東，長江西。兩岸鴛鴦兩處飛。相逢知幾時。

兩詞均是代言之體，「一就送行女子著筆，一就遠行男子落想」（陳新、杜維沫選注：《歐陽修選集》），皆不曾自個人生活借材，更無涉於治國平天下之志。又有《生查子》一首：

去年元夜時，花市燈如畫。月上柳梢頭，人約黃昏後。　今年元夜時，月與燈依舊。不見去年人，淚滿春衫袖。

或以為南宋女詞人朱淑真作，又有人認為歐詞中凡涉綺豔者，皆是政敵託名所作，用以詆譭之。適見就詞的表達動機而言，因其無關人格道德，故在當時人心目中，為一卑下之文體也。

近時學者錢穆先生指出，中國文學家最喜言有感而發，最重有寄託，而最戒無病呻吟。故後世之詞論家，必為歐陽修曲護，認為他下面這首《蝶戀花》是一首有政治寓意的有寄託的作品：

庭院深深深幾許。楊柳堆煙，簾幕無重數。玉勒雕鞍遊冶處。樓高不見章臺路。　雨橫風狂三月暮。門掩黃昏，無計留春住。淚眼問花花不語。亂紅飛過秋千去。

清代常州詞派的開山張惠言說：「庭院深深，閨中既以邃遠也。樓高不見，哲王又不寤也。章臺遊冶，小人之徑。雨橫風狂，政令暴急也。亂紅飛去，斥逐者非一人而已，殆為韓（琦）、范（仲淹）作乎？」可見，衹有聯繫上重寄託、重政治抒情的中國文學大傳統，詞的地位始尊，纔得與詩方駕并驅。

讀古人詩，最宜依編年讀之。則其人一生之行誼，社會時代之風雲，盡收眼底。但古人詞作往往不編年，即因古人詩雖則東雲露一鱗，西雲露一爪，然而每一首詩，都是時代的一個側面，都可以就一滴水而見大海，但古人作詞時，其內心往往與社會人生、家國天下毫無關涉，故編年與否，漠不相干。自中國文學之大傳統觀之，宜乎詞之地位，不及詩也。

詞體初起時其格甚卑，已如上述。然早期詞家，亦有能別開新面，復歸於詩學大傳統者。茲舉李白詞二首：

憶秦娥

簫聲咽。秦娥夢斷秦樓月。秦樓月。年年柳色，霸陵傷別。　樂遊原上清秋節。咸陽古道音塵絕。音塵絕。西風殘照，漢家陵闕。

菩薩蠻

平林漠漠煙如織。寒山一帶傷心碧。暝色入高樓。有人樓上愁。　玉階空佇立。宿鳥歸飛急。何處是歸程。長亭更短亭。

清代文藝批評家劉熙載評價說，這兩首詞，抵得上杜甫的《秋興》八首，并認為，「想其情境，殆作於明皇西幸之後」，這一觀點，可謂直抉詞心。我以為《憶秦娥》詞是紀明皇揮淚別宗廟，倉皇西狩，而《菩薩蠻》則是寓盼官軍恢復之意。因為符合中國文學重寄託、重有感而發的大傳統，二詞纔成為千古傳誦的名篇。

中唐劉禹錫仕途失意，遂就自身經歷取材，如《憶江南》之志謫宦之情，《瀟湘神》之寓屈騷之意，都不是當時那些流行於下層民眾中間、但千年後衹能憑藉敦煌文獻苟延殘喘的代言體詞作所可望其項背。《瀟湘神》一首：

湘水流。湘水流。九疑雲物至今愁。君問二妃何處所，零陵芳草露中秋。

鍾振振先生揣測，「詞中是否以舜暗指永貞之政的後臺順宗李誦，以二妃暗指順宗的左右手王叔文、王伾呢？」（《詞苑獵奇》）我以為，就知人論世的角度來看，這種揣測是立得住腳的。

中晚唐作者，尚有張志和《漁歌子》五首，表其隱逸之志，而詞中物我融凝，天人合一，遂不脛而走，流傳異邦，乃有日本國嵯峨天皇和詞。可見能流傳久遠的，終究還是雅的、表達了士大夫情懷的作品。

上引數家，并不專力為詞，故於當時詞學大風氣并無較大糾轉。第一位拓大詞境的大人物是南唐後主李煜。錢穆先生說：「詩餘為詞，亦專詠作者私人生活，與政治無關。李後主以亡國之君為詞，其私人生活中，乃全不忘以往之政治生活。故其詞雖不涉政治，其心則純在政治上，斯所以為其他詞人所莫及也。」（《中國文學論叢》）正可以作為王國維「詞至李後主而眼界始大，感慨遂深，遂變伶工之詞而為士大夫之詞」（《人間詞話》）一語最好的解釋。

從李後主開始，歷代詞人逐漸自覺地向中國文學的主流靠攏，詞的境界也愈轉愈深，詞人的精神面貌、生命意識，也逐漸與詩人趨同。然而，詞終究不是詩，詞之佳處，又不僅以附麗詩學，政治性抒情為高。除了那些重寄託的作品，詞中凡脫離了代言體的低級趣味，取材自作者自身生活，能表現作者真切的生命意志者，也都是可傳之作。這一傳統，從花間詞人韋莊開始，經由北宋的晏幾道、秦觀，而到南宋姜夔、吳文英，一脈相承，不絕如縷。恰亦正因詞不必如詩一樣，有言志載道的要求，詞中體現出的作者的性情，往往比詩更加能搖盪人心。即如韋莊《思帝鄉》詞云：

> 春日遊。杏花吹滿頭。陌上誰家年少，足風流。妾擬將身嫁與，一生休。縱被無情棄，不能羞。

顯違禮教，語似狂顛，而千載以下，誰會不為詞中女主人公的摯情感動呢？

又如北宋柳永詞《鶴沖天》：

> 黃金榜上，偶失龍頭望。明代暫遺賢，如何向。未遂風雲便，爭不恣狂蕩。何須論（ㄌㄨㄣˊ）得喪。才子詞人，自是白衣卿相。
>
> 煙花巷陌，依約丹青屏障。幸有意中人，堪尋訪。且恁偎紅翠，風流事、平生暢。青春都一餉。忍把浮名，換了淺斟低唱。

縱情狂放，居當時士大夫所不屑居之境、為當日大人君子所不屑為之事，卻是從頭到腳的一個真人，直令人覺得驚心動魄，回視世俗功名，彷彿白雲蒼狗，轉瞬即逝，又何如做得個詞壇的卿相，名垂千古？

至若小山晚年的名作《阮郎歸》：

天邊金掌露成霜。雲隨雁字長。綠杯紅袖趁重陽。人情似故鄉。　蘭佩紫，菊簪黃。殷勤理舊狂。欲將沈醉換悲涼。清歌莫斷腸。

這是小山對他狷介自任，到處碰壁的一生的總結，認得真，看得切，比由旁人評說，尤覺悲涼哀怨。以小山的智力、學識、身世，何嘗便不知婉孌處世，纔得幸進，然而，他是個天生的狷者，但凡卑賤取容的事，一毫也做不得。這樣的性情，這樣的詞作，怎能不攝人心魄？

讀唐宋詞，總能讀出顯違儒家中行標準的不一樣的人格。儒家所謂的人性，本有情、志、意、慾四端，四端皆有所節，便被認為是性情完善的人。然而，唐宋名家的詞，動人的不是他們性情的完善，而是性情中這樣那樣的缺憾，那些帶有病徵的性情，纔是真正打動我們的地方。內典有云：「因愛故生憂，因愛故生怖。若離於愛者，無憂亦無怖。」唐宋名詞人，無一不執念於愛慾，也無一能做到無憂無怖。他們的文字，是苦難人生的自我救贖，但他們從未試圖放棄愛慾本身，所以，他們永遠不可能超然脫解，離塵去俗。這正是他們的作品具有永恆的、撼動靈魂的力量的原因所在。

我從一九九三年起自學填詞，先依龍榆生先生《唐宋詞格律》一書，奉譜填詞，不過勉強成篇而已。初喜長調，以其易於敷衍成篇，兩三年間，積有數百首，但因筆力稚拙，語辭蕪弱，後皆焚去。一九九五年因隨侍先師大豐王公林書，得窺詩旨，胸中塊磊，忽然吐為古近體詩，居然大是如意，遂棄長短句而不為。偶有所作，也不過是著腔子之詩，不得以詞視之。猶記一九九九年自北大畢業，有詞贈同學上海謝華育，調寄《水龍吟》：「古今第一傷心，都因濁酒銷清志。雲來海上，風從讎國，醉予如此。大野鴻哀，廟堂柘舞，不爭何世。對新蒲細柳，蛾眉慘綠，還獨灑、新亭淚。　慣見成名豎子，遍乾坤、炫其文字。茫茫八極，沈沈酣睡，似生猶死。江漢難方，香荃誰託，兩間憔悴。向人前應悔，傾城品貌，被無情棄。」讀者明鑒，自可知我學詞宗尚所在。二〇〇三年謀食鵬城，住小梅沙以東之溪涌，日夕與海雨山嵐為伴，僅以納蘭性德《飲水詞》、王士禛《衍波詞》相隨，不覺勾動詞思，二月中得令詞數十首。至此，纔算理解了如何便是幽微隱約的詞心，也終於對歷代詞人多了一層同情之瞭解。次年，則應我師汨羅周曉川先生命，助他選評歷代婉約詞。唐五代兩宋詞，師自為之，元以後以迄民國，則由我補苴。曉川師教我將來可專力治詞學，我的志趣，本在治經，故未遽從師命，但此後亦稍稍留心詞學。竊嘗謂古來詞學，皆是詞人自道甘苦，今之詞學，則是考據家、評論家扣盤捫燭之談，故此殊不願作學院派論文，與今之學者一爭雄長。嗣以執教深圳大學，開設《唐宋詞與人生》課程，以詞人的人生出處，反溯其性情，而又因其性情，更去賞會其作品，深感唐宋諸賢，之所以人生牢騷失意，其性情實以肇始之，其詞作之芳馨悱惻，亦何莫由其性情造就之。無狂狷之性情，無愛慾糾纏之執念，便無絕豔沈麗之文學，性情為人生之大本，更有何疑？至如拘於時代背景之陳說，以文人為時代之附庸，文學為政治之奴僕，恐皆是不會填詞的理論家的外行之論，詞人論詞，必不為此說也。

本書不是博士式的「為智識而智識」，不是學究們的「為研究而研究」，而是一位詞人，在感知唐五代兩宋那些執著人世、拒絕脫解的生命之時，所記錄下來的一點感悟，也希望讀者能從本書之外，感受到唐宋諸賢千古不磨的詞心。

再版附記

本書二〇一六年四月由長春出版社出版，原責編是謝冰玉女士，高子晴女士負責發行。而我的一位近在縲絏中的朋友，對本書付出了特別的關懷，原書名《長相思——與唐宋詞人的十三場約會》即其所定。書在出版前，大多數篇章曾在《社會科學論壇》雜誌連載。我每兩月寫一篇，每次寫完，都得小病一場，此因用情之至，不覺魂傷。晚清詞人況周頤曾云：「吾聽風雨，吾覽江山，常覺風雨江山外有萬不得已者在。此萬不得已者，即詞心也。」（《蕙風詞話》卷一）我喜歡他的「萬不得已」四字，寫作本書也是一場萬不得已之旅。我相信，祇有以萬不得已之心，去感知唐宋詞人，纔能進入他們的心靈世界，聆聽他們幽隱的心聲。我是以這樣的態度完成了本書，這應該就是很多讀者喜愛本書的原因。

二〇二一年七月，我在天涯海角之地，結識了董曦陽兄，他希望能再版這本小書。我說有兩位詞人，我一直想寫，一位是豪放詞宗張孝祥，另一位則是金源第一詞人元好問，如果能加上這兩位，本書也就圓滿了。得曦陽兄首肯，我用了半年多的時間以等待萬不得已之境，終於等到與斯境不期而遇之時。

本書初版後梓行了四次，多得師友匡謬，每次付梓，皆有訂正。尤其書中兩處硬傷，承廣州博物館宋平先生、華東師範大學邵明珍教授指出，成人美，救我失，謹此拜謝。值此書又將版行，茲并鳴謝冰玉、子晴二位女士暨曦陽兄對本書所作出的努力，我也鄭重地把這本小書，獻給前面提到的那位朋友。

壬寅試燈節徐康侯記於古宣武

三版補記

本書原為深圳大學《唐宋詞與人生》課程之講義。我在講授該課程時，例詞多自龍榆生先生《唐宋名家詞選》中選出。《詞選》最早由開明書店出版，唐、宋、金詞，三代精英，盡萃於一編，遠勝後來通行之本。我久有意景刊是選，因得傳古樓主陳志俊兄助，遂窮數月之功，細加校勘，乃付華夏出版有限公司梓行。志俊又為擘劃，同期出版本書正體直排之本，古道熱腸，足銘方寸。此書在天地出版社重版，改書名《一場寂寞，半窗殘月》，語出三變《小鎮西》詞。區區當日，亦是小鎮做題家耳。惟習耽詩詞，遂成今日無用之身。誦況蕙風「他生莫作有情癡」之句，寧勿惘然？

壬寅冬日蓮香室又記

目錄

照花前後鏡 花面交相映 新帖繡羅襦 雙雙金鷓鴣
乙未夏夜於京

飄蓬客，鉛淚濕秋雲。江柳拂殘清夜月，杜鵑啼損錦城春。深坐自含嚬。

右溫尉

溫庭筠

詞客有靈應識我

南宋陳振孫《直齋書錄解題》是中國古代一部極為重要的文獻學著作。其著錄《花間集》則曰：

花間集十卷，蜀歐陽炯作序稱衛尉少卿字宏基者所集，未詳何人。其詞自溫飛卿而下十八人凡五百首，此近世倚聲填詞之祖也。詩至晚唐五季，氣格卑陋，千人一律，而長短句獨精巧高麗，後世莫及，此事之不可曉者。放翁陸務觀之言云爾。

今天我們知道，《花間集》的撰集者衛尉少卿字宏基，他的名字叫作趙崇祚。放翁陸務觀就是南宋大詩人陸游，他評價晚唐五代的詞作，「精巧高麗，後世莫及」，與我的感覺一致。

花間詞的風格，我用兩個字概括：沈豔。讀花間詞，總能感覺到一股沈著濃摯之氣，流行其中，詞的外在色貌如花，內裏卻骨重神寒。花間詞中的第一位作者溫庭筠，是晚唐時候的人，他的綺豔穠麗的詞風，彷彿一位明豔無匹的貴婦人，凝妝端坐，她不會有對宇宙人生的深刻思索，她不會去關心全人類的命運，然而她的眉宇間，總透露出一種真摯之情，彷彿在訴說著內心的寂寞。

溫庭筠，本名岐，字飛卿，他的祖上溫彥博，曾經做到尚書右僕射的大官，是唐太宗貞觀初年的名宰相之一。飛卿生於太原，《唐才子傳》說他「少敏悟，天才雄贍，能走筆成萬言。善鼓琴吹笛，云：『有絃即彈，有孔即吹，何必爨桐與柯亭也。』」爨桐與柯亭，都是關於東漢蔡邕的典故。《後漢書．蔡邕列傳》裏說：「吳人有燒桐以爨者，邕聞火烈之聲，知其良木，因請而裁為琴，果有美音。」柯亭本是紹興（古稱會稽）的一座驛亭，一名千秋亭，又名高遷亭。《後漢書．蔡邕列傳》注：「蔡邕告吳人曰：『吾昔嘗經會稽高遷亭，見屋椽竹東間第十六根可以為笛。』取用，果有異聲。」後世因即以柯亭為良笛之美稱。《唐才子傳》記載飛卿的話，是說他天生樂感敏銳，隨便什麼樂器，上手即能奏出曼妙的樂章。《御定佩文齋書畫譜》引《容臺集》評價他的書法，說是「似平原書而遒媚有態，米元章從此入門。」飛卿的駢文在當時負有盛名。與李商隱、段成式一樣，都追求詞藻上的穠麗華美，當時人把他們的文風稱作「三十六體」，因為這三個人，依照行第來說，都排行十六。（唐人行第，是在同一曾祖父所出的兄弟輩之間排長幼，這些兄弟互相稱從祖兄、從祖弟。）飛卿的詩，多側豔之作，與李商隱并稱溫李。他非常精於屬對，像「紅妝萬戶鏡中春，碧樹一聲天下曉」（《雞鳴埭歌》）、「湘君寶馬上神雲，碎佩叢鈴滿煙雨」（《郭處士擊甌歌》），都深得對仗的陰開陽闔，相濟相生之妙。這種功夫，正是從他善於寫駢文而來。而像下面的這些詩作，正是他的代表作風：

蓮浦謠

鳴橈軋軋溪溶溶。廢綠平煙吳苑東。水清蓮媚兩相向，鏡裏見愁愁更紅。白馬金鞭大堤上。西江日夕多風浪。荷心有露似驪珠，不是真圓亦搖盪。

錦城曲

蜀山攢黛留晴雪。簝筍蕨芽縈九折。江風吹巧剪霞綃，花上千枝杜鵑血。杜鵑飛入巖下叢。夜叫思歸山月中。巴水漾情情不盡，文君織得春機紅。怨魄未歸芳草死。江頭學種相思子。樹成寄與望鄉人，白帝荒城五千里。

不過，平心而論，這些詩，都有一定的代言體的意味。大概都受到齊梁間樂府詩風的影響，文辭穠麗，而內容淺薄。

從《舊唐書．文苑傳》《唐才子傳》等書中對飛卿的記載看，其人在當時被公認為是猥薄無行之徒。他自幼才華穎發，唐宣宗大中年間，進京應試，才名特盛，一時京師人士爭相與之結交。但因為「士行塵雜，不修邊幅」，整日價和公卿家無賴子弟裴誠、令狐滈之流混在一起，飲酒賭博，很快就有了壞名聲，讓當道者覺得這樣的人不能「臨民」，便因為此，累年不能中第。唐代從仕的正途是應進士試，考詩賦，所考的詩賦，都有一定的程式，很考驗應試者對文字的駕馭能力。科試之日，會給每個考生發三根大蠟燭，三根蠟燭燒完，要作完八韻的詩賦。當時有人作對聯說：三條燭盡，燒殘士子之心；八韻賦成，驚破試官之膽。唐時三條燭燒盡，八韻賦猶未寫成的，大有人在。但飛卿偏有一種本領，他應試時，根本不用打草稿，把手籠到袖子裏，伏在几上，信口吟誦，便能作完。時號溫八吟。又謂他一叉手即成一韻，八叉手即能完篇，又號溫八叉。他還是考場大救星，每次考試，與他鄰鋪的舉子都會霑上他的恩澤，不必自己答卷，飛卿會替他們答卷的。在大中末年，他累年不第，而善代人捉刀的名氣也越來越大，主考官特地讓他於簾下單獨應試，不料即使在這種情況下，他還通過口授答案，暗中幫了八個人答卷。

飛卿亦嘗出入宰相令狐綯書館中，據說令狐綯待他甚是優渥。因為唐宣宗喜歡《菩薩蠻》的曲子，令狐綯拿了飛卿所作的《菩薩蠻》，進獻給宣宗皇帝，詭言是自己所作，一面告誡飛卿，不能向外透露此事。但飛卿不久即泄於人知。又有一次，唐宣宗作詩，用金步搖一詞，無有名物相對仗，飛卿對以玉條脫，令狐綯問飛卿玉條脫出典，溫答：「出自《華陽真經》。這書并非僻書，相公您治理國家之暇，也該讀一點古書！」《華陽真經》是齊梁間道教名人陶弘景《真誥》一書的別名，玉條脫出於《真誥》第一篇。（此據《野客叢書．金條脫事》）飛卿還對外人說：「中書省內坐將軍。」唐代中書省，即是政府所在。中國從秦漢以降，政府便是士人政府，中書省更應由讀書人主位，說「中書省內坐將軍」，是譏諷令狐綯雖貴為宰相，卻不讀書沒學問。這樣的事多了，飛卿也就開始在令狐綯面前失寵了。他後來作《題李羽故里》一詩，尾句曰「終知此恨銷難盡，孤負華陽第一篇」，即指

與令狐綯之間的恩怨。（《野客叢書．金條脫事》）

這以後，飛卿到襄陽依山南東道節度使徐商，署為巡官，離他的志向殊遠，於是流落到江東一帶，在廣陵（今揚州）又與一班無賴少年飲酒狎妓，作狹邪之遊。這個時候，令狐綯也從相國的位置退下去，做了淮南節度使，行署即在揚州。飛卿心怨令狐綯在相國任上不助他入仕，故不去拜謁。直到有一晚飲得大醉，犯了宵禁之律，被虞候（猶今之警察）打斷牙齒，纔跑去找令狐綯斥冤，當時讀書人地位很高，侮辱士人是很大的罪名。令狐綯當即令把虞候拘來，不料虞候大講溫平日醜行，令狐綯祇能居中做調停了事。

經過被虞候擊面折齒一事，飛卿在京師當道的大官們心中，再無地位。他的故人徐商這時做了宰相，倒頗重情誼，幫他說了不少好話。然而徐商不久罷相，楊收繼任，他一向看飛卿不順眼，於是貶他做了方城尉，流落到死。（一說：宣宗微行，在旅舍與溫相遇，溫不識龍顏，以為是長史一流的小官，以是被貶。）中書舍人裴坦，負責給貶他的公文寫理由，提筆想了很久，纔寫道：「孔門以德行居先，文章為末。」終其一生，飛卿的最大官職是國子助教，故後人以溫助教稱之。

飛卿在正史野乘，都被視為文人無行的典範。然而與之同時的詩人文士，同情其際遇者頗眾，飛卿被貶作方城尉，大家爭相為他餞行，賦詩相贈。進士紀唐夫賦詩曰：「鳳凰詔下雖霑命，鸚鵡才高卻累身。」才高累身，說出了飛卿鬱鬱一生的真相。

飛卿才華橫絕一時，然任何一位才華橫絕者，在本質上都是孩子。這句話的意思是，他們永遠是按照快樂原則而不是現實原則去生活、去處世的。飛卿少年的一些狹邪之行，原不過是青春的精力不知如何宣洩所致。這種人生當然不值得提倡，但須知這僅僅是心智不成熟的表現，較之那些從很小就懂得曲意逢迎、懂得攫取自己的利益的人，飛卿的內心要純淨得多。他衹是單純地追尋著快樂而已。

飛卿因少年誤入歧途而自絕仕進之路，便開始放浪形骸，代人作弊，他以一種獨特的方式表示出對那個忌才忌個性的時代的抗議。任何一個社會，最終都是像令狐綯那樣的平庸者獲得最大利益，飛卿的悲劇，是令狐綯們的喜劇。其實，即使飛卿在令狐相國的書館中懂得裝低伏小，令狐相國也不會助他成就功名。平庸者不會理解才華卓異的天才，他們衹會覺得這樣的人身上充滿不安定的因素，說不定會給自己帶來什麼麻煩。令狐綯衹把飛卿當作文學弄臣，僅此而已。可以說，飛卿一生的悲劇，令狐綯要負極大責任，然而，現實永遠是令狐綯們的世界，飛卿衹能靠他的文學，震盪著千載以降無數敏感的心靈。

飛卿終身困頓，不得一展懷抱。實則其人頗有經世之志。《過陳琳墓》是他的代表作之一，詩云：

曾於青史見遺文。今日飄蓬過此墳。詞客有靈應識我，霸才無主始憐君。石麟埋沒藏春草，銅雀荒涼對暮雲。莫怪臨風倍惆悵，欲將書劍學從軍。

陳琳是三國時人，原為袁紹幕僚，曾銜命作《討豫州文》，歷數曹操罪狀，且詆及其父祖，文章極富煽動性。袁紹兵敗，曹操要殺他，他說那是受命所為，「如箭在弦上，不得不發」。曹操愛其才，用為記室。詩人經過陳琳的墳墓，遙想當年陳琳際遇，自傷身世，遂成此篇。「詞客有靈應識我，霸才無主始憐君」一聯是全詩主旨所在。詞客當然是指陳琳，下句「霸才」或謂指曹操，這是不確的。霸才即指作者以及其他與作者一樣，空負絕世才華，卻不得一用的失意之士。「憐君」的「君」，是對陳琳的敬稱。整句意思是君生前為詞章作手，如果地下有知，也當引我為知己；我亦如君有槃槃大才，卻不得明主賞識，當然要同情君的際遇了。作者才華，本不遜陳琳，然或遇或不遇，無怪飛卿要感慨「欲將書劍學從軍」了。亂世，通常平庸者獲取最大利益的機會要少一些，而天才的機會則相對多了一些。他還有一首《贈蜀府將》，也表達了類似的意思：

> 十年分散劍關秋。萬事皆從錦水流。志氣已曾明漢節，功名猶尚帶吳鉤。雕邊認箭寒雲重，馬上聽笳塞草愁。今日逢君倍惆悵，灌嬰韓信盡封侯。

灌嬰韓信，都是武人，都得封侯，飛卿作為讀書人，驚才絕豔，卻不得一用，這種對照對他自己的心靈來說，無疑是一種極殘酷的折磨。

也正因此，清代常州詞人張惠言評飛卿詞，認為他的《菩薩蠻》十四首，都是「感士不遇」的作品，其言妝飾之華妍，「乃離騷初服之意」。今錄三首如下：

菩薩蠻

溫庭筠

小山重疊金明滅。鬢雲欲度香腮雪。懶起畫蛾眉。弄妝梳洗遲。　照花前後鏡。花面交相映。新帖繡羅襦。雙雙金鷓鴣。

第一首詞，是講一位貴族女子，內心寂寞，無可排遣，晨起梳妝的情態。小山一般皆解作枕屏，是擱在床上枕前用以擋風的屏風，金明滅，指朝日映射，光亮如金。鬢雲句指烏髮如雲，與香腮雪膚，適成對比。蕭繼宗先生則以為，小山指美人之額，因唐宋人慣以黃塗額，故曰「金明滅」。他引溫庭筠《照影曲》詩「黃印額山輕為塵」、《菩薩蠻》其三「蕊黃無限當山額」、《漢皇迎春詞》「柳風吹盡眉間黃」、《偶遊》「額黃無限夕陽山」，五代牛嶠《女冠子》詞「額黃侵膩髮」，毛熙震同調詞「修蛾慢臉，不語檀心一點，小山妝」為例，證明小山妝乃指女子額上塗黃；又謂眉間之黃層層塗染為一圓點，正中最濃，四周漸勻漸澹，所謂「小山重疊」即指此。小山如作山額解，則上片全寫妝裹梳洗之事，遂與下二句「懶起畫蛾眉，弄妝梳洗遲」更為扣合。說懶，說遲，總是寂寞抑鬱之狀。下片是說妝臺前有一鏡，手中又持一鏡，以手持之鏡，照著腦後所簪的花，女子必要左右挪動身體，好在前鏡中看到後鏡內的影像，讀者自可想像其婀娜之姿。蕭繼宗先生認為貼就是熨，新貼繡羅襦，就是新熨繡羅襦，上有鷓鴣之成雙，暗指女主人公卻孤獨一人，不得雙棲。全詞的色彩基調是濃烈的金色，這本是暖熱的色彩，但鬢雲之玄黑、香腮之勝雪，卻是森冷的澹色，這纔是女主人公內心的底色。以輝煌映襯荒涼，是大作家的手段。

水精簾裏頗黎枕。暖香惹夢鴛鴦錦。江上柳如煙。雁飛殘月天。　藕絲秋色淺。人勝參差剪。雙鬢隔香紅。玉釵頭上風。

第二首詞，更像是一部精心剪輯的微電影，其鏡頭的運用，堪稱出神入化。先是一個實景：晶瑩剔透的水精穿成的簾子中，是同樣晶瑩美麗的頗黎（美玉名）枕，屋子裏薰著香，蓋著的是繡有鴛鴦的錦被，非常溫暖。這個鏡頭彷彿是把人給忘了，其實作者是讓你想像，如此精緻的器用，使用者當然是一位佳人。第二個鏡頭，忽然轉到殘月邊空中飛過的雁影，江岸上如煙的柳色，那是佳人的夢境，乃是虛景。但夢中之境，似虛還實，不單是佳人的夢境，更是她與愛郎分別時的情景。柳諧音留，古人詩文中常與送別相關，而南飛的大雁，象徵著對愛的追隨，是佳人靈魂的投射。或以為此是初春時之景，按雁在春分後北歸，秋分後南返，自然不可能是初春。且初春時綠柳纔黃，也不可能楊柳堆煙。這裏是秋夜將闌時的景致，飛卿用夢中秋色，反襯現實裏的初春。過片（詞有的不分段，有的分段。分段的又分二段，叫作雙調；三段，叫作三疊；四段，叫作四疊；每一段，又叫作一片。從第二段開始，每一段的第一句，叫作過片）鏡頭再轉回現實，是夢醒後的白天，更交代了現實的時間。古時荊楚風俗，正月七日人日，會剪綵紙或金箔，貼到屏風上或插戴頭鬢，用以厭勝邪祟，故稱人勝。以是可知，暖香惹夢正值人日前夜。人勝有疊勝與幡勝之別。揚之水先生在定州博物館所見金花銀幡勝，「同剪紙一般，長約二十釐米，頂端以鏤空花結為雲題，其上一枚水晶花片為提繫，銀幡底端鏤作流蘇，正中是用於鏨字的鎏金牌子或曰牌記，兩邊鏤作龍牙蕙草，鎏金牌記的外緣一週小珠，連珠框裏鏨著『宜春大吉』。」（《無計花間住》）這種幡勝懸於女子釵頭，因風搖蕩，即所謂「玉釵頭上風」了。「藕絲」二句，寫女子剪綵作幡勝。「藕絲」，藕合色，清代稱「藕絲秋半」，是一種在灰白中透紅的暖灰色，即剪綵所用綵緞之色。因係白露第二候「玄鳥歸」之起色，故曰「秋色淺」。此謂「秋色淺」，既是承上片夢境，寫佳人猶未能忘情於斯夢，又點出女主人公一顆寂寞的秋心，以與下句「宜春」之幡勝相對照。飛卿《歸國謠》有「舞衣無力風斂。藕絲秋色染」之句，意境略同。末二句則是一個特寫的鏡頭，「雙鬟隔香紅」是「隔香紅之雙鬟」，鏡頭透過如鴉的鬟髮，透過塗抹著胭脂的香腮，最後久久定格在佳人釵頭搖曳的幡勝上。那其實不是風，而是她抑鬱不甘的內心。

飛卿的這種鏡頭轉接式的寫法，後來被宋代詞人周邦彥、吳文英用到長調中去，成為非常高明的藝術手法。

玉樓明月長相憶。柳絲嫋娜春無力。門外草萋萋。送君聞馬嘶。　畫羅金翡翠。香燭銷成淚。
花落子規啼。綠窗殘夢迷。

第三首詞較偏於敘事。但他的敘事不是平鋪直敘，而是先由倒敘插入。首二句用玉樓、明月、柳絲等與別後相思有關的意象堆砌起來，寫別後思憶之深，以致百無聊賴，做什麼都沒有心力。春無力者，非關天公不作美，是主人公心中乏力罷了。「門外」二句，回想送別時的情景，萋萋是有出典的，漢淮南小山《招隱士》：「王孫遊兮不歸，春草生兮萋萋。」後來作詩詞，但凡說王孫、春草、萋萋，便是說送別了。這本是程式化的描述，偏偏加上一句「送君聞馬嘶」，立刻就不僅有視覺上春草萋萋的綿遠，更有聽覺上蕭蕭馬鳴的悽惻。過片又是兩個特寫鏡頭的映帶。一是羅扇上畫著金色的翡翠鳥（一種極難捕獲的珍禽），既以羅扇隱喻女子身世，被人拋棄，如秋扇先捐，又以翡翠隱喻女子的美好；二是蠟燭將燼，融成蠟淚，則女子當別後偷彈無數香淚，自然可知。結句是到了春暮杜鵑（即子規）啼叫，韶光垂盡的時節，綠樹陰濃，遮蔽窗戶，這綠色濃郁得化不開，便如女子的殘夢，怎麼也走不出情感的陷阱。

李冰若先生評飛卿《荷葉杯》其三「楚女欲歸南浦。朝雨。濕愁紅。小船搖蕩入花裏。波起。隔西風」曰：

> 飛卿所為詞，正如《唐書》所謂「側辭艷曲」，別無寄託之可言。其淫思古艷在此，詞之初體亦如此也。如此詞，若依皋文（張惠言字）之解《菩薩蠻》例，又何嘗不可以「波起，隔西風」作「玉釵頭上風」同意？然此詞實極宛轉可愛。

我也以為，飛卿詞并無寄託，但他一腔牢愁失意，使得他看人看事，總透出一種悲觀與荒涼。即使金碧輝煌，凝妝端坐，也掩飾不了那種淒涼的底色。他的詞之感人在此。然而，這些詞更像是透過毛玻璃看到他朦朧的身影，卻不是照片中的影像。

另舉三首《更漏子》：

柳絲長，春雨細。花外漏聲迢遞。驚塞雁，起城烏。畫屏金鷓鴣。　香霧薄。透簾幕。惆悵謝家池閣。紅燭背，繡簾垂。夢長君不知。

相見稀，相憶久。眉淺澹煙如柳。垂翠幕，結同心。待郎熏繡衾。　城上月。白如雪。蟬鬢美人愁絕。宮樹暗，鵲橋橫。玉籤初報明。

玉爐香，紅蠟淚。偏照畫堂秋思。眉翠薄，鬢雲殘。夜長衾枕寒。　梧桐樹。三更雨。不道離情正苦。一葉葉，一聲聲。空階滴到明。

本是詠更漏的本意詞（凡是詞牌名即是詞的主題的，稱作本意），然而詞中所述之相思，纏綿到死，愛得濃，愛得摯，這是心靈之光的曲折投射，飛卿的人生外表放誕，實則極其認真，他一生忠於他的性情，有此誠於中的品性，乃有形於外的芳馨悱惻的詞作。

復如《訴衷情》：

鶯語。花舞。春晝午。雨霏微。金帶枕。宮錦。鳳凰帷。柳弱蝶交飛。依依。遼陽音信稀。夢中歸。

題材略如唐之閨怨詩，寫丈夫遠戍遼陽，妻子在家思念不置，而意態淒絕，是其獨擅。

他也有清麗渾摯之作。《夢江南》：

千萬恨，恨極在天涯。山月不知心裏事，水風空落眼前花。搖曳碧雲斜。

雖是男子作閨音，卻寫得那麼真切自然。

才人多厄，自古皆然。《花間集》收飛卿詞六十六首，六十六首詞，展現的是一個有缺陷的靈魂，飛卿不幸成了性格的奴隸，令人千秋之後，猶一掬同情之淚，然而不可否認，他極真摯地忠於自己的性格，哪怕這種性格最終帶來的，是人生的無窮屈辱。

他始終是一個純淨的孩子。

春日遊 杏花吹滿頭 陌上誰家年少 足風流
乙未夏至於京中

湖上雨，對對浴鴛鴦。畫舸淺眠思帝闕，
春壚沈醉憶仙鄉。塵結鬢邊霜。
右韋相

韋莊

洛陽才子他鄉老

韋莊字端己，是由晚唐入五代的著名詩人、詞人。自來溫韋并稱，《花間集》所輯錄的詞人，以溫庭筠與韋莊成就最高，影響後世詞風也最深。

王國維在《人間詞話》一書中，比較花間詞的這兩大作家說：「溫飛卿之詞，句秀也。韋端己之詞，骨秀也。李重光之詞，神秀也。」李重光是作品未收入《花間集》的南唐後主李煜。在古人那裏，秀是比麗更高的審美境界，有鍾靈毓秀、神清骨秀等語。說端己的詞「骨秀」，意思是「其秀在骨」，就像一位娟娟美好的女子，她的秀美的氣質是骨子裏帶來的，而不在眉眼肌膚之間。雖不及後主其秀在神，但已是非常高的評價。王國維又批評清末詞論家周濟說：「詞至李後主而眼界始大，感慨遂深，遂變伶工之詞而為士大夫之詞。周介存置諸溫韋之下，可謂顛倒黑白矣。」周濟的原話是：「毛嬙西施，天下美婦人也。嚴妝佳，澹妝亦佳。粗服亂頭，不掩國色。飛卿，嚴妝也；端己，澹妝也；後主則粗服亂頭矣。」

意思是說詞就是像是天下間的絕色美婦人，宜濃宜澹，即使粗服亂頭，也不掩其動人的容光。周濟對溫、韋、李本無軒輊，王國維顯然曲解了周濟的話的意思。

但何以王國維會曲解周濟的意思呢？這就涉及到王國維所遵奉的美學旨趣了。

王國維自作《人間詞》中，有一首贈人之作《蝶戀花》：「窈窕燕姬年十五。慣曳長裾，不作纖纖步。眾裏嫣然通一顧。人間顏色如塵土。　一樹亭亭花乍吐。除卻天然，欲贈渾無語。當面吳娘誇善舞。可憐總被腰肢誤。」他頌揚的這位未霑塵俗的少女，是北京城中酒家女子，年紀在十五六歲間。她平時總穿一身曳地的長裙，行動處一派自然，不似一般的受禮教影響的女子，走著纖纖細步。她在人群中回眸，嫣然一笑，便把世間的各種美女都比了下去。這位少女就像是一株亭亭玉立的花樹，樹端綴滿了待放的花苞，她的絕世標格，衹有「天然」二字纔能形容。與她的天然態度相比，那位來自江南吳地的舞娘，儘管有著纖細柔軟的腰肢，卻顯得太過造作了。由此可見，王國維的美學旨趣是反對人為的雕飾，而追求天然的情致，所謂「自然真切」。在王國維的美學序列當中，韋莊次於李煜而高於溫庭筠。他既有此強烈的分別心，遂下意識地認為周濟以嚴妝為尚，次乃澹妝，而視粗服亂頭為最下。

我認同王國維的排序，即後主高於韋莊，韋莊又高於溫庭筠，但我并不認為嚴妝不如澹妝，澹妝又不及素顏之美。《花間集》選詞最夥者為溫庭筠，六十六首，其次是孫光憲，六十一首；端己的詞選了四十八首，在數量上韋不及溫，但我讀端己詞，總比讀溫飛卿詞更多感動。這原因不是王國維所分剖的句秀與骨秀之別，也不是韋詞比溫詞更加自然，而是因為溫詞多是代言之作，借人家的酒杯，澆自己的塊磊，終嫌隔了一層；韋詞卻多有個人經歷，蘊於詞中。至於李後主的詞，迥出溫韋之上者，乃是因後主的人生最具悲劇性，他又把自己的全部生命澆鑄成了後來者無法躋攀的詞作。

韋氏世居杜陵，端己的祖上韋見素，是唐太宗時的名臣，韋莊父韞，韞父徹，徹父厚復，厚復祖即詩人韋應物，曾為蘇州刺史，與柳宗元齊名，號韋柳。韋莊在華州下邽及長安御溝西邊度過了無憂無慮的童年，曾有詩紀云：「昔為童稚不知愁。竹馬閒乘遶縣遊。曾為看花偷出郭，也因逃學暫登樓。」（《下邽》）「晚傍柳陰騎竹馬，夜依燈影弄先生。巡街趁蝶衣裳破，上屋探雛手腳輕。」（《逢李氏兄弟》）成年後的韋莊，詩寫得很穠豔，性格也疏曠不拘小節，與一般我們所理解的儒家士子不同。但他性情通達，見事明白，析理深刻，後來在政治上頗有一番作為，這是溫庭筠所不能及的地方。

端己在入仕以前，曾久居長安應考。唐代的科舉，五十歲能中進士，都算是年輕的，端己直到將近六十歲，纔中了進士。廣明元年（八八〇）他赴長安應試，偏遇上促使唐代滅亡的一件大事，那就是黃巢之亂。黃巢是一個殺人狂魔，他攻佔長安後，燒殺擄掠，無所不為。端己亦身陷長安城內，不能走脫，直到兩年以後中和二年（八八二）的春天，他纔逃離長安，取道往東，到了洛陽。中和三年（八八三），他寫下了他一生最重要的也是唐代最偉大的史詩《秦婦吟》。厥後流寓南方，先在潤州（今江蘇鎮江）給人做幕僚，再至婺州（今浙江金華），總之是間關萬里，備嘗苦辛。景福二年（八九三）重赴長安應試，仍沒考上，直到次年即乾寧元年（八九四）終於考中，授官校書郎，當時已經是年近六十的老人了。他在詞中說自己是「洛陽才子他鄉老」，跟我們想像的那種風流倜儻、年少有為的才子是很不一樣的。

《唐才子傳》這樣評價端己：

> 莊早嘗寇亂，間關頓躓，攜家來越中，弟妹散居諸郡。江西湖南，所在曾遊，舉目有山河之異。故於流離漂泛，寓目緣情，子期懷舊之辭，王粲傷時之製，或離群軫慮，或反袂興悲。四愁九怨之文，一詠一觴之作，俱能感動人也。

大致是說大唐經黃巢之亂，山河舉非疇昔，加以人生的流離顛沛，無不增加他的愁懷詩思，他就像寫《懷舊賦》的向秀、寫《登樓賦》的王粲一樣，內心孤獨、悲涼，寫出的詩文，可以與屈原的《九歌》、張衡的《四愁詩》，以及蘭亭雅集的那些作品相媲美，感動人心。

清人趙翼詩云：「國家不幸詩家幸，賦到滄桑句便工。」晚清詩人文廷式也說「生人之禍患，實文章之幸福」。人生遭遇的不幸，會增加詩料，但不會讓本不具有詩人天性的人成為詩人，端己天生情感敏銳，中年以後，又飽經憂患，他的人生閱歷，都成了他詩詞的素材，但仍須經他性情的醞釀，方得成為文學。這就正像蜜蜂釀蜜，最關鍵的不是花粉，而是把花粉變成蜜的轉化酶。

端己是在唐昭宗乾寧元年登進士第，直做到左補闕的官職。當時有個軍閥王建，因鎮壓黃巢有功，任西川節度副使，唐昭宗派端己、李洵到蜀地宣諭旨意，王建看中了端己的才華，把他留了下來，除為掌書記，不久陞任起居舍人。王建自立蜀國（史稱前蜀）後，端己官至門下侍郎吏部尚書同平章事，已是宰相之職了。前蜀的憲章禮樂號令，刑政禮樂，均是端己手訂，不過到武成（王建稱帝年號）三年，端己就逝世了，謚號文靖。

端己是通經致用的儒家典範。他才幹過人，在給王建做掌書記時，史載他「文不加點，而語多稱情」。原來，唐五代時，寫公文一定要寫駢體文，既要有駢體文對仗工麗、詞藻富贍的文體特點，又要曉暢明白，打動人心，殊為不易。端己寫駢體的公文，屬稿已成，不加點竄（修改），每句話卻明白曉暢，直入人心。當時西蜀有一縣令，經常擾民，王建令端己作文宣諭，用作警告，端己寫的不是死板的官樣文章，而是以情理動之。文中有這樣兩句：「正當凋瘵之秋，好安凋瘵；勿使瘡痍之後，復作瘡痍。」意思是正當年成不好的時候，你就要給老百姓休養生息，不要讓戰亂之後的老百姓再受一層盤剝。說得入情入理，對仗又精切，所以這兩句話流行一時，蜀地民眾，也多藉這兩句話，抵住了官吏的盤剝。

唐代末年，內則有宦官專政之禍，外則有藩鎮不臣之憂。唐昭宗一生被人脅迫，做著傀儡皇帝，先是受制於宦官，後來則受制於大軍閥朱溫。朱溫出身就非常壞，他本是黃巢部下，後來反戈一擊，投靠朝廷，改名為朱全忠。昭宗有一段時期被宦官囚禁，朱全忠把那些擅政的宦官殺掉，自己脅迫昭宗，得掌實權。這時候朱全忠就讓昭宗改了一個年號，叫作天復，以示朝廷的惡勢力已清。在天復年間，王建作為地方割據政權的首領，很擔心自己的地位是否穩固，所以就派端己到朝廷去入貢，真實的用意是跟當時權傾朝野、實際的國家掌舵人朱全忠修好，大意略謂：你放心，我一定是你地方上堅強的後盾，你永遠是大哥，我永遠是小弟。端己有著非常好的外交才幹，他不輕易說話，但祇要一出聲，就一定是切實可行的方案，所以朱全忠也對他十分欣賞。

王國維曾說，有主觀之詩人，有客觀之詩人，主觀之詩人不必多閱世，客觀之詩人必多閱世。端已的情況卻要複雜得多。歷史上很多的詩人，政治上、生活上幼稚得一塌糊塗，端己從宦後，卻一直大得器重，他的政治嗅覺非常靈敏，判斷力不是一般的好。天復四年（九〇四），朱全忠終於等不住了，派手下入宮殺害了唐昭宗以及昭儀李漸榮，立昭宗子李柷為皇帝，即後來的唐哀宗。三年以後，又廢哀宗自立為帝，同時改國號為大梁，并且還把自己名字改作朱晃。這時候他就派了使者司馬卿到西川去，宣讀「聖旨」。先至興元，興元節度使王宗綰把這份「聖旨」又派使者用驛馬傳給王建。王建很想恢復大唐，端己卻看出大唐氣數已盡，衹勸王建說兵者為大事，不可倉卒而行，於是代王建起草覆信，峻責王宗綰不能為大唐守節。文中有這樣一段話：

吾家受主上恩有年矣，衣衿之上，宸翰如新；墨詔之中，淚痕猶在。犬馬猶能報主，而況人之臣子乎？自去年二月，車駕東還，連貢二十表，而絕無一使之報，天地阻隔，叫呼何及！聞上至谷水，臣僚及宮妃千餘人皆為汴州所害，及至洛，果遭弒逆。自聞此詔，五內糜潰，今兩川銳旅，誓雪國恥，不知來使何以宣諭示此告？（見《蜀檮杌》）

責以大義，封住王宗綰之口，又勒令宗綰自決進退。司馬卿一看此情形，衹得悻悻然向朱全忠返報。

梁篡唐後，端己與諸將佐勸王建自立為帝，他也成為前蜀的開國宰相。朱全忠自知無法統一全國，又派使者跟王建通好，信中卑詞自抑，尊稱王建為兄，端己一看書信，就明白朱全忠的用心，笑謂左右，說這是「神堯驕李密之意」。神堯，指的是唐高祖李淵。隋末之時，天下反隋者眾，李淵勢力漸大，但仍不及瓦崗寨的首領李密，所以李淵給李密寫信，把李密捧得很高，讓李密自驕自大，出兵抵擋東都強敵，李家卻專心一意掃平關中，據有關河之險，休養生息，直待其他反王鷸蚌相爭，而坐收漁人之利。端己政治上的成熟老練，可見一斑。

在古往今來的詩人詞人當中，端己可算是非常另類的。他的另類就體現在，他在政治上非常成熟，在情感上又非常真摯，非常濃烈。他讓我想起梁羽生先生的小說中有一章的回目：「中年心事濃如酒，少女情懷總是詩」。端己就是中年心事濃如酒的典型，他的情感是有閱歷、有思想的人的情感，不是毛頭小夥子的荷爾蒙衝動。他什麼都經歷了，什麼都見過了，卻仍然選擇奮不顧身地愛，這纔是耐人回味的詩性人格。正因為端己的詞裏包蘊的是這樣一種濃烈深摯的情感，纔更加的沈鬱動人。

怎麼會是這樣？我的看法是，端己的政治成熟、見事機敏并不是來自他的天賦，而是來自讀書和閱歷。現實中有很多人，因為出身微賤，很小就懂得勾心鬬角、看人眼色，這樣的人往往能在政治舞臺上青雲直上，但在情感上絕對不可能純粹執著。因為這樣的人從懂事起就是徹底的利己主義者，他把社會看作徹底的功利場，所有思考的出發點，所有選擇的目的，無非是獲取最大的好處，這樣的人是不可能像端己這樣既有經世之才，又不失為一純粹之詩人的。端己是宗奉儒學的士人，他讀書出仕，是為了治國平天下，并不是為了追逐名利。儒家經典的實質都是政治哲學，端己就在經典中汲取為政之道。另外，他從青年時期讀書有成，開始考進士，一直考到將近六十歲，方纔考中，這中間又經歷黃巢兵燹，流寓江南時為人做幕僚，也鍛煉了他的心智和才幹。但是一個人成為什麼樣的人，歸根結底是由其性情決定的，讀書和閱歷，沒有戕賊他的性情，他以赤子之心對待感情，又以赤子之心忠君愛民，在政治上，端己智而不詐，在情感上，端己深情眷眷，他是一位詩性的循吏。

端己詩集名《浣花集》，集名浣花，是因為端己希望成為杜甫一流的大詩人。他自到成都後，覓到當年杜甫在成都住的浣花溪的遺址，那裏本有杜甫的草堂，其時房屋都已壞，但柱基仍存，於是他教人芟草培土，重加整治，新建草堂居住。在他去世後，他的弟弟韋藹給他編集子便叫作《浣花集》。

但是在《浣花集》裏面，偏偏沒有收錄端己一生寫得最好最重要的那首長詩《秦婦吟》。這首長詩一直湮沒了一千多年，一直到二十世紀初敦煌藏經洞被發現，人們纔重新閱讀到了這首曠古爍今的史詩。

《秦婦吟》作於中和三年癸卯（八八三），作者時年四十八歲。他由長安城逃出，寓居洛陽，借一位「三年陷賊留秦地」的女郎之口，備述黃巢兵禍造成的「喪亂漂淪」。端己寫《秦婦吟》，詩成聳動天下，人稱「秦婦吟秀才」。（唐代的秀才，就是進士的意思，跟明清兩代科舉考試的最低一層學位不是一回事。）但一千多年中，人們僅能從詩話裏知道，這首詩裏有「內庫燒為錦繡灰，天街踏盡公卿骨」二句。又傳說端己出仕後，因這兩句得罪當時官場，故「深諱之」，不願談及此詩，還作了《家戒》，要子子孫孫不得「垂秦婦吟障子」。唐代凡房屋之中用於區分隔間的可拉式糊紙木製窗門或布簾，均可稱為障子，後者又稱軟障，是由屋頂垂下來者。障子上往往會印上一些圖畫或詩句，《秦婦吟》就成了當時障子商人用得最多的素材。既然連秦婦吟障子都不許使用，其詩不收入《浣花集》，也就沒有懸念了。

當代學者俞平伯先生，對於端己深諱這首詩的原因，有著另外的考釋。他認為《秦婦吟》鞭撻黃巢，更鞭撻了當日圍城的官兵。其時黃巢被圍困在長安城裏，金銀珠寶，堆積如山，卻沒有食物來源，於是就開始喫人肉，把城裏面的人都喫光了，就向圍城的官兵買。官兵從山裏抓來老百姓，賣給黃巢的隊伍當飯喫。這樣官兵不用拼命，就能得錢無算。這一段歷史，當朝者當然想要從人們的記憶中永久抹去，端己後來擔心因此詩招禍，也就可以理解了。

《秦婦吟》是一首長慶體的長詩。長慶體，是唐代長慶年間由白居易和元稹創立的詩體，在體裁上屬長篇的歌行，音節和婉，文辭綺麗，多用對仗，擅長鋪敘，故殊便於傳唱。我們且來看下面這一段，寫戰亂之後的蕭瑟破敗：

長安寂寂今何有。廢市荒街麥苗秀。采樵斫盡杏園花，修寨誅殘御溝柳。華軒繡轂皆銷散。甲第朱門無一半。含元殿上狐兔行，花萼樓前荊棘滿。昔時繁盛皆埋沒。舉目淒涼無故物。內庫燒為錦繡灰，天街踏盡公卿骨。

文辭綺麗哀怨，又明白如話，這正是長慶體的特色。

傳統文學史認為端己的一生可以分為前後兩期，前期是在唐代做官，後期是到西蜀，「委身偽朝」，在王建手下幹事，前期創作以詩為主，後期以詞為主。還有一個流傳甚廣的故事，說端己本有美姬善文翰，王建託以教宮人為詞，強行奪去。端己無可奈何，作《謁金門》詞憶之，姬聞之不食而死。這種傳說衹可當小說家言，當不得真。衹要細讀韋詞，就知無論說端己詞多作於仕蜀時，還是說《謁金門》詞是懷念被奪的姬人，都不思之已甚。

實際上，端己詞主要作於他流寓江南直到中舉後不長的那些年。他作品中的情事不像李商隱詩那樣迷離惝怳，而是有非常明晰的時間序列。他的詞都是寫一己之情事，沒有特別的寄託。比如下面這首《浣溪沙》：

夜夜相思更漏殘。傷心明月憑闌干。想君思我錦衾寒。　咫尺畫堂深似海，憶來惟把舊書看。幾時攜手入長安。

明是在京應舉思念愛人之作。詞中的女主人公，當是他在流寓江南時所識，故結句希望與她攜手進京。首句中的更漏，是古時計時工具，是用銅壺鑽孔，往下滴水以計算時刻，古時一夜分作五更，每一更有人擊柝鳴鑼，宣佈更點，叫作更鼓，故計時工具稱作更漏。更漏內的水已乾，不再往下滴了，即所謂更漏殘，那就是五鼓天明，夜色將盡，還是睡不成覺。何以夜夜失眠呢？因相思之情，備極殘酷，故展轉反側，不能成睡。次句則云既不能寐，不如倚著欄干，看看天上的月色，寄託傷心吧。第三句「想君思我錦衾寒」寫得不是一般的好，他不說我在想你，而是說想著你在想我之時，雖然蓋著錦被，但是孤獨難遣，依然感到寒冷。這樣，情感就更深入了一層。

過片有可能暗用唐元和年間詩人崔郊的詩《贈去婢》典故：「侯門一入深如海，從此蕭郎是路人。」先秦時，惟有貴族的家庭，屋宇纔許雕飾，普通老百姓，衹能住不經雕飾漆畫的白蓋之屋，是謂白屋，故畫堂一般指權貴豪富之家。女子既已嫁入豪門，畫堂雖僅咫尺，兩人之間的距離卻深似大海，在思念她時，衹能拿從前的書信慰解相思。但還有另一種可能，即該女子本出身一豪富之家，因家中阻撓，不能與尚未釋褐的端己結縭。結句還蘊有萬一的希望，若是天可憐見，我們有機會再在一起，我又能高中進士，到那時攜手遊覽京城，當是何等愉快？

《花間集》裏還有端己的五首《菩薩蠻》，這五首詞一氣呵成，與溫庭筠的十四首作於不同時、不同地不一樣。這五首詞，也并不是像張惠言所講的那樣，是入蜀為官懷念唐王寄意忠愛之作，而是他結束在江南的十年流寓，再經洛陽，懷念江南所作。昭宗景福二年癸丑（八九三），端己赴京應舉，又一次落第。這五首詞殆即作於是年。洛陽是唐代水陸交通之樞紐，由江南赴長安應舉仍是必經之地。江南并不是端己的家鄉，但他在長安飽經戰亂，流寓江南的日子反倒是難得的安樂時光，加以在洛陽等待應舉，前途未定，追憶江南舊歡，思歸不得，情緒十分複雜。

紅樓別夜堪惆悵。香燈半捲流蘇帳。殘月出門時。美人和淚辭。　琵琶金翠羽。絃上黃鶯語。

勸我早歸家。綠窗人似花。

人人盡說江南好。遊人祇合江南老。春水碧於天。畫船聽雨眠。　壚邊人似月。皓腕凝雙雪。未老莫還鄉。還鄉須斷腸。

如今卻憶江南樂。當時年少春衫薄。騎馬倚斜橋。滿樓紅袖招。　翠屏金屈曲。醉入花叢宿。此度見花枝。白頭誓不歸。

勸君今夜須沈醉。樽前莫話明朝事。珍重主人心。酒深情亦深。　須愁春漏短。莫訴金杯滿。遇酒且呵呵。人生能幾何。

洛陽城裏春光好。洛陽才子他鄉老。柳暗魏王堤。此時心轉迷。　桃花春水淥。水上鴛鴦浴。凝恨對殘暉。憶君君不知。

五首是一整體，但又可分前後兩個層次。前三首為一層，重在對江南情事的追憶；後二首又是一層，重在暫寓洛陽的所經所感。

第一首是劈頭直入，由江南情事直接寫開去。它講的是與江南一位青樓女子的戀情。上片寫夜半臨歧，美人依依不捨，垂淚分別。但一經渲染以紅樓、香燈、半掩的垂著流蘇的錦帳、殘月等意象，立時營造出一種淒美的氛圍。過片二句，是說忘不了這位歌伎彈奏琵琶的場景：琵琶上裝飾著金翡翠的羽毛，絃上流轉出黃鶯一樣悅耳的聲音，可是還沒有完，主題是在一結：「勸我早歸家。綠窗人似花。」這位美人很清楚知道與主人公的愛情衹是曇花一現，她善解人意，勸道：你該回去了吧，你心愛的妻子在家裏等著你。

第二首是對第一首的回應。難道主人公不願意回到家中嗎？可是自己求取功名不得，又怎能輕言回去呢？「人人盡說江南好。遊人衹合江南老。」寫得多美！但這種美，不是靠意象的美而烘託，卻是靠濃摯的情感，而且是經過理性的浸潤後的濃摯的情感動人。江南之美，甲於天下，但寓居在此，逃避戰亂的人，又怎麼會有歸屬感？故這兩句是沈鬱的。「春水碧於天。畫船聽雨眠。」說的是碧綠的春水，比天空還要明淨，躺在遊船畫舫之中，和著雨聲入睡，又是何等之美，何等之空靈。前二句的沈鬱，與後二句的空靈，形成了難以言喻的藝術張力。

過片暗用卓文君之典。漢時蜀人司馬相如，與鉅富卓王孫之女卓文君私奔，因卓王孫宣佈與文君斷絕關係，司馬相如就令文君當壚，自己穿著短褲，在大街上洗滌酒器。所以「壚邊人似月。皓腕凝雙雪」，壚就是酒壚，放酒甕的土臺，壚邊人指的就是自己的妻子，也就是上一首中「綠窗人」。主人公何嘗不思念這位面如皎月、膚色賽霜雪的妻子？但是「未老莫還鄉。還鄉須斷腸」，古人云富貴而不還鄉，就像衣錦而夜行，而一事無成的人，回到家鄉，心情卻衹有更加抑鬱哀涼。這兩句沒有任何藝術技巧可言，純粹靠人生閱歷和情感動人，成為千古名句。清末大詞人王鵬運提出，寫詞要符合

「重、大、拙」三字訣，這兩句就是「拙」的審美境界。

第三首畫面，是立足現在，追憶江南，有今昔對照之概。「如今卻憶江南樂」一句領以下七句，一氣貫注直下，筆力很是驚人。上片二三四句謂在江南時，自己尚是意氣風發的年紀，穿著鮮豔的春衫，襯託出健美的身材，在斜橋邊隨便擺個姿勢，就會引來滿樓的歌伎爭相招攬。過片接著寫風流情事，情節是「醉入花叢宿」，鏡頭卻是「翠屏金屈曲」，這是很高明的蒙太奇的手法。屈曲是合頁鉸鏈，用銅做成，所以叫金屈曲，以形容它的美。對翠屏、金屈曲做一個特寫鏡頭，把「醉入花叢」之後的情節遮掩住了，就讓人多了一層想像。詞是極美麗的文體，要想寫得好，就要善於設色，要懂得調配色彩。全詞以春衫的鮮豔、紅袖的熱烈、屏風屈曲的金碧為基色，最後卻是白頭的蕭瑟，濃瀗明暗，映帶前後，情感更見悲涼。一結「此度見花枝。白頭誓不歸」，是一決絕語，更是一反語。所謂決絕語就是用發誓的方式說話，這是古詩詞中常用的修飾手法，在詩詞當中用上這種修辭手法，感覺就像是古樂府，非常質樸非常有力。說它是反語，乃是指詞人無時不刻不在思念尚居越州的妻子，愈是說「白頭誓不歸」，而愈是思歸。

蕭繼宗教授評說這三首詞的結尾說：

> 此三首後結，首云：「勸我早歸家」，次云：「未老莫還鄉」，末云：「白頭誓不歸」，實有層次，年愈老而語愈堅，思愈深而情愈苦。

堪稱獨具隻眼。我們經常聽到有些人說，時間會改變一切，但有些情感有些東西有些人是永遠不會變的，反而是時間越久，他心中的苦痛越加深摯。端己正是這樣一位性情中人。

從第四首開始，轉為現在時。對於第四首，明代詩人、戲曲家湯顯祖沒有讀懂，他說：「一起一結，直寫曠達之思，與郭璞《遊仙》，阮籍《詠懷》，將毋同調。」一起是指「勸君今夜須沈醉。樽前莫話明朝事」，一結是指「遇酒且呵呵。人生能幾何」。這是沒有體悟到端己故作曠達，而內心沈痛的感覺。李冰若先生《栩莊漫記》反駁說：「端己身經離亂，富於感傷，此詞意實沈痛，謂近阮公《詠懷》，庶幾近之，但非曠達語也，其源蓋出於《唐風・蟋蟀之什》。」他認為說韋詞與阮籍的《詠懷》詩八十二首相近，這是對的，但說成是曠達語就不對了。

「遇酒且呵呵。人生能幾何」，表面上很曠達，有人生苦短，宜及時行樂的意思，實際上用在這裏是反語。端己的生命態度極其認真，在詞中故意說跟自己生命狀態完全不同的話，反而顯得更加沈痛。意思就是，你幹嘛要那麼認真啊，還不如多喝點酒，多快樂點，傻笑點。這是對他的人生態度的懺悔，更是對他的人生態度的堅持，他把人生無限難以言說的無可奈何，都表現在這首詞裏面了，所以根本不是曠達，而是悲涼。

第五首是對前四首的一個總結，也是端己對他現實人生的冷靜觀照。「洛陽城裏春光好。洛陽才子他鄉老。」老而無成的才子，對著冠蓋如雲作為陪都的洛陽城的春光，尤其是想到西晉初年，東吳故相陸遜之孫陸機、陸雲，年少風流，到這座偉大城市來，「譽流京華，聲溢四表」（臧榮緒《晉書》語），心中的鬱結可想而知。「柳暗魏王堤。此時心轉迷。」魏王堤是指洛水流經洛陽城內的一段堤壩，為當時名勝，因曾賜給魏王李泰為苑囿，故稱魏王堤。「柳暗」，是指柳色轉深，春天將盡了。見物候變易而心轉迷，迷的是什麼呢？作者并沒有點明。他是把心中無限的悲傷，無限的矛盾痛苦，無限的絕望，全都藏在心底，衹是告訴你，主人公心事轉迷，他的心裏面有多麼複雜多麼難受，你自己去品咂。

過片「桃花春水淥。水上鴛鴦浴」，是說桃花漂在澄明透澈的春水之上，水面上浮游著對對鴛鴦。自《詩經．桃夭》之後，桃花就有與婚姻、愛情相關的意義，鴛鴦當然更是愛情的象徵，故很自然地，主人公想到了遠方的愛人：「凝恨對殘暉。憶君君不知。」這個結句稱得上是神完氣足，情感特別充沛。

朱庸齋先生說：「韋莊之《菩薩蠻》與溫庭筠風格不同。溫詞作風古豔，韋詞作風古樸。溫詞『江上柳如煙，雁飛殘月天』，寫無人之境，幽峭而哀怨；韋詞『春水碧於天，畫船聽雨眠』寫有人之境，和諧、舒暢而靜謐。可見韋莊善於搜索突出之典型景物，加以描繪，以表現當時之境況。」溫詞開出後來吳文英一路，韋詞開出後來姜夔、張炎一路，前者穠豔精雅中，饒蘊幽怨，後者清麗嫵媚中，自寓精壯。

再看他的《歸國遙》：

金翡翠。為我南飛傳我意。罨畫橋邊春水。幾年花下醉。　別後祇知相愧。淚珠難遠寄。羅幕繡幃鴛被。舊歡如夢裏。

唐五代詞，一般樂主辭從，詞牌是曲子名，詞的內容就都與曲名相關，與後來的詞既有詞牌，又有題目不同。這樣的詞，詞人如果一定要加個題目，便叫作「本意」，就是詞的內容，即是詞牌本來的意思。這首詞就是一首「本意」，寫歸到故土，對客地人的懷念。

上片以祈令語開頭，「金翡翠。為我南飛傳我意」，寫得非常質樸，像是民歌的感覺。接下來兩句，點明所思之人身在何處，以及對當日歡情的懷念。「罨畫橋」可能是指浙江湖州罨畫溪上的橋，也可能是指美如設色之畫的橋，但總之罨畫橋是在江南。罨畫橋邊，花下沈醉，是和誰呢？不必說出，說出來就沒有韻味了。

過片也是因為情感太濃摯，所以根本用不到虛筆寫景。最後敘寫細節，「羅幕繡幃鴛被。舊歡如夢裏」，寫得非常熾熱大膽，但又特別真摯。

端己的兩首《荷葉杯》，也寫得深情眷眷：

絕代佳人難得。傾國。花下見無期。一雙愁黛遠山眉。不忍更思惟。　閒掩翠屏金鳳。殘夢。羅幕畫堂空。碧天無路信難通。惆悵舊房櫳。

記得那年花下。深夜。初識謝娘時。水堂西面畫簾垂。攜手暗相期。　惆悵曉鶯殘月。相別。從此隔音塵。如今俱是異鄉人。相見更無因。

謝娘原是唐代李德裕的家伎謝秋娘，這裏用作歌女的代稱。顯然這樣的詞與政治寄託毫無關係，也是講他的一段感情，對詞中這位絕代佳人的思念。最後兩句「如今俱是異鄉人。相見更無因」，非常平白，簡直就是口語，但又非常感人，因為它能引起很多跟他有相同經歷人的共鳴。

下面這兩首，不是端己很好的作品，但可以作為旁證，證明我認為端己詞都有明確的時間序列的觀點。二詞寫他中進士以後的快樂，把皇帝比作玉華真君，而自己也就飄然欲仙了：

喜遷鶯

人洶洶。鼓冬冬。襟袖五更風。大羅天上月朦朧。騎馬上虛空。　香滿衣，雲滿路。鸞鳳繞身飛舞。霓旌絳節一群群。引見玉華君。

街鼓動，禁城開。天上探人回。鳳銜金榜出門來。平地一聲雷。　鶯已遷，龍已化。一夜滿城車馬。家家樓上簇神仙。爭看鶴沖天。

端己中舉前還有兩首《謁金門》，按照蕭繼宗先生的觀點，是寫作者與一個女道士的愛情。前曾說過，唐五代時詞都是詠本意，《謁金門》詞牌本就是表現女道觀，端己的這兩首詞是寫對女道士的愛情，也就順理成章了。

春漏促。金爐暗挑殘燭。一夜簾前風撼竹。夢魂相斷續。　有個嬌嬈如玉。夜夜繡屏孤宿。閒抱琵琶尋舊曲。遠山眉黛綠。

空相憶。無計得傳消息。天上嫦娥人不識。寄書何處覓。　新睡覺來無力。不忍把君書跡。滿院落花春寂寂。斷腸芳草碧。

唐代女道士，在身份上與妓女比較接近，很多唐代的詩人，都與女道士發生過感情，端己也未能免俗。其第二首，就是前人的詩話裏說的，被蜀主王建搶了姬人後的追念之作。但這兩首詞的情感，祇是澹澹的惆悵，不是那種愛人被強奪去的痛苦。「天上嫦娥人不識。寄書何處覓」更是在暗示女主人公的身份。因唐詩裏面特別喜歡把女道士比作天仙。

另有兩首《女冠子》，據詞牌看應該也是寫的與女道士的愛情：

四月十七。正是去年今日。別君時。忍淚佯低面，含羞半斂眉。　不知魂已斷，空有夢相隨。除卻天邊月，沒人知。

昨夜夜半。枕上分明夢見。語多時。依舊桃花面，頻低柳葉眉。　半羞還半喜，欲去又依依。

覺來知是夢，不勝悲。

端己的詞裏，我最喜歡的是這首《思帝鄉》：

春日遊。杏花吹滿頭。陌上誰家年少，足風流。妾擬將身嫁與，一生休。縱被無情棄，不能羞。

賀裳《皺水軒詞筌》說：「小詞以含蓄為佳，亦有作決絕語而妙者。如端己『陌上誰家年少，足風流。妾擬將身嫁與，一生休。縱被無情棄，不能羞』之類是也。牛嶠『須作一生拚ㄆㄢˋ。盡君今日歡』，抑亦其次。柳耆卿『衣帶漸寬終不悔。為伊消得人憔悴』，亦即韋意，而氣加婉矣。」這首詞堪為韋詞壓卷，好就好在寫得非常決絕。端己哪裏是在寫懷春的女子，而是借這位女子的口，寫出自己一毫不肯苟且的生命態度。他用生命的熾熱與真誠，潑畫出花間詞的又一個高峰。

晚出閑庭看海棠 風流學得內家粧 小釵橫戴
一枝芳 鏤玉梳斜雲鬢膩 縷金衣透雪肌香
暗思何事立殘陽

猿啼住，棹月一身閒。故國煙波青嶂外，
楚王宮殿碧流前。曾著此殷頑。

右李賓貢

翻是波斯有逸民

李珣

花間詞人三大家，一般指溫庭筠、韋莊和孫光憲，李冰若先生和我的太老師朱庸齋先生則認為，溫、韋而外，僅李珣有獨特風格。

按照明人胡應麟的觀點，大家是「具範兼鎔」，名家則是「偏精獨詣」，但也有諸體俱工而不免名家，如王維；在某一體裁上微有短板，卻不失名家的，如李、杜。以具範兼鎔論，孫光憲的詞風固然非常獨特，時有警句，但風格不夠渾成，與溫、韋并列，恐怕還有未當。而若論情感的濃摯，衹能溫、韋并稱，堪比崑崙泰岱，其餘衹能算名山而已。在諸名家中，我偏愛李珣的詞。

李珣有一個特殊的身份。從血統上說，他并非中原人氏，而是波斯人的後代。但他生於中國、長於中國，接受儒家文化，最後成為五代時期一位罕見的有士大夫氣節的詞人。

李珣字德潤，出生在梓州。他的先祖是唐敬宗時波斯商人李蘇沙。唐敬宗喜歡大興土木，建造宮室，李蘇沙曾獻上了罕見的沈香木材。李蘇沙後來一直生活在中國，大概也與中國人通婚，傳到德潤這一輩，有一個哥哥李玹，字廷儀，還有妹妹李舜絃，被前蜀的後主王衍納為昭儀。

德潤雖身膺外戚，但并沒有靠這層關係攀龍附鳳做大官，因為《花間集》僅僅把德潤叫作李秀才，或者叫作賓貢。所謂賓貢就是地方政府聽說某人很有才幹，於是具名推薦到中央去，讓朝廷來考核是不是有資格當官，到了朝廷會受到上賓一樣的接待，所以叫作賓貢。另外據宋代《茅亭客話》記載，德潤「所吟詩往往動人。國亡不仕，詞多感慨之音。」他在前蜀被滅後，甘願做遺民，其詞就有很多感慨興亡之作。

近代中國人，受進化論和惟物論的影響，不吝用保守、反動等惡謚加諸忠於前朝的遺民頭上。但在古代并不如此。司馬遷著《史記》，列傳中第一篇就是《伯夷列傳》，讚美不食周粟的殷商遺民伯夷、叔齊。選擇做遺民，不僅是讀書人的氣節，有時還是一種鮮明的文化立場。比如宋、明的遺民，他們所守望的，不僅是內心的道德律令，還是歷劫猶存的中華文化。

德潤是給一個什麼樣的國家去做遺民呢？不妨來看一看宋代一位詩人張詠的《悼蜀詩》，是他到蜀地做官後寫的。詩中首先說蜀地的風土人情：「蜀國富且庶，風俗矜浮薄。奢僭極珠貝，狂佚務娛樂。」蜀地很富庶，老百姓很有錢，但風俗浮靡澆薄，就是追求虛榮，人情澹漠。浮薄是不淳厚樸實的意思。大家爭相買奢侈品，花錢無度，成天不幹正事，就想著去娛樂。那麼前蜀、後蜀的統治者又是什麼樣子呢？「當時布政者，罔思救民瘼。不能宣淳化，移風復儉約。」當時主政的人沒有想過要救民瘡痍，他們不能讓風俗變淳，讓德化施行，讓不好的風氣轉移掉，恢復到勤儉節約的正常的風俗當中去。至於一般當官的，「情性非直方，多為聲色著」。他們的性情本來就不是很正直方正，一天到晚想的是聲色犬馬。「從慾竊虛譽，隨性縱貪攫。」任憑慾望支配本能，竊取他們不配得到的名譽，放縱自己的性情去掠奪。「蠶食生靈肌，作威恣暴虐。」像蠶一樣去一點點噬食老百姓的肌肉，作威作福，肆意地施行暴虐的政令。「佞罔天子聽ㄊㄧㄥˋ，所利惟剝削。」這些善於逢迎拍馬的佞人，把皇帝的耳朵都閉塞住了，整天想的是對老百姓剝皮削骨。這是德潤所仕之國。

然則他所侍奉的君主又是什麼樣的人呢？在晚唐之時，川南節度使王建利用自己手中的兵權，以及軍閥混戰、藩鎮割據的大勢，把蜀地淹為己有，建立了蜀國。後來蜀地被後唐給滅掉，復有人建立新蜀國，史稱前蜀後蜀，前蜀是王氏，後蜀是孟氏。王建原先也算英明神武，但他年老昏聵，寵倖徐賢妃，廢掉太子，改立徐賢妃所生的兒子王宗衍。宗衍登基後把宗字去掉改名王衍，是為前蜀後主。後主登基後，尊母親徐氏為皇太后，又尊姨母徐淑妃為皇太妃。這姐妹倆貪狠非常，發明了官員崗位拍賣制，從刺史以下，每缺一官，就暗行拍賣，誰給的錢多誰就上位。就此猶嫌不足，另派親信在通都大邑建起官營的旅店商鋪，跟老百姓爭利。

王衍繼承了母系的惡劣基因，非常荒淫無道。年少的時候就祇管自己享樂，國事全部交給幾個太監，找了一些親近的小人，叫作狎客，大家一起耍。王衍建造了很多漂亮的宮舍，跟狎客、婦人日夜酣飲其中。有一年的重九，他又大擺宴席，嘉王王宗壽流淚進言，說皇帝你一定要注意啊，這樣下去國家就要危殆了。那些狎客何嘗把王爺放在眼裏，就說嘉王是喝醉了不由自主地流淚，叫作「酒悲」，然後一起去辱謾嘲笑他，王衍卻在一旁作壁上觀，漠然視之。

王衍還有一個愛好是微服出遊。當時蜀人性好新奇，流行一種特別小的帽子，衹能蓋住頭頂，一低頭帽子就掉下來，號稱「危腦帽」，王衍認為危字不祥，於是頒令禁戴。他別出心裁，喜歡戴大帽，後來人們衹要一見戴大帽的就知道是他，他又令都城中人必須都戴大帽。王衍還發明了一種新式玩意兒，就是把頭巾裹在頭上，裹得尖尖的像個錐子，這或許就是土改、文革時給「土豪劣紳」「地富反壞右」戴的高帽子的濫觴。後宮的女子，也都戴上金蓮花冠，就是用金箔折成蓮花狀的帽子，再穿上道士服，把臉頰塗紅，號曰「醉妝」。太后太妃遊青城山，隨行宮娥衣服上都畫著雲霞，飄然若仙。其好逸荒政，往往若是。

王衍要是生活在現代社會，可以做一名優秀的時裝設計師，或是會所設計師，命運卻使他做了一名帝王。這是老百姓的大不幸，然而他自己又何嘗幸運？其下場很是悲慘，國家亡給了後唐莊宗李存勖，全家上下，也均被殺害。莊宗本來應承，衹要王衍歸降，不失封侯之位，但因伶人進讒，莊宗還是背信棄義，殺了王衍一家。殺到徐太妃時，徐太妃就說：我兒子帶同一國誠心歸降，你卻如此無信，將來必遭報應。後莊宗果為伶人所弒。

王衍有一首《醉妝詞》流行於世：

者邊走。那邊走。衹是尋花柳。那邊走。者邊走。莫厭金杯酒。

詞中的「者」，今天寫作「這」。這首詞篇製十分短小，卻有一種豪宕不羈之氣。我在北大讀書時的老師張鳴先生，非常不喜歡這首詞，但是我的至友陸傑，卻覺得此詞非常有帝王氣象。陸傑可以找到他的知音，那就是古龍先生。古龍先生《大旗英雄傳》第二十一章《武道禪蹤》裏邊，寫到夜帝之子朱藻出場，便是以手拍腿，高歌此詞。古龍評價說：「這闋《醉妝詞》，乃是五代殘唐蜀主王衍所寫，此刻在他口中歌來，果然有一種帝王之豪氣。」

我也覺得這是一首好詞，它展示的是拋開世間俗務，追求純粹的快樂的生命精神。其實，如果一名帝王衹是耽酒好色，并不是多壞的事情。最壞的是喜歡折騰，折騰老百姓，今天一個想法，明天一個主義，老百姓就沒有好日子過啦。孔子說過：「為政以德，譬如北辰，居其所而眾星共之。」統治老百姓其實很簡單，就是像北極星一樣端居天中，清靜無為，不去多打擾老百姓的正常生活，與民休息，自然天下大治。這是題外話，表過不談。

總結一下，前蜀是一個人情澆薄、習於奢侈的國度，它的君主後主王衍又是一個荒淫無道、不理政事的昏君。問題來了，這樣的國、這樣的君，值得德潤為之守節不移，甘當遺民嗎？

我們看一看陳寅恪先生《王觀堂先生挽詞序》就明白了。

王觀堂，即學術大師王國維。他曾任清華研究院國學門導師，與梁啟超、陳寅恪、趙元任并稱四大導師。他本是前清秀才，後在上海東文學社得名學者羅振玉的賞識，由羅資助東渡日本遊學。王國維在日本開始做甲骨文研究，暨宋元戲曲研究，後來終成大師。清朝雖亡，羅振玉卻仍忠於清室，他得到已經遜位的末代皇帝溥儀的賞識後，便帶挈王國維做了南書房行走的五品官。而到一九二七年，因先有軍閥馮玉祥部下鹿鍾麟，不顧國民政府與清室簽定的《清室優待條約》，把溥儀和整個皇室趕出宮去，又有大學者葉德輝在湖南被槍斃，王國維深受刺激，選擇於一九二七的六月二號，夏曆端午的前二日，寫了一封遺書放在口袋裏，跟他的學生借了兩塊錢銀洋，租了輛黃包車直到頤和園，在魚藻軒邊投入昆明湖自盡。昆明湖水并不深，但王國維是頭下腳上，一頭栽進去，湖底的淤泥把他的口鼻塞住了，不旋踵即窒息而亡。屍體被撈上岸時，衣服還沒有完全濕透，遺書的字跡也十分清晰，開頭四句是：「五十之年，衹欠一死。經此世變，義無再辱。」

王國維的自殺，對清華師生觸動殊鉅。此事一發生，梁啟超就召集學生訓講，把王國維跟屈原并論。陳寅恪先生則寫了一首長慶體的詩《王觀堂先生挽詞》以表哀思，這首詩是學唐代元稹的《連昌宮詞》，前有小序，大旨是認為王國維之自沈，不是殉清，而是殉人倫、殉文化。小序中最有名的一段話是這樣說的：

> 吾中國文化之定義，具於《白虎通》三綱六紀之說，其意義為抽象理想最高之境，猶希臘柏拉圖所謂 Idea 者。若以君臣之綱言之，君為李煜，亦期之以劉秀；以朋友之紀言之，友為酈寄，亦待之以鮑叔。

所謂的三綱六紀，三綱指君為臣綱，父為子綱，夫為妻綱，六紀指諸父有善，諸舅有義，族人有序，昆弟有親，師長有尊，朋友有舊。以君臣之綱而言，就算皇帝是像李煜一樣無能的君主，也要把他當光武帝劉秀那樣的英主看待；以朋友之紀言之，就算朋友是酈寄，也要把他像鮑叔一樣對待。酈寄是初漢時人，與呂祿為友，呂后擅權時，把劉氏宗族幾乎殺光，大漢快變成呂家的天下了。酈寄欺騙呂祿，騙得兵符，交給太尉周勃，於是周勃等人就把諸呂全部誅殺。鮑叔是春秋時人，他跟管仲是好朋友，兩人合夥做生意，賺來的錢管仲給自己分得多，給鮑叔分得少，鮑叔不以管仲為貪，知他有老母在堂需要供養；管仲用鮑叔的本錢做生意，虧了好多錢，鮑叔不認為他愚笨，而歸咎於時運未濟。在陳寅恪先生看來，三綱六紀都不是外在的道德規範，而是內心的道德律令，是個人所應追求的道德上和文化上的理想。

所以，德潤給這樣的國守貞，給這樣的君主守節，這是他的精神理念超拔之處，正體現出他高岸的人格。說他不懂得權變，不懂得順應時代，這樣的思想恰恰是卑賤庸俗的小人之見。正因歷次改朝換代，都有不食新朝俸祿的大人君子在，中國文化的基本價值觀纔能代代綿延。

德潤選擇這樣的人生道路，固然與他深受儒學薰染有關，但根本上是因為他生具堅強不磨的性情。也正因有此性情，他的詞纔在婉麗中透出貞剛的力量。

浣溪沙

晚出閒庭看海棠。風流學得內家妝。小釵橫戴一枝芳。　鏤玉梳斜雲鬢膩，縷金衣透雪肌香。
暗思何事立殘陽。

訪舊傷離欲斷魂。無因重見玉樓人。六街微雨鏤香塵。　早為不逢巫峽夢，那堪虛度錦江春。

遇花傾酒莫辭頻。

第一首寫一位女子，向晚時分，閒愁難遣，到庭院中看海棠消悶。她態度風流，學得了宮中的妝束，把一枝小釵横插在髮髻上，這髮釵上，還霑有她的體澤，因此一定也是芬芳的。古典詩詞的美妙處往往難言，有時需要讀者調動眼耳鼻舌身全部的感覺器官，纔能深入體悟。老輩學者丘良任先生曾對我說，像唐詩「蜻蜓飛上玉搔頭」，其幽微隱約之旨，必得用嗅覺感知。我想「小釵橫戴一枝芳」也是這樣。這位女子的鬢髮髮質特別光膩，濃密得像雲一樣，那是用美玉雕鏤成的梳子梳就，她穿著金縷衣，透出雪樣的肌膚，她的體香令人發狂。可是，這樣令人愛慕不已的女子，心中一定有什麼解不開的幽恨，她定是想起什麼來了，在殘陽下含情悄立，忘記了傍晚時分，夜露風寒。這首詞與《花間集》中很多作品風格相似，但「暗思何事立殘陽」一句，寫得非常峭直，非常有力量，這是用一句結句對前面五句的意思進行了翻轉，因此也就更耐人尋味。清代大詞人納蘭性德，也有一首《浣溪沙》：

誰念西風獨自涼。蕭蕭黃葉閉疏窗。沈思往事立殘陽。　被酒莫驚春睡重，賭書消得潑茶香。當時衹道是尋常。

「沈思往事立殘陽」，實際上就是學的「暗思何事立殘陽」這一句。

第二首中「早為不逢巫峽夢，那堪虛度錦江春」兩句，在當時非常流行。但是我認為大眾并沒有判別文學經典的能力，能流行的，往往并不是真正高妙的作品，或者雖然是高妙之作，大眾祇是震炫於一些表層的東西，并不能真正理解作者的苦心孤詣。方殘唐五代之時，社會動盪，整個社會人情澆薄，普通人生活朝不保夕，成日想的就是醉生夢死，所以他們讀到「早為不逢巫峽夢，那堪虛度錦江春」這兩句時，自然感到「於我心有戚戚焉」。但實際上，德潤要表達的并不是這種對自己的人生放任自流的意思。李冰若先生不愧是花間詞的知音。他指出：

無因重見玉樓人，故遇花沽酒莫辭頻。非曰及時行樂，實乃以酒澆愁，故其詞溫厚不儇薄。

這是情深之至的傷心人語，而不是儇薄無行之輩的情慾放縱。《花間集》中有很多儇薄的詞，如張泌的《浣溪沙》：

晚逐香車入鳳城。東風斜揭繡簾輕。慢回嬌眼笑盈盈。　　消息未通何計是，便須佯醉且隨行。依稀聞道太狂生。

魯迅翻譯如下：

夜趕洋車路上飛。東風吹起印度綢衫子，露出腿兒肥。亂丟俏眼笑迷迷。難以扳談有什麼法子呢？祇能帶著油腔滑調且釘梢。好像聽得罵到「殺千刀」！

德潤的《浣溪沙》，氣息完全不同。他不是要表現人生苦短及時行樂，不是在描寫放縱，而是刻畫出一個為愛執著，不惜用酒麻醉自己的情種形象。

浣溪沙

紅藕花香到檻頻。可堪閒憶似花人。舊歡如夢絕音塵。　翠疊畫屏山隱隱，冷鋪紋簟水潾潾。斷魂何處一蟬新。

詞的上片，以紅藕花香頻吹入窗臺起興，逗引出閒情悶悶，思念佳人，不堪相思之苦。「舊歡如夢絕音塵」，是說從前兩個人在一起的快樂日子現在就像做了一場春夢，朦朦朧朧無法捉摸，隔斷了音塵。一個「絕」字，用得非常見力度。過片描繪內室屏風寢具的精美，隱藏的意思卻是因相思而失眠，因為祇有失眠的人，纔會有心思關注屏風寢具。屏風上畫著重重疊疊的青山，綿綿不斷，就像是我對伊人的思念；清涼沁骨的細竹席，上有美麗的花紋，鋪在床上，彷彿粼粼碧水。如此精室，可堪獨宿？惟有相思割不斷，吹不去。結句「斷魂何處一蟬新」，蕭繼宗教授對其評價是：「情境交融，盡遺俗腐。」「盡遺俗腐」的意思是不作尋常套語，而能寫出新的意態來。「一蟬新」，是說驀地聽到秋蟬的鳴叫，纔忽然意識到，哦，秋天到了，而我竟然整個夏天就是在思念、煎熬中度過。夏季蟬鳴不絕，但惟有秋蟬孤鳴之聲，纔讓人「斷魂」，纔讓人感到蟬鳴之「新」。這是一種移情於物的手段，隱藏的意思是，我的痛苦衹有這孤獨的秋蟬能知會吧。

德潤的一些作品，可說是花間詞的別調：

漁歌子

楚山青，湘水淥。春風澹蕩看不足。草芊芊，花簇簇。漁艇棹歌相續。　信浮沈，無管束。釣回乘月歸灣曲。酒盈罇，雲滿屋。不見人間榮辱。

荻花秋，瀟湘夜。橘洲佳景如屏畫。碧煙中，明月下。小艇垂綸初罷。　水為鄉，蓬作舍。魚羹稻飯常餐也。酒盈杯，書滿架。名利不將心掛。

柳垂絲，花滿樹。鶯啼楚岸春山暮。棹輕舟，出深浦。緩唱漁歌歸去。　罷垂綸，還酌醑。孤村遙指雲遮處。下長汀，臨淺渡。驚起一行沙鷺。

九疑山，三湘水。蘆花時節秋風起。水雲間，山月裏。棹月穿雲遊戲。　鼓清琴，傾淥蟻。扁舟自得逍遙志。任東西，無定止。不議人間醒醉。

機。

德潤在蜀亡之後，可能到湖南一帶隱居。這組詞大概就是寫隱居高曠之情。詞中充盈著勃勃的生

第一首的「酒盈樽，雲滿屋」寫得最好。戰國時偉大的思想家莊子，提出一個重要的哲學概念，「獨與天地精神往來」，這兩句就表達了這樣的生命精神。

第二首相對上一首，微嫌刻意，但仍可見德潤胸次之開闊。「酒盈杯，書滿架」及不上「酒盈樽，雲滿屋」，何妨做一個不識字的漁夫呢？這纔是更高曠的境界。德潤畢竟是儒生，他可以放下名利，放下小我私己，卻放不下士大夫與生俱來的東西：憂患意識。所以他還是忘不了他的「書滿架」。

第三首起句「柳垂絲，花滿樹。鶯啼楚岸春山暮」，實化自南朝丘遲《與陳伯之書》中的名句：「暮春三月，江南草長，雜花生樹，群鶯亂飛。」整首寫出了作者與天地合一、宇宙交融的襟抱。「下長汀，臨淺渡」，好像看起來跌宕很大，實際上一丘一壑，盡在漁翁胸中。

第四首「水雲間，山月裏。棹月穿雲遊戲」，寫得多好，一顆心隨著月亮，穿雲遊戲，月亮就彷彿是一條小船，一顆心就是這條小船上的撐篙人。宋儒常講，「鳶飛魚躍，活潑潑地」，這顆心正該如此。「鼓清琴，傾淥蟻。扁舟自得逍遙志。」淥蟻一般寫作綠蟻，是酒的別稱，新釀的酒，一般是乳白色，放上一段時間，顏色會變綠，上面浮著一層薄沫，乍看像螞蟻一樣，故稱綠蟻。鼓琴飲酒，扁舟自適，該是很多人嚮往的境遇吧！「任東西，無定止。不議人間醒醉。」抒寫的是忘懷物我的自

由境界。「不議人間醒醉」用《楚辭．漁父》之典。屈原被放逐後，行吟澤畔，形容枯槁，遇一漁父，互相對答，屈原說自己落到如此田地，是因「舉世皆濁我獨清。眾人皆醉我獨醒」，漁父勸他不如和光同塵，從俗全己，屈原不從，決意投水自沈，漁父莞爾一笑，敲著船槳，唱著《滄浪歌》離去。這個故事是儒家人生觀與道家人生觀的一次交鋒，到德潤這裏，卻同時超越了屈原與漁父，他是「不議」人間醒醉，真正達到了莊子「齊物」之境。

巫山一段雲

古廟依青嶂，行宮枕碧流。水聲山色鎖妝樓。往事思悠悠。　雲雨朝還暮，煙花春復秋。啼猿何必近孤舟。行客自多愁。

這首《巫山一段雲》，龍榆生先生《唐宋名家詞選》選過，是一首千古名作。《巫山一段雲》詞牌出自戰國時楚國辭賦家宋玉的《高唐賦》，是講楚懷王遊高唐，怠而晝寢，夢一女子與之歡會，自述：「妾在巫山之陽，高丘之阻。旦為朝雲，暮為行雨。朝朝暮暮，陽臺之下。」德潤的這首《巫山一段雲》，也是詠巫山神女的本意之作。不過，此詞借古諷今，有強烈的現實感，因此也就別出機杼。上片借古廟行宮眼前之景起興，想像巫山神女正在水聲山色之中，轉以感慨興亡，由楚王的荒淫無道，映襯蜀後主王衍，故曰「往事思悠悠」。過片是說，巫山雲雨，依然朝朝暮暮，何嘗真見神女其人？像輕煙一樣縹緲美麗的花兒，年年盛開，可是當年地連千里的大國楚，今又何在？二句感慨非常。三峽兩岸的猿啼非常有名，《水經注》記載：「每至晴初霜旦，林寒澗肅，常有高猿長嘯，屬引淒異，空谷傳響，哀轉久絕。故漁者歌曰：『巴東三峽巫峽長，猿鳴三聲淚霑裳！』」猿啼本已備極哀戚，行客之哀，卻又更甚於猿啼了。「行客自多愁」并不是遊宦在外，漂泊思鄉之愁，而是亡國之人，眷懷故國之哀。

德潤的作品突破了花間詞專寫男女情愛的習慣，觸及更加廣闊的社會情形，尤其是用詞來描寫南國風土人情，以十首《南鄉子》，最臻其妙。茲舉三首：

煙漠漠，雨淒淒。岸花零落鷓鴣啼。遠客扁舟臨野渡。思鄉處。潮退水平春色暮。

漁市散，渡船稀。越南雲樹望中微。行客待潮天欲暮。送春浦。愁聽猩猩啼瘴雨。

相見處，晚晴天。刺桐花下越臺前。暗裏回眸深屬意。遺雙翠。騎象背人先過水。

下面這兩首我認為是寄託亡國情懷的作品。一首《菩薩蠻》：

回塘風起波紋細。刺桐花裏門斜閉。殘日照平蕪。雙雙飛鷓鴣。　征帆何處客。相見還相隔。
不語欲魂銷。望中煙水遙。

「相見還相隔」，相隔的不是一個特定的人，而是他所思念、所緬懷的故國，所以纔有「不語欲魂銷。望中煙水遙」之慨。煙水相隔，遠望不見，隱喻過去的所有美好、所有歡樂，再也追不回來了。這個國再壞也好，再怎麼樣也好，也是我的家園。「殘日照平蕪。雙雙飛鷓鴣」二句，上句闊大，下句纖微，上句凝重，下句輕靈，藝術手法非常高明。

《西溪子》同樣應該是有寄託的作品：

金縷翠鈿（ㄊㄧㄢˊ）浮動。妝罷小窗圓夢。日高時，春已老。人來到。滿地落花慵掃。無語倚屏風。泣殘紅。

此詞表面上是講女子思春，慵懶無聊，偶因所觸，流過臉頰的眼淚和著胭脂，就成了「紅淚」。實際上，更像是一位遺民，對著已亡之國灑下的哀涼之淚。「泣殘紅」暗用三國時魏國薛靈芸之典，她被徵送入宮，臨行哭泣不已，以玉唾壺承淚，壺呈紅色。及至京師，壺中淚凝如血。故後世以「紅淚」代指女子的眼淚。

德潤還有未選入《花間集》的一些作品，也很有特色，如《漁父》三首：

水接衡門十里餘。信船歸去臥看書。輕爵祿，慕玄虛。莫道漁人祇為漁。

避世垂綸不記年。官高爭得似君閒。傾白酒，對青山。笑指柴門待月還。

棹警鷗飛水濺袍。柳侵潭面柳垂條。終日醉，絕塵勞。曾見錢塘八月濤。

曠達中見深婉。還有一首《定風波》：

往事豈堪容易想。惆悵。故人迢遞在瀟湘。縱有回文重迭意。誰寄。解鬟臨鏡泣殘妝。

清末大詞人況周頤以為有「故君故國之思」，我認為這種說法是成立的。況周頤認為：「李秀才詞清疏之筆，下開北宋人體格。」強調他風格的獨特。李冰若則說：「李德潤詞大抵清婉近端己，其寫南越風物，尤極真切可愛。在花間詞人中自當比肩和凝而深秀處且似過之。……花間詞人能如李氏多面抒寫者，甚鮮。故余謂德潤詞在花間可成一派而可介立溫韋之間也。」則是將德潤與溫、韋并列為三大家了。我以為，德潤詞的妙處在於包羅萬象，他不是把詞衹當成應酬歌女的工具，而是用它來抒情、憂患、白描、交往，這實際上是把詞當作詩來寫，拓展了詞的功能。

與德潤同時有個叫尹鶚的人，寫詩嘲諷他：「異域從來不亂常。李波斯強學文章。假饒折得東堂桂，胡臭熏來也不香。」出語輕薄，徒令人不齒。其實五代十國士大夫風骨掃地，能有一個波斯人，接受儒家文化薰陶，堅強不磨，是該讓當時很多士大夫羞愧的。故清代周之琦評價德潤，最稱公允：

「雜傳紛紛定幾人。秀才高節抗峨岷。扣舷自唱南鄉子，翻是波斯有逸民。」

最是倉皇辭廟日教坊猶奏別離歌
垂淚對宮娥
塵乙未夏夜於京

花月淚，霑袖復橫頤。壯氣不隨王氣沒，
朱顏爭似醉顏頽。萬古有餘悲。

右後主

南唐二主
問君能有幾多愁

李璟　李煜

俗語云「文無第一，武無第二」，但若要問，誰是千古第一詞人？恐怕誰也不會懷疑李後主的地位。在五代的割據政權中，南唐雖時僅三十九春秋，地僅三千里江山，卻貢獻了李璟、李煜、馮延巳三位大詞人，其中尤以後主李煜橫絕千古，他雖是現實人生的失敗者，卻允為詞人中的帝王。

南唐共歷三帝，首先是開國的烈祖皇帝李昪（ㄅㄧㄢˋ），然後是李昪的長子元宗李璟，史稱南唐中主，最後則是廟號懷宗的李煜，他是李璟第六子，因係亡國之君，故史稱後主。在五代十國中，南唐經濟最發達，文化最優勝，中主、後主及其身邊的詞臣，數量雖不及西蜀詞人，而成就實遠過之。

現代詞學家龍榆生先生，關於南唐二主，有一段非常精闢的論述：

> 詩客曲子詞，至《花間》諸賢，已臻極盛。南唐二主，乃一掃浮豔，以自抒身世之感與悲憫

之懷；詞體之尊，乃上躋《風》《騷》之列。此由其知音識曲，而又遭罹多故，思想與行為發生極度矛盾，刺激過甚，不期然而迸作愴惻哀怨之音。

龍榆生先生受業於晚清四大詞人之一的彊村老人朱祖謀，為彊村臨終託硯弟子。但龍先生論詞，非常注重詞與音樂、聲情的關係，此為彊村所未及，故龍先生特地強調南唐二主的「知音識曲」。南唐二主詞，相對《花間集》的多數詞作，特點是一掃浮薄輕豔之風，沈鬱有風骨。其所以如此，乃因此二子不僅能自寫身世，且更將這種發端於對自身的自憐，擴充到對宇宙人生的深切同情。這就是悲憫情懷。正因有此悲憫情懷，南唐二主纔昇華了詞的境界，本祇是「豔科」的曲子詞，纔能與詩經、楚辭并列，匯入中國文學的主流。

《花間集》所選二十五家，能於作品中自抒身世的，除韋莊、李珣外，要數薛昭蘊、鹿虔扆的少部分作品，但若與南唐二主相較，終是感覺不夠沈鬱、不夠深婉。這是與南唐二主淳厚濃摯的性情以及他們所處的獨特境遇分不開的。

孟子論詩，提出兩項基本原則，一是知人論（ㄌㄨㄣˊ）世，瞭解詩人的生平出處，討論他所處的時代風雲；二是以意逆志，強調讀者必須根據自己的情感體驗，去感知詩人究竟想表達什麼。論詩說詞，離不開這兩大原則。然則南唐究竟是什麼樣的一個政權，南唐二主又是何等樣的人呢？

首先須知，南唐獲得政權，用的是當時最溫和、最文明的方法。唐末淮南節度使楊行密，擁兵自立，都於廣陵，國號吳，史稱南吳，亦稱楊吳。南吳在疆域最大時，據有今江蘇、安徽、江西和湖北等省的一部分。南唐烈祖李昪本係孤兒，但有唐朝皇室血統，他是唐憲宗第八子建王李恪的玄孫。（宋人多謂其為自高身份，如劉備自稱為中山靖王之後，而不能舉其世系者，甚有謂其本潘氏，冒姓李者，故不承認其續唐之統。此用陸游《南唐書》所載。）其父李榮早逝，依伯父李球長育。楊行密任淮南節度使時，一見尚在孩提的李昪就非常喜愛，認為此子頭角崢嶸，必非池中物，便想收為義子。偏偏行密長子楊渥心胸狹隘，不能相容，行密衹好讓李昪拜在大將軍徐溫膝下，以為螟蛉，并改從徐姓，名知誥。

李昪在楊行密軍中，迭立戰功，到楊行密稱帝時，他已做到左僕射參政事，這是副相之職。古代官制，是先官銜後職務，左僕射是官銜，參政事是他的職務。李昪為官，工作勤勉，生活節儉，不與老百姓爭利，待人寬厚，法令簡易，很得人心。楊行密死後，大將軍徐溫已實際掌握吳國的軍政大權，皇帝成為傀儡，正常情況下，徐溫有可能取代南吳自立為帝，或者徐溫死後，由他的兒子再行禪讓之事，但有兩大機緣使李昪坐收漁人之利，終於南唐取代了南吳，成為大唐正朔的繼承者。

先是，徐溫子知訓，驕泰無禮，貪圖享樂，對下屬甚是刻削，在天祐十五年（九一八），就有朱瑾造反，把徐知訓殺掉，李昪借平定叛亂之機，順理成章取代徐知訓，成為他義父徐溫以下的第二號實權人物。

再是徐溫的另一子知詢，位在李昪之下，金陵行軍司馬徐玠，勸徐溫防備李昪，把實權交給自己的親兒子。徐玠這廂剛向徐溫建議，那廂即有人偷偷告訴李昪。李昪慌忙給徐溫寫表陳情，以退為進，自請辭去一切軍政要務，衹求到江西外任地方官。結果表未上徐溫即已病重，他未及宣佈把權力移交親子知詢就已去世。徐溫歿後，徐知詢與李昪爭權失敗，從此李昪取代徐溫成為南吳的實際掌權人，官銜是太尉中書令，同時出鎮金陵。

後來，在他的脅迫之下，吳國皇帝先封他為大元帥，接著又封他作齊王，改名徐誥。過了幾年，他就要求吳帝禪位，國號為齊，尊奉禪讓帝位給他的吳帝為高尚思玄弘古讓皇帝，自稱受禪老臣誥，又追尊徐溫為太祖武皇帝。三年後，李昪授意群臣分批上書，說陛下是李唐的後人，係李姓而非徐姓，宜改國號為唐。李昪當然要表示推辭，幾次喬張致，把裡子面子都做足，這纔恢復本名為李昪，國號改為唐，史稱南唐。

在中國歷史上，要獲得政權衹有兩種方式，一是革命造反，一是謀朝篡位。傳統儒家一般對謀朝篡位大加鞭韃，卻稱頌成功的造反是「湯武革命」「周武王誅一獨夫紂」，何以如此？原來，儒家認為革命造反，起因是君王無道，不再擁有天子之德，反而成了殘虐百姓的獨夫，革命者是順天應人；而謀朝篡位倒往往是因為幸臣先導君主於不道，再取而代之，靠的是陰謀詭詐。但就實際效果而論，謀權篡位對社會生產力的破壞較小，殺人盈野、流血漂杵的情形也較少見。更何況，南吳割據政權的土地人民，本取自唐室，原先就不具有合法性，李昪以唐代吳，倒的確是當時人心所向呢！

李昪對待百姓十分寬厚，繼位的中主李璟、後主李煜，都是性情和易的皇帝，這樣，南唐在五代十國中經濟文化就最為發達。南宋詩人陸游本非史官，卻特地去寫了一部《南唐書》，借著史來哀挽一個文明高度發達的國家。看待一個政權是不是具備合法性，有一個詞叫作「正朔」，陸游是把文化傳統視為真正的「正朔」的。再聯想到北方蠻族所建立的金國，在宋欽宗靖康二年驅入宋都汴梁，擄去徽、欽二聖，高宗乃向金俯首稱臣，接受金的策封，陸游著史的目的，更是呼之欲出。

元代天曆年間，有趙世延為《南唐書》寫序，感慨李昪系出唐憲宗，經過四代艱難困苦，纔有了江淮之地，結果衹延祚三十多年，就被宋朝滅掉。他說雖然南唐土地不廣，但文物之盛，冠於同時諸國。南唐輔國之臣，雖不及諸葛亮那樣的政治才華，但像張延翰、劉仁贍、潘佑、韓熙載、孫忌、徐鍇這些人，文才武略，忠節聲華，炳耀一時，是不能被掩蓋的。當時北方後晉、北漢的皇帝，個個在契丹人面前俯首稱臣，反倒是像南唐這樣的江淮小國，與契丹平起平坐，互相之間通使不絕，契丹并厚贈駱駝、羊、馬之類以千計。高句麗也每年給南唐進貢。可見，契丹和高句麗都承認，南唐纔是中原政權的正朔。

所謂中國，并不是血統的概念，而是文化的概念。中國之所以是中國，華夏之所以是華夏，便在於它在文化上高於周邊民族，故中國的對義詞是四夷，華夏的對義詞是夷狄。南唐雖偏據一隅，實是當時中華文明的正統所繫。當中主之時，國勢漸衰，保大十三年（九五五）後，北方後周三度入侵，南唐無力抵抗，江北之地全獻給後周，并向後周稱臣，自去年號，遷都南昌。到後主乾脆國破家亡，繫身銜璧而為囚徒。文明敵不過野蠻，二主對過往韶光的依戀，對文明淪胥的傷痛，如巴峽哀猿、華陽杜宇，有非同時詞人所能想見者。

中主性情非常仁厚。陸游《南唐書》稱：

元宗多才藝，好讀書，便騎善射，在位幾二十年，慈仁恭儉，禮賢睦族，愛民字孤，裕然有人君之度。

他天性恬澹，對權力并不熱中，度其初志，本來是要做廬山中的隱士，詩酒風流，衹是身承大統，不得不繼位罷了。既為李唐苗裔，又負擔著恢復祖業的責任，先滅閩國，旋卻被吳越奪去大塊地盤，先有楚地，又不能禁楚人之叛，兩番軍事失利，促使中主復其本心，調整國家戰略為自保謙守，不再用兵事了。當時有一位大臣，向他進諫說，希望皇上十數年中不要再用兵了，中主的回答意味深長，他道：「兵可終生不用。何十數年之有？」

時有歌者王感化，為中主唱歌，唱來唱去就一句「南朝天子愛風流」，他聽後非常感慨，說如果當初陳後主能得人如此進諫，又何至於受「銜璧之辱」呢？古時國君投降，須肉袒自縛，把象徵國家政權的玉璧銜在嘴裏，所以叫「銜璧之辱」。陳後主在隋兵攻入景陽宮時，準備逃進胭脂井裏藏身，誰知身軀太過胖大，卡在井口，上不得，下不得，被隋兵捉住，那可比「銜璧之辱」丟臉多了。中主非不知軍事力量的重要性，衹是他天性仁慈恬退，不希望人民陷入戰爭的苦難之中，與陳後主之荒淫無道，迥非同流。這種性情當然不適合做政治家，卻使得他沒有懸念地成為一位不失赤子之心的詞人。

應天長

一鉤初月臨妝鏡。蟬鬢鳳釵慵不整。重簾靜。層樓迥。惆悵落花風不定。　柳堤芳草徑。夢斷轆轤金井。昨夜更闌酒醒。春愁過卻病。

這首詞《全唐詩》《歷代詩餘》均收在後主的名下，其實是後主手書的「先皇御製歌詞」，宋時這幅手跡尚由晁公留收藏。詞的主題，不過是描寫女子的閨怨，可能受到了唐代詩人王昌齡《長信秋詞》的影響：「金井梧桐秋葉黃。珠簾不捲夜來霜。熏籠玉枕無顏色，臥聽南宮清漏長。」儘管如此，卻仍有自己的創造。上片寫夜深人靜，女主人公感歎春去無情，不能成寐，下片寫迷夢中難忘別離時的楊柳堤、芳草路，卻因井臺上汲水的轆轤聲而驚醒。結句的「春愁過卻病」，意思是慨慨的春愁，比得了病還要難受。「過卻」可能是當時的口語，祇此一句，全詞意境俱新。

浣溪沙

風壓輕雲貼水飛。乍晴池館燕爭泥。沈郎多病不勝衣。　沙上未聞鴻雁信，竹間時聽(ㄊㄧㄥˋ)鷓鴣啼。
此情惟有落花知。

這首詞亦見於《東坡樂府》，王仲聞先生《南唐二主詞校訂》一書考訂為東坡所作。但我以為，此詞的氣象與東坡不侔，詞中有著獨特的南唐風致，故此處仍依傳統說法，繫於中主名下。此詞抒寫的是春色將闌傷春之緒，上片寫春雲低重，被風吹著彷彿貼著水面飛動，經過一場春雨，園林池館都透出晴天的氣息，燕子在爭著銜泥壘巢。可是韶光將盡，詞人就像那瘦損腰圍的南朝詩人沈約，多愁多病，身子很虛弱，連身上衣服的重量都難以承受。一個「壓」字，一個「爭」字，寫出的是自然界的不和諧，而這種不和諧，正是作者內心矛盾苦悶的象徵。中主是可愛的，他沒有把自己當成君主，而是把自己比成一位古代的讀書人，這與鞭秦皇、撻漢武的霸主心態，完全異趣。

過片兩句「沙上未聞鴻雁信，竹間時聽鷓鴣啼」，「鴻雁信」用蘇武之典，當年蘇武使匈奴，被流放北海，不辱漢節，一十九年不得歸國，漢朝使者知蘇武未死，向匈奴討人，詭言大漢天子在上林苑射落一隻大雁，雁足上繫有蘇武的書信。中主用這個典故當然并不表示他真的在盼望遠人的書信，而是隱指對國家前途命運的焦灼等待。對於未來，他無比憂懼，卻祇能在竹林中聽著鷓鴣的鳴叫。結句「此情惟有落花知」情感十分沉重，春盡花落，九十韶光一去不復返，自己的心事，也像落花一樣無奈而哀婉。所謂的「惟有落花知」，是指祇有落花是自己的知己，也祇有落花纔能明瞭自己的心事。

攤破浣溪沙

菡萏香銷翠葉殘。西風愁起綠波間。還與韶光共憔悴，不堪看。　細雨夢回雞塞遠，小樓吹徹玉笙寒。多少淚珠何限恨，倚闌干。

手捲真珠上玉鉤。依前春恨鎖重樓。風裏落花誰是主，思悠悠。　青鳥不傳雲外信，丁香空結雨中愁。回首綠波三峽暮，接天流。

此二首是中主的名作。《攤破浣溪沙》又名《山花子》，算是《浣溪沙》的變格。詞的音樂部分有時候會做一些調整，分出添聲、歇拍、攤破、減字等變格，《攤破浣溪沙》始自中主，故又名《南唐浣溪沙》。《攤破浣溪沙》是把《浣溪沙》的上下片的第三句，由和婉的七言句法，變作一個七言句和一個三言句，三言句字少語精，表現力就比《浣溪沙》要強很多。

兩首名作，自字面意思看，前一首悲秋，第二首傷春，這本是千古文人熱衷的題材，衹是中主在低回宛轉中不失悲壯，故為難能。

試看「菡萏香銷翠葉殘。西風愁起綠波間」，開筆即已蒼茫正大，綠波無垠，枯荷狼藉，而愁心正如這無垠的綠波，漫無涯際。人與韶光一同憔悴，已是傷心不忍言，就像是書法中的提筆，再加以「不堪看」三字，譬如書法中的頓筆，一提一頓，自然真氣流行。過片「細雨夢回雞塞遠，小樓吹徹玉笙寒」，由哀怨轉為淒婉，是化實為虛之筆，把實在的濃愁轉化為淒婉的虛景，這就給人以想像的空間，算是作詩填詞的一個重要技巧。到結二句則用重拙之筆，反以直露為美。不過直露之筆，設非情感極其濃摯，是很難動人的。

第二首傷春之作，很見天賦，不僅僅是創作技巧的高明。開筆「手捲真珠上玉鉤。依前春恨鎖重樓」就是天才的傑構。意謂能掛起珍珠簾，卻掛不住鬱結在心的春恨，堪稱興中有比。興，是欲說甲事偏先說乙事，比，即以甲事喻乙事，二句欲說春恨難遣，先說手捲真珠，又暗以真珠上玉鉤喻春恨鎖重樓，故意味尤其綿長。「風裏落花誰是主」，此句顯示詞人的無意識。非不知誰是東君之主，實是詞人中心搖搖無主，不知國家的前途命運何在。「青鳥不傳雲外信，丁香空結雨中愁」也是名句，青鳥本為西王母的使者，後喻指愛情之使，丁香開花細小，但繁茂非常，以青鳥、丁香的纖微，映照雲外、雨中的蒼茫浩瀚，喻指人在難測的命運面前，是何等之渺小，即使生為帝王，又如何能擺脫命運的擺佈？一結「回首綠波三峽暮，接天流」，以三峽之水，喻濃愁不斷，有一種浩蕩奔流的氣勢，婀娜中見出剛勁，這纔是大作家的手段。

王國維特賞「菡萏香銷翠葉殘。西風愁起綠波間」二句，以為「大有眾芳蕪穢，美人遲暮之感」，龍榆生先生不同意他的觀點，以為中主實有無限感傷，非僅流連光景之作，他說正因中主忍辱含垢，委曲求全，所以纔有百折千回之詞心。王國維對這兩句的解釋偏於形而上，是哲學化的理解，相對而言，龍榆生先生的見解更具說服力。

後主是李璟的第六子，本名從嘉，字重光，登帝位後纔改名李煜。後主生得兩腮手滿，額頭開闊，且一目重瞳。重瞳是眼中有兩個瞳孔，古代相人以為是帝王異相。但後主初為帝王，終淪降虜，最後竟被宋太宗賜牽機藥酒毒死，人生遭際之慘，反不如南唐普通百姓了。

後主的性情，比諸乃父更加柔弱。他天資純孝，侍奉元宗恪盡子道。李璟崩殂之時，他痛哭傷身，以致虛弱到衹能扶著拐杖纔能站立。從保大十三年（九五五）開始，北周三次侵略南唐，南唐經濟受到很大破壞，後主嗣位後，專以愛民為急，減輕稅賦，不隨意徵調人民服役，寧願向中原政權俯首稱臣，也不啟釁用兵，南唐百姓，遇到這樣曠世難逢的仁德之君，總算過了十五年的安生日子。後主虔心向佛，崇奉沙門，甚至親自削廁籌給和尚用。（古人如廁不用紙，用竹片刮，名曰廁籌。）他也不怎麼喫葷，曾買禽魚放入山林大澤，謂之放生，後世信佛之人放生，即自後主始。他居心極慈，御史彈劾大臣，過於峻急的，都不做批復，遇有死刑需報皇帝批決，一定是從輕發落，相關部門援法力爭，他沒法再為死囚開脫纔流淚同意死刑。有一次，他從青山打獵回來，心血來潮跑到大理寺去，逐個審問，開釋了不少囚犯。大臣韓熙載上疏（ㄕㄨˋ），說皇帝不該直接干預司法，更不該駕幸監獄之地，應該從皇帝的內庫裏罰錢三百萬給國庫。後主雖未聽從，但也毫不生氣。在他的身上，是見不到一點專制帝王的陰刻兇殘的。他的死訊傳到江南，不少老百姓跑出門，到巷子口哭泣著祭奠他。

如果沒有外患，李後主大概可算歷史上最好的皇帝之一。固然他崇奉沙門，起造寺廟，荒廢政事，但相對他帶給人民的寬鬆環境，不過是小節。然而，他不幸面對的是北方虎視眈眈的強權，他的柔弱的性情和糟糕的馭下能力終於釀成了千古悲劇。宋太祖趙匡胤嘗說：「南唐又有什麼罪過？不過我的臥塌之側，不容旁人鼾睡罷了。」宋太祖的這段話，決定了南唐和後主的命運。

後主本乏為政之才，又不能知人善任，盡起用徒有文才卻乏實幹經驗的人，在皇宮內苑設置澄心堂，頒行旨意，中書省樞密院反而成了徒有虛名的機構。當宋唐交戰之時，他臨陣換帥，大臣竟然一無所知。南唐有一舉子樊若水，久考不中，遂暗中實測長江江面寬窄、江水深淺，私通宋人。宋軍從其議，造浮橋過江，圍住金陵，城內老百姓惶怖不知何日就死，後主卻晏居淨居室，聽和尚德明、雲真、義倫、崇節講《楞嚴經》《圓覺經》，用鄱陽隱士周惟簡為文館詩易侍講學士，延入後苑講《易經》否卦，厚給賞賜。群臣皆知國家將亡，衹有寵臣張洎，尚引徵符命，說什麼「玄象無變，金湯之固，未易取也。北軍旦夕當自引退」。一派胡言，後主尚信以為真。當宋軍圍城時，竟還開科舉取中三十八人。

陸游對李後主非常同情，說他「雖仁愛足以感其遺民，而卒不能保社稷」。歷史上像李後主、宋徽宗這樣的皇帝，多被歷代史家斥為昏君，但我有不同意見。後主、徽宗這樣的皇帝，倘若生在國際社會形成文明規則的歷史階段，都不能算是壞皇帝，他們不是錯生在帝王之家，而是錯生在文明必須和野蠻共存，且沒有足夠的力量制衡野蠻的時代。

我想起的是摩西．門德爾松的經典論述：「啟蒙的濫用削弱道德情感，導致鐵石心腸、利己主義、無宗教和無政府主義。文化的濫用產生奢侈、偽善、軟弱、迷信和奴役。」後主精於詩詞、音律、書法，生活精緻，他習慣用兩個指頭夾住筆懸腕寫字，創造了一種獨特的書體，又能繪事，是多方面的藝術天才。國滅以後，他的一位寵姬被宋將所獲，到了晚上掌燈時，閉眼說受不了煙氣，於是換成蠟燭，她說氣味更難聞，宋將大奇，說你們南唐宮中就不點蠟燭嗎？此女說我們哪裏點過蠟燭，都是用大夜明珠照明。驚人的奢侈，卻共生著品味高絕的生活情趣，文化的畸型發展，又相伴著難以置信的孱弱愚昧，這并不是文化的錯，因為人生的終極，應當就是追求文化，努力過上高雅的生活，衹是過度的文化銷蝕了人性當中獸性的一面，以至於無法抵抗野蠻。

宋軍圍城時，徐鉉奉命與宋人議和，見宋太祖，說我主有聖人之能，所寫《秋月》詩天下傳頌，你徒恃武力，我們南唐的人是不會屈服的。宋太祖嘿嘿一笑，道：這是酸秀才寫的詩，我是武人，但也有兩句詩你聽聽，「未離海底千山黑，纔到天中萬國明」！徐鉉聽了這兩句，當即匍匐拜倒，山呼萬歲。這個故事見諸宋人陳師道的《後山詩話》。其實宋太祖的詩句并不是真正美好的文字，一切美好的文字，都是靠作者的思想感情、作者的語言技巧和對美的再創造打動人心，宋太祖的這兩句詩卻是靠強權的隱喻去威懾人。從古以來，人類都崇尚暴力，膜拜強權，卻不知惟有美與善良，纔有永恆的力量。宋太祖成就了江山一統，李後主卻如北極星一樣端拱天中，成為 the king of lyricists。

後主降宋後，被封為違命侯，他的人生也就分作前後兩截。降宋前，他的生活優渥，也不怎麼關心國事，但其時形勢迫人，他并非草木無知，自然時生憂懼。這種憂懼感不同於士大夫的憂患意識，卻是一心想超離塵世，求得隱逸安穩的幽微情緒。這樣，他早期的詞作儘管不如後期作品那樣，激蕩著沛然廣大的悲劇情懷，卻有一種低回婉約的情致。

漁父

浪花有意千里雪，桃花無言一隊春。一壺酒，一竿身。快活如儂有幾人。

一棹春風一葉舟。一綸繭縷一輕鉤。花滿渚，酒盈甌。萬頃波中得自由。

這兩首詞，是後主為畫師衛賢《春江釣叟圖》所作的題畫之作。我讀來絲毫不覺有「快活如儂有幾人」（儂即是我）的得意，作者內心的幽寂苦悶溢於言表。他所嚮往的快活、自由，都需要脫身九五，深隱山水之間，他無力擔荷整個國家的前途命運，因此他想遠遁，想幽居，但他的命運是一早就註定了的。

搗練子

深院靜，小庭空。斷續寒砧斷續風。無奈夜長人不寐，數聲和月到簾櫳。

雲鬟亂，晚妝殘。帶恨眉兒遠岫攢。斜託香腮春筍嫩，為誰和淚倚闌干。

搗練即擣衣，是唐人製作寒衣的程序：用杵捶打葛麻衣料，使之柔軟熨貼，易於縫製，更使麻布與裏面的棉絮黏連為一體。又因為是要製作寒衣，所以一定在秋天進行。李白詩「長安一片月，萬戶擣衣聲」，杜甫詩「用盡閨中力，君聽空外音」，都借擣衣寫了同樣的主題：丈夫出征遠戍，妻子在家相思不已。「擣衣」這一文學母題，是對這些女子的人道主義同情。後主的《搗練子》（子的意思是小曲），依然是唐代這一著名的文學母題，大概是平時作來用於宴會之上侑酒的，但因為他以赤子之心待人，以赤子之眼視世，他的同情也就特別赤忱。

長相思

一重山。兩重山。山遠天高煙水寒。相思楓葉丹。　菊花開，菊花殘。塞雁高飛人未還。一簾風月閒。

清平樂

別來春半。觸目愁腸斷。砌下落梅如雪亂。拂了一身還滿。　雁來音信無憑。路遙歸夢難成。離恨恰如春草，更行更遠還生。

後主特重兄弟情份，他的弟弟李從善入宋為質，後主時常想念到流淚。這兩首詞，或皆為思弟之作。後主詞有一特點，或者說從中主開始，他們父子二人的詞有一共同特點，就是婉約中寓著一種豪宕瀟灑的氣息。後主比中主更甚，他的用詞往往更口語化，不事渲染而聲色俱足。

後主入宋後，宋太祖對他尚算優容，但自宋太宗繼位，情形大變。太宗對後主十分猜忌，又垂涎小周后，召她入宮橫加污辱，宋人筆記曾載：「李國主小周后，隨後主歸朝，封鄭國夫人，例隨命婦入宮，每一入輒數日，而出必大泣，罵後主，聲聞於外，後主多婉轉避之。」他日夕以淚洗面，祇有他的詞作，慰藉著這顆絕望的心。但最終後主還是難逃一死，他本生於七夕，在四十二歲生日時，被賜牽機藥毒酒，死得極其痛苦。初入宋時，他的心情抑鬱中帶著痲木，但到生命最後幾年，越來越奔泄無餘，悲劇意態也達到了頂峰。

錦堂春

昨夜風兼雨，簾幃颯颯秋聲。燭殘漏滴頻攲枕，起坐不能平。　世事漫隨流水，算來一夢浮生。醉鄉路穩宜頻到，此外不堪行。

初經亡國，仍希保全性命，雖抑塞不平，還想著麻醉自己，好偷生苟且。下片語拙而情濃，「醉鄉路穩宜頻到，此外不堪行」數語，人人心中所有，人人筆下所無。

他不由得緬懷從前的美好生活：

多少恨，昨夜夢魂中。還似舊時遊上苑，車如流水馬如龍。花月正春風。

多少淚，霑袖復橫頤。心事莫將和淚滴，鳳笙休向月明吹。腸斷更何疑。

閒夢遠，南國正芳春。船上管絃江面綠，滿城飛絮混輕塵。愁殺看花人。

閒夢遠，南國正清秋。千里江山寒色暮，蘆花深處泊孤舟。笛在月明樓。

四首《憶江南》，意思很淺，但寫得清峭中不失和雅，他的情感，仍是要靠意內言外的風格來稍作掩飾，尚有些欲說還休，在這個時候，他的痛苦顯然還未臻極致。但隨著欺侮的日益加深，後主詞中的故國之情，愈來愈少顧忌。

破陣子

四十年來家國，三千里地山河。鳳閣龍樓連霄漢，玉樹瓊枝作煙蘿。幾曾識干戈。　一旦歸為臣虜，沈腰潘鬢銷磨。最是蒼黃辭廟日，教坊獨奏別離歌。垂淚對宮娥。

這首詞不是初被擄時所作，而是入宋既久，陵侮日深，對往昔的追懷和痛悔。蘇軾批評後主說，亡國之日，應該痛哭於九廟之前，怎麼還能垂淚對宮娥？蘇軾本來也是詞人，他實在不該問出這樣政治正確的廢話。倘若後主不是性情柔弱到對著宮娥垂淚，未必至於亡國。而且當天地蒼黃翻覆之際，垂淚對宮娥纔更加動人，這是藝術對比的魅力。

相見歡

林花謝了春紅。太匆匆。無奈朝來寒雨晚來風。　胭脂淚，相留醉，幾時重。自是人生長恨水長東。

無言獨上西樓。月如鉤。寂寞梧桐深院鎖清秋。　剪不斷，理還亂，是離愁。別是一般滋味在心頭。

第一首情感一泄無餘，「自是人生長恨水長東」，意謂亙古以來，直到永遠，水都是向東奔流，天地不改，山河無極，人生的愁苦也就沒有終結。第二首在痛苦中多了一絲恐懼、一絲抑鬱，「別是一般滋味」，是對上蒼的痛苦追問：這種痛苦，何時是一個了結？這種含而不露的寫法，對比上一首的雄直，各有各的動人。

浪淘沙

簾外雨潺潺。春意闌珊。羅衾不耐五更寒。夢裏不知身是客，一晌貪歡。　獨自莫憑闌。無限江山。別時容易見時難。流水落花春去也，天上人間。

到了這首詞，後主情感的發抒已近肆無忌憚。「流水落花春去也，天上人間」是千古名句，說的是無論時光怎樣流轉，不管天地如何闊大、人間怎樣繁華，他的愁苦都無地安放。這種悲劇情懷，是面對命運的驕傲和冷嘲，他在承受苦難中完成了自我救贖。

後主之死，與他一生最重要的一首作品《虞美人》密切相關。宋太宗讀到「雕欄玉砌應猶在。祇是朱顏改。問君能有幾多愁。恰似一江春水向東流」時，終於動了殺機。然而，我以為這一切早已在後主的意料中。他必然早已知道，如此沒有顧忌地填詞寄怨，祇能給自己招來殺身之禍。這是一條自我毀滅的道路，面對宋太宗的陵侮，他用詞人的獨特方式選擇了死亡。死，對於他不僅是痛苦的解脫，更是高貴面對卑賤、文明面對野蠻而從未屈服的明證。

楊柳岸曉風残月
尘 乙未夏於京

殘酒盞，哀樂逼中年。冷落關河供醉嘯，
淒清館舍寄華顛。抱影正無眠。
右柳屯田

柳永
戚氏淒涼一曲終

宋初詞壇，作風漸變，由花間小令的一統天下，衍至以長調為主，氣象為之一新。令詞短製，一變而為鋪辭攡藻的長調，使得本來祇適合片段式、跳躍式敘事的詞，也能鋪敘張皇。這就像畫壇上本來都是些山水小品，忽然有人開始作數十尺的長卷，表現力當然大有不同。這一轉變主要由兩位詞人完成，一是張先，一是柳永，二人中柳永的貢獻更大，影響也更深遠。

柳永，本名柳三變，字景莊，崇安（今福建省武夷山市）人，有《樂章集》。南宋文獻學家、藏書家陳振孫認為其詞格并不高，不過是音律諧婉，語意妥帖，把真宗、仁宗兩朝的太平氣象，寫得淋漓盡致，且因他擅長寫行路旅人、江湖飄泊無依之輩的感慨和心情，所以影響力鉅大。與對其詞作的有彈有讚不同，陳振孫認為其人殊不足道。因為按照正統儒家的觀點，人生應該追求三不朽事業，太上立德、其次立功、其次立言，三變無一可立，當然不能算是上等的人品。

陳振孫的觀點代表了當時士大夫對三變的普遍見解，但近千年來，卻有無數人被三變的詞作打動，他也因那些燃燒生命積燼而成的詞作進入了永恆。

三變若生於今日，會比林夕、方文山更有影響力，當代詞家中能與之相提并論的，大概衹有黃霑。可是，他生活的時代，衹有學成文武藝，貨賣帝王家纔是惟一的正途。偏偏這是一條不適合他走的道路，這就註定了他一生的痛苦矛盾。

三變過了五十歲纔考中進士，步入宦途又偃蹇多故，衹好改名柳永，字耆卿，纔得磨勘改官。宋仁宗本身雅好文學，但他要求文學必須符合正統儒家的意識形態，十分反感浮豔虛薄的文字。三變年輕時常流連於秦樓楚館，跟很多妓女建立起深厚的友誼，作了很多在正統儒士看來是淫冶下流的詞曲。他的《鶴沖天》詞中有兩句：「忍把浮名，換了淺斟低唱。」意思是中進士做官不過是浮名，還不如喝著酒唱著小曲來得瀟灑。那一年他參加進士試，本已取中，但宋仁宗見取中的進士中有他，當即在卷子上批示：「且去淺斟低唱，何要浮名？」所以他過了好多年，一直到景祐元年恩科，纔重又進士及第。以後又因為填詞忤旨，雖然磨勘（考核）及格，但久不得改官。

這首《鶴沖天》的原詞是：

黃金榜上。偶失龍頭望。明代暫遺賢，如何向。未遂風雲便，爭不恣狂蕩。何須論(ㄌㄨㄣˊ)得喪。才子詞人，自是白衣卿相。　煙花巷陌，依約丹青屏障。幸有意中人，堪尋訪。且恁偎紅翠，風流事、平生暢。青春都一餉。忍把浮名，換了淺斟低唱。

詞或是他上一次科場失利後所作。這首詞體現出的情感，不是古典的，而是現代的，要是忽略掉這首詞創作的時代，它其實就是追求肉體解放、心靈自由的現代作品。「才子詞人，自是白衣卿相」一句雖然直白，但背後的精神非常了不起。唐代對衣服品級有著很嚴格的規定，舉子衹能穿白色苧麻衣，多洗幾次就會變成褐色，中了進士後赴吏部選官，就可以脫下白麻衣換成緋紅色的官服，叫作「釋褐」。所謂白衣卿相，即是說沒有功名在身，卻敢於笑傲卿相的人。當時天下讀書舉子都把功名利祿當作人生的惟一目標，三變卻敢於保持自己的自由思想、獨立精神，這種詞格，還能說不高嗎？得了皇帝的「御批」之後，他更加狂放恣肆，自稱「奉旨填詞柳三變」。他的心底，本就有幾分對權勢的傲兀，經此打擊，更逗起狂奴故態，他索性脫屣廟堂，甘願在江湖淪落，也在江湖上建立起絕大的聲名。廟堂裏的老爺們鄙視他、嘲笑他，一面卻在歌筵酒會上點他的新詞。秦樓楚館裏的妓女真誠地喜愛他、仰慕他，以得到他的新詞為榮。

但他畢竟傲兀得不夠徹底，又或者是江湖苦況到了忍受不下去的那一天，終於在景祐元年，三變還是考中了進士。這一年，一直攝政的太后去世了，仁宗既得親政，遂決定開恩科，不但擴大進士及其他科目的名額，而且還覓遺錮於洛浦，訪舊佩於漢皋，錄野取遺，特別優待下列幾種人：曾考過五次進士，且年齡過了五十的；考其他科目六次以上且年過六十的；參加過殿試未中，已考過三次進士或者五次其他科目的；宋真宗時參加過殿試未中的，都直接給賜進士出身，是為「特奏名」。三變在這一年，成為一名「特奏名」的進士，這時他已過五十歲了。

三變步入仕途後依然坎坷重重。宋制，文官分作選人與京朝官兩大層次，選人衹相當於今天的科員，京朝官纔是真正的幹部。京朝官又分京官與朝官，京官是祕書郎以下未常參（定期入朝謁之常參）者，常參者纔叫朝官。由選人陞京朝官，叫作改官，從京官到朝官，叫作轉官。無論是改官還是轉官，都要經磨勘制度考核。三變一生未得任朝官，即使是由選人陞京官，也殊不順利。

選人要陞京官，若照景祐二年前的制度，其實并不十分艱難。當時衹要有兩員上級推薦，即得為令，為令無過譴，陞職事官，任上又無過譴，遂得改京官，相當於兩員舉薦人保了被舉薦人三任。時有御史王端，奏稱此舉易滋庸碌之輩幸進，朝廷接受了他的建議，改為每一任都須有新人推薦，纔得陞遷，否則就衹能在原來的位置待下去。同時，改革後的人事制度還為舉薦人增設了更多的限制，愈加精密但也愈加死板。三變任睦州團練推官，到任不到一個月，知州呂蔚就推薦他，馬上被侍御史知雜（官名）郭勸參奏一本，說三變到任未及一月，能有什麼工作成績，呂蔚推薦三變，必涉徇私。朝廷得此奏，宣佈選人必須要經過考試合格，纔得陞任，皇帝還親自下詔：作為選人，必須要考六次纔能陞為京官，如果中間犯了一些過失，還要再加一考。又規定知雜、御史、觀察使以上的官員，每年舉薦選人不得超過兩名。這樣，三變就衹能在選人的位置上三任六考，足足做滿九年。

歷覽中國各朝各代，凡是強盛的、充滿創造力的時代，一定是人治與法治相調和，有相當程度自由的時代。全靠一個人或少數人說了算的徹底的人治，當然會造成民族的極大災難；但一切遵行法度，往往會伏下未來衰落的禍根，卻非淺人所知了。友人王欣先生云：硬指標產生潛規則。這話設非對體制弊端有深刻洞見，是絕對說不出來的。不講人治、衹講法治的社會，看似公平，實則衹是對平庸之徒公平，真正的人才很難在這個體制下得到上陞的機會。因為兩千年前的商鞅早就說過：「有高人之行者，固見非於世，有獨知之慮者，必見敖於民。」人才之所以是人才，就因為他們不守常軌，具有創造性思維，而世間凡具創造性思維的人，就沒有一個是安分的。苛嚴的體制，會吸引大量的平庸之徒鑽研規則，以求幸進，而真正的人才，是不屑斂才就範的。這就是在全世界所有政府，都很難見到第一流人才的祕密。衹有在亂世或變革之世，既有的規則被打破，政府體制纔可能吸納到第一流的人才。

仁宗以前，選人改京官的年限規定，執行得并不嚴格，選人初任，即被上司賞識推薦，所在多有。須知古人七十歲致仕（退休，致是歸還的意思），除非少年即擢巍第，否則要經三任六考，人生能有幾個九年呢？這種磨勘制度，磨掉的是初入仕途者的鋒芒與個性，朝政也會因之死氣沈沈，社會也就難得進步。景祐二年呂蔚想推薦三變破格陞京官，本來符合朝廷慣例，仁宗皇帝竟專詔不許，并就此嚴格了選人改京官的制度。仁宗對三變的偏見，不僅讓三變沈淪下僚多年，更確立了逆淘汰的遴選人才的機制。

三變的狂者心性使得他終身無法適應守成審慎的體制，這就是他的命運。慶曆三年，三變年限已足九年，磨勘也及格，應該改官了，但吏部就是不下文，三變衹好找宰相晏殊訴冤。晏殊也是著名詞人，見面卻問：「賢俊作曲子麼？」柳永以為仍因《鶴沖天》一事，心想詞人何苦為難詞人，於是反詰道：「衹如相公亦作曲子。」晏殊從容回答：「我晏殊雖然填詞，可沒寫過『針線慵拈伴伊坐』。」潛臺詞是，這樣的句子品格太低。柳永無言以對，衹好告退了。

但實際上吏部不放三變改官，不是因為他寫這類士大夫眼中的淫詞褻曲，而是因他的《醉蓬萊》詞得罪了皇帝，而這件事恰恰是不能拿到臺面上說的。

三變的詞曲，雅俗共賞，傳播至廣，甚至仁宗皇帝每次飲酒，都讓教坊官妓唱柳詞。三變知道這件事後，認為自己的機會來了，於是託人找到宮中的太監，請為美言。這一年老人星現於天上，太史奏為祥瑞之兆，時當秋清氣朗，宋仁宗在後宮擺宴慶賀，提出需要應景的新詞，身邊太監已得三變之囑，當然一力舉薦，加之仁宗也確實喜歡三變的詞，就同意讓三變一試。三變得詔，不敢怠慢，當即細細製了一篇《醉蓬萊》，詞曰：

> 漸亭皋葉下，隴首雲飛，素秋新霽。華闕中天，鎖蔥蔥佳氣。嫩菊黃深，拒霜紅淺，近寶階香砌。玉宇無塵，金莖有露，碧天如水。　正值昇平，萬幾多暇，夜色澄鮮，漏聲迢遞。南極星中，有老人呈瑞。此際宸遊，鳳輦何處，度管絃聲脆。太液波翻，披香簾捲，月明風細。

這首詞衹用了一個典故：金莖。漢武帝好神仙，於宮門前立銅柱十二，號曰金莖，上有銅人捧露盤，承接天上的露水，方士言這種露水和著金泥玉屑，服後可致長生。用這個典故，緊扣老人星亦即壽星的主題，十分熨貼。整首詞詠皇家氣象，也非常澹雅清新。誰知人主之喜怒，有出於臣子望外者。此詞呈上，仁宗一看第一個字是「漸」字，心中先自不悅，或許是因為仁宗想到了大漸一詞。大漸指病危，漸者劇也，《尚書．顧命》還有「王曰：嗚呼！疾大漸，惟幾」這樣的話。仁宗再讀到「此際宸遊，鳳輦何處」，恰好跟自己所製哀挽真宗的詩構思暗合，念及先皇，心中很是難受。又讀至「太液波翻」一句，更覺大不吉利，太液池是宮中池沼，用「翻」字，恐怕要成國家傾覆的讖緯，這時皇帝終於發作，把柳詞投擲於地，道：「何不用波澄？」至此宮中不復再歌柳詞。仁宗尚不罷休，正巧三變得呂蔚薦應當改官，特出詔申明制度必須嚴格，以堵住三變改官之路。三變找宰相晏殊申訴，別說晏殊本無回護之意，就算有意成全，也無法跟王命相抗。三變無法可施，最後衹好更名柳永，終於纔在慶曆三年五月，趁著范仲淹慶曆新政的東風，加上已改名柳永，方得改官，一直做到屯田員外郎。這時他已是六十上下的老人了。所謂員外郎，就是定員以外候補之意，他的一生都被權力邊緣化，沒有青雲得意的辰光。

三變何以寫「波翻」不寫「波澄」呢？一是前文已有「夜色澄鮮」，要避重字，其二，更重要的是三變深諳樂理，他懂得字的四聲要跟音樂的旋律相配合，「澄」是一個陽平字，「翻」是一個陰平字，可能跟音樂更加符合一些。

民間傳說，三變一生流連於秦樓楚館，死時無錢營葬，是由妓女出資安葬他的。又說每歲清明，妓女到郊外踏青，都到他的墓塋前憑弔，并組成一個雅集，號稱「弔柳會」。實則此二事皆是後人捏造，并無實事。他死在潤州（今江蘇鎮江），死時身邊沒有兒女，棺木放在一所僧廟裏，是潤州太守王平甫出錢安葬了他，墓址是在真州（今江蘇儀徵）縣西一個叫仙人掌的地方。清代詩人王漁洋《真州絕句》有云：「殘月曉風仙掌路，何人為弔柳屯田。」三變生時雖極失意，但在千古詩家心中，他是一位管領風月的性情中人，更不必說他的詞在當時的影響力，沒有第二人能及。

有人說，三變的《樂章集》雖被人稱道，但無非是羈旅窮愁之詞、閨門淫媟之語，比諸歐陽修、蘇軾、黃庭堅、張先、秦觀這些人，相差遼遠。又云其所以傳名，祇是因為他語多近俗，下層市井人士易解易曉罷了。（《藝苑雌黃》）這人不懂得，雅與俗本非絕對相反，而更多的是共生共榮的關係。俗，能為雅增添生命力；雅，能提昇俗的品格。俗而能雅，比單純的雅要難得多，更不是單純的俗所能望其項背的。我師張衛東先生常言：「要俗得那麼雅，不要雅得那麼俗。」三變的詞作，堪稱俗得那麼雅的典範。

女詞人李清照也看不上三變的詞，她不忿三變的《樂章集》「大得聲，稱於世」，認為柳詞「雖協音律，而詞語塵下」。蘇軾的看法就公允了許多：「世言柳耆卿曲俗，非也。如《八聲甘州》云：『漸霜風淒緊，關河冷落，殘照當樓。』此真唐人語，不減高處矣。」

柳詞的特質正在俗中見雅，故往往一篇既出，天下傳唱。范仲淹謫貶睦州，經富春江嚴陵祠下，正好遇上當地人歲時祭祀，巫女迎神，唱的竟是三變的《滿江紅》詞：「桐江好，煙漠漠。波似染，山如削。繞嚴陵灘畔，鷺飛魚躍。」又據時人記載，當時的一位大官僚韓維酒後也喜歡吟詠柳詞，此人對另一位詞人晏幾道十分刻薄，但由他喜愛柳詞這一點來看，也非全無識見。

三變更在他活著時就取得國際影響力，這在中國古代作家中十分罕見。時有外交官從西夏回來，說西夏國凡是有井水的地方，就有人唱柳詞。而柳詞更引發一場戰爭，尤令人感慨歷史的不可思議。當時已是南宋了。北方大金國皇帝完顏亮，在宮中聽李貴兒唱三變詠錢塘景致的《望海潮》，以為神仙境界，尤其是這兩句——有三秋桂子，十里荷花，更覺心癢難搔。臣下又從旁慫恿，說江南一地，以木樨花為柴火，又有揚州瓊花、鎮江金山、蘇州平江、杭州西湖諸般美景，皆為天下之美，金主聞而大喜，遂興提兵百萬、立馬吳山（杭州城內山名）之志。誰知金國後院起火，完顏雍在後方稱帝，完顏亮也在采石磯被宋將虞允文打得大敗，最後死於叛軍之手。這首《望海潮》詞，是宋真宗咸平六年（一〇〇三）三變上兩浙轉運使孫何的干謁之作，全詞是：

東南形勝，三吳都會，錢塘自古繁華。煙柳畫橋，風簾翠幕，參差十萬人家。雲樹繞堤沙。怒濤捲霜雪，天塹無涯。市列珠璣，戶盈羅綺競豪奢。　重湖疊巘清嘉。有三秋桂子，十里荷花。羌管弄晴，菱歌泛夜，嬉嬉釣叟蓮娃。千騎擁高牙。乘醉聽簫鼓，吟賞煙霞。異日圖將好景，歸去鳳池誇。

整首詞祇是鋪陳杭州城的繁華景致，思想情感都甚為蒼白，算不得一等一的詞作，但竟令金主身死名滅，這是三變當日萬萬想不到的。南宋詩人謝處厚有詩云：

誰把杭州曲子謳。荷花十里桂三秋。那ㄋㄨㄛˊ知卉木無情物，牽動長江萬里愁。

即詠這一段史事。後來梁羽生寫武俠小說《萍蹤俠影錄》，書中主人公張丹楓就吟誦過這首詩。

歷代詞選，多會選這首《望海潮》，原因就是它背後的本事值得大書特書。但柳詞的真正佳處，還是在寫羈途旅況、別緒愁懷。這些情感本是當時市井之人共通的情感，但三變的很多作品，都是因為他本有此經歷，能有感而發，這纔尤其感人。

雨霖鈴・秋別

寒蟬淒切。對長亭晚，驟雨初歇。都門帳飲無緒，方留戀處，蘭舟催發。執手相看淚眼，竟無語凝噎。念去去、千里煙波，暮靄沈沈楚天闊。　多情自古傷離別。更那堪、冷落清秋節。今宵酒醒何處，楊柳岸、曉風殘月。此去經年，應是良辰好景虛設。便縱有、千種風情，更與何人說。

《雨霖鈴》的音樂非常淒苦，它是由唐明皇作來懷念在馬嵬坡被賜死的貴妃楊玉環的。這支曲子最好用啞觱栗吹奏，纔更見蒼涼。全詞倣照的是近體詩起承轉合的結構。上片「寒蟬淒切。對長亭晚，驟雨初歇」三句是起，「都門帳飲無緒，方留戀處，蘭舟催發」是承，「執手相看淚眼，竟無語凝噎」是轉，「念去去、千里煙波，暮靄沈沈楚天闊」是合。「念去去」三句，把看不見、摸不著，衹能由感覺得之的別離之緒，轉化為歷歷如繪的意象畫面，這種手法是由實返虛的高明之筆。

下片「多情自古傷離別。更那堪、冷落清秋節」二句為起，但這是平地陡起，作者不局限於一人的怨別傷離，而是陡地拔高，說明自古鍾情之輩，莫不傷於離別，更何況老天爺還來助興，時當清秋時節，落木蕭蕭，這就容易引起讀者的情感共鳴。「今宵酒醒何處，楊柳岸、曉風殘月」是三變的千古絕唱。古龍楚留香系列《桃花傳奇》中，有這樣一段描寫：

楊柳岸。

月光輕柔。

張潔潔挽著楚留香的手，漫步在長而直的堤岸上。

輕濤拍打著長堤，輕得就好像張潔潔的髮絲。

她解開了束髮的緞帶，讓晚風吹亂她的頭髮，吻在楚留香面頰上，脖子上。

髮絲輕柔，輕得就像是堤下的浪濤。

蒼穹清潔，祇有明月，沒有別的。

楚留香心裏也沒有別的，祇有一點輕輕的、澹澹的、甜甜的惆悵。

人祇有在自己感覺最幸福的時候，纔會有這種奇異的惆悵。

這又是為了什麼呢？

張潔潔忽然道：「你知不知道我最喜歡的一句詞是什麼？」

楚留香道：「你說。」

張潔潔道：「你猜？」

楚留香抬起頭，柳絲正在風中輕舞，月色蒼白，長堤蒼白。

輕濤拍奏如樂曲。

楚留香情不自禁，曼聲低吟。

「今宵酒醒何處，楊柳岸、曉風殘月。」

張潔潔的手忽然握緊，人也倚在他肩邊。

她沒有說什麼。她什麼都不必再說。

兩個人若是心意相通，又何必再說別的？

「今宵酒醒何處，楊柳岸、曉風殘月。」

這是何等意境？何等瀟脫？又是多麼淒涼？多麼寂寞！

楚留香認得過很多女孩子，他愛過她們，也瞭解過她們。

但也不知為了什麼，他祇有和張潔潔在一起的時候，纔能真正領略到這種意境的滋味。

一個人和自己最知心的人相處時，往往也會感覺到有種淒涼的寂寞。

但那并不是真正的淒涼，真正的寂寞。

那祇不過是對人生的一種奇異感覺，一個人祇有在已領受到最美境界時，纔會有這種感受。

那種意境也正和「念天地之悠悠，獨愴然而涙下」相同。

那不是悲哀，不是寂寞。

那祇是美！

美得令人魂銷，美得令人意消。

一個人若從未領略過這種意境，他的人生纔真正是寂寞長堤已盡。

那種愛人別離的惆悵與憂懼，三變寫了出來，但過了九百多年，纔有一個同為江湖浪子詩人氣質的小說家懂得。雖然九百多年中有無數的人在吟詠這幾句，但衹有古龍真正地懂得那種美得讓人心碎的況味。

「此去經年，應是良辰好景虛設」又是一轉，到結句「便縱有、千種風情，更與何人說」，作為綰合，這種感情是熾熱的，也是沈鬱的。相比上片結句由實返虛的高明技巧，下片結句不炫技法，衹是以情動人的手法，更加沈著，更加動人。

八聲甘州

對瀟瀟暮雨灑江天，一番洗清秋。漸霜風淒緊，關河冷落，殘照當樓。是處紅衰綠減，苒苒物華休。惟有長江水，無語東流。　不忍登高臨遠，望故鄉渺邈，歸思難收。歎年來蹤跡，何事苦淹留。想佳人、妝樓顒望，誤幾回、天際識歸舟。爭知我、倚闌干處，正恁凝愁。

這首詞在婉約中寓著豪宕之氣，上片一氣貫注，實在是淩雲健筆，氣概非凡。從寫作手法上說，上片是純粹寫景的賦筆，鋪陳其事，寫得像一幅浩渺的潑墨山水畫卷。當然，他描寫的是晚秋衰敗之景，色彩的調配偏於暗澹、淒冷，自然烘託下片的情致。自過片開始抒情，同樣也是一氣貫注。這種結構，是簡樸的折線型，與詩中的古風結構相似。因此，相對一般的婉約詞作，這首要勁直得多。

前人對這首詞評價好壞雜陳，普遍的看法都認為上片寫得非常好，但是到了「想佳人、妝樓顒望，誤幾回、天際識歸舟」的時候就有些淺俗了。其實一首詞通過寫景含蓄婉曲地表達情感，是較為清空的寫法，而清空必須有情感做底，方不是空疏，如果全詞都是像上片一樣賦筆寫景，那就是空洞而不是清空了。

滿江紅

暮雨初收，長川靜、征帆夜落。臨島嶼、蓼煙疏澹，葦風蕭索。幾許漁人飛短艇，盡將燈火歸村落。遣行客、當此念回程，傷漂泊。　桐江好，煙漠漠。波似染，山如削。繞嚴陵灘畔，鷺飛魚躍。遊宦區區成底事，平生況有雲泉約。歸去來、一曲仲宣吟，從軍樂。

這首詞表面豪放，內心沈鬱。詞為遊富春江（桐江）所作，詞的上片，作者先澹筆輕描富春江上秋清人寂的暮色，而結以「遣行客、當此念回程，傷漂泊」二句，一下子就讓前面的寫景都有了著落，原來這樣清寂的景致，衹增行客的悽愴之懷，他在江湖上漂泊，不知何日是個了結。過片及下兩句的寫景也絕非閒筆。嚴陵即嚴子陵，本為漢光武帝劉秀做太學生時的同學。他不肯攀龍求富貴，寧願在富春江上釣魚，是一位千古知名的高士。今富春江上，尚有嚴子陵垂釣臺，臺下有七里長灘，號曰七里瀧，風光幽絕。嚴陵灘畔，鷺飛魚躍，隱喻著逃脫塵網，放下功名富貴後的天機流行、生機盎然。然而，詞人仍是放不下，逃不脫，縱然平生與山泉白雲有偕隱之約，還是不能忘情這愛恨交加的功名之路。這是他無法抗拒自己命運的哀歎。最後，他感慨自己何不像三國時的王粲（字仲宣），能在亂世中隨軍參謀，一展才華。

這首詞正是范仲淹聽到巫人唱的那一首，當是三變任睦州團練推官時作。我以為，三變在這首詞中，已經有了對自己生平的反思，他在默默地向上蒼詰問，為什麼這個體制對他如此不公？難道真的衹有投筆從戎，纔是他的出路嗎？詞的文字，看似豪放，他的情感，卻是極其蒼涼抑鬱的。

少年遊

一生贏得是淒涼。追前事、暗心傷。好天良夜，深屏香被，爭忍便相忘。　王孫動是經年去，貪迷戀、有何長。萬種千般，把伊情分，顛倒盡猜量。

這是一首同情歌伎的作品。不同於一般代言之作由女子的衣飾、情態寫起，詞人一開口便是一句極富同情心的感慨：「一生贏得是淒涼。」這種感慨不止是針對女主人公，其實也是針對自己而發。詞中的女主人公，曾為王孫公子貪戀，她以為尋找到了真正的愛情，夢想著能嫁得良人，廝守一生。然而，薄倖的男子一去經年，音書全無，女主人公衹能追想前事，暗自心傷。從前是甚等光景？「好天良夜，深屏香被」，恩愛無已，如今惟賸淒涼而已。女主人公明知男子早已負心，卻仍是癡情不斷，「萬種千般，把伊情分，顛倒盡猜量」。三變對女性的心理，竟能理解得如此透徹！也許正是因為他潦倒落魄，纔會深刻理解被傷害的女子的芳心吧！

戚氏

晚秋天。一霎微雨灑庭軒。檻菊蕭疏，井梧零亂，惹殘煙。淒然。望鄉關。飛雲黯澹夕陽間。當時宋玉悲感，向此臨水與登山。遠道迢遞，行人悽楚，倦聽隴水潺湲。正蟬吟敗葉，蛩響衰草，相應喧喧。

孤館度日如年。風露漸變，悄悄至更闌。長天靜、絳河清淺，皓月嬋娟。思綿綿。夜永對景那堪。屈指暗想從前。未名未祿，綺陌紅樓，往往經歲遷延。

帝里風光好，當年少日，暮宴朝歡。況有狂朋怪侶，遇當歌、對酒競留連。別來迅景如梭，舊遊似夢，煙水程何限。念利名、憔悴長縈絆。追往事、空慘愁顏。漏箭移、稍覺輕寒。聽嗚咽、畫角數聲殘。對閒窗畔，停燈向曉，抱影無眠。

這是一首三疊詞，詞中篇製最長的是四疊的《鶯啼序》，其次就是《戚氏》這個牌子了。詞牌名「戚氏」，其音樂應該是表現漢高祖的寵姬戚姬，在高祖死後被呂后製為「人彘」的淒慘故事。三變就用這樣淒慘的調子，對自己的一生做了總結。首疊以戰國時的辭賦家，中國悲秋文學的老祖宗宋玉自況，先寫晚秋淒惻之景，為下文起興。中疊以今日旅況之幽寂無聊，追想當年未名未祿時走馬章臺的瀟灑，這一段切勿輕輕看過。其實，人在痛苦無聊之時，回想起往昔的歡樂，決計不會沖澹痛苦，也決計感受不到歡樂帶來的甜蜜，衹會覺得那些日子都是虛擲掉的、浪費掉的。如果再有重新開始的機會，寧願不曾有過那些歡樂的記憶。三疊的過片，先承上寫往昔之歡，那是他對少年荒唐歲月的追悔痛恨，絕非對舊日歡娛的懷念。這纔有「追往事、空慘愁顏」的感慨。表面上，他埋怨名韁利索，讓他不得自由，實則他真正痛悔的，是他不受羈絆的性格，讓他求仕、仕途都充滿屈辱絕望。

南宋王灼《碧雞漫志》卷二記：「前輩云：《離騷》寂寞千年後，《戚氏》淒涼一曲終。」這位前輩不知是誰，但他真堪稱三變的知己！他顯然讀出，《戚氏》是三變對自己人生的痛悔和總結，也是他對一個崇尚鄉愿的民族，絕不肯給狂狷者一點機會的悲劇的總結。潘光旦先生說，一個民族要想很好地發展，一定要多些狂者和狷者，這樣的民族纔有創造力。可是，我們這個民族最擅長的，就是把鄉愿當成中庸，并以之打壓狂者、狷者的發展。三變是一位痛苦矛盾的狂者，他的人生悲劇，折射的是一個民族的無情。

彩袖殷勤捧玉鍾
當年拚却醉顏紅
舞低楊柳樓心月
歌盡桃花扇底風
從別後
憶相逢
幾回魂夢與君同
今宵剩把銀釭照
猶恐相逢是夢中

奎乙未秋

繁華歇，歌拍自天真。彩袖勸來薌澤動，
霞觴捧去錦詞新。夢冷到蘋雲。
右晏小山

晏幾道

欲將沈醉換悲涼

每一個文學愛好者，都會在心裏對他熟知的文學家排一排座次，掂一掂誰是狀元，誰是榜眼探花。有時候，這種排位衹體現評論者的個人喜好，他在說「某某是最了不起的大詩人」時，其實意思是「某某是我最喜愛的大詩人」。但如果評論者本身也是行家作手，他的排位就絕不可等閒視之，體現出的實是他的文學觀。傳統詞論家都是詞人，他們的意見當然值得重視。歷代詞話中，對北宋詞人的排位大致分作兩派，一派推崇周邦彥，一派則推崇蘇軾。

周邦彥字美成，號清真居士，詞集名《片玉集》，又稱《清真集》。陳振孫《直齋書錄解題》評價其集：

> 多用唐人詩語，隱括入律，渾然天成。長調尤善鋪敘，富豔精工，詞人之甲乙也。

這是從作詞的技巧上推崇清真。

陳郁的《藏一話腴》則稱：

二百年來，以樂府獨步。貴人學士，市儇妓女，知美成詞為可愛。

這是自清真詞的傳播之廣，受眾之博而立論。

劉肅為陳元龍集注本《片玉集》作序，對清真同樣推崇備至：

周美成以旁搜遠紹之才，寄情長短句，縝密典麗，流風可仰。其徵辭引類，推古誇今，或借字用意，言言皆有來歷，真足冠冕詞林，歡筵歌席，率知崇愛。

旁搜遠紹，旁搜是指他擅長用典故，遠紹則是說他擅於繼承唐人的詩風。說他「徵辭引類，推古誇今，或借字用意，言言皆有來歷」，這簡直是把清真比作江西派的詩人。這是針對他的語言風格典雅近詩，以及以學問為詞的特點而言。

宋元之際，沈義父作《樂府指迷》，這是一部教人填詞的著作，說：

凡作詞當以清真為主。蓋清真最為知音，且無一點市井氣，下字運意，皆有法度，往往自唐、宋諸賢詩句中來，而不用經、史中生硬字面，此所以為冠絕也。

同樣是講清真的風格典雅，語言醇正。

同時尹煥作《夢窗詞序》，則直截了當地說：

求詞於吾宋，前有清真，後有夢窗。此非煥之言，四海之公言也。

但對清真推崇到無以復加的地步的，竟然是早年非常不喜歡清真，稱清真方諸秦少游，有娼妓與良家之別的王國維。王國維晚年作《清真先生遺事》，直把清真與杜甫并列：

以宋詞比唐詩，則東坡似太白，歐、秦似摩詰，耆卿似樂天，方回、叔原則大曆十子之流，南宋惟一稼軒可比昌黎，而詞中老杜，非先生不可。讀先生之詞，於文字之外，須更味其音律。今其聲雖亡，讀其詞者，猶覺拗怒之中，自饒和婉，曼聲促節，繁會相宣，清濁抑揚，轆轤交往，兩宋之間，一人而已。

王國維這樣推崇清真，一個原因是王氏本身就不是一位感情豐富的詞人，他的《人間詞》理致苦多而情致苦少，故對於清真那些澹薄寡情的作品較能賞會；另一個原因則是他重視清真詞的音律，卻不知詞體最初雖是音樂文體，它的文學性還得靠情感的濃摯纔得建構。

另一派所推崇的是蘇軾。王灼《碧雞漫志》這樣稱說：

東坡先生以文章餘事作詩，溢而作詞曲，高處出神入天，平處尚臨鏡笑春，不顧儕輩……東坡先生非心醉於音律者，偶爾作歌，指出向上一路，新天下耳目，弄筆者始知自振。

王灼的評價，著重在東坡格高調逸，所謂向上一路，指的是東坡對詞的內容的拓展。從東坡開始，詞就不僅是抒情的文學，更可以用來表現詞人的思想。

南宋軍事家、抗金名將向子諲是一位豪放派詞人，胡寅為他的《酒邊詞》作序，有云：

詞曲者，古樂府之末造也。文章豪放之士，鮮不寄意於此者，隨亦自掃其跡，曰謔浪遊戲而已也。唐人為之最工者。柳耆卿後出，掩眾製而盡其妙。好之者以為不可復加。及眉山蘇氏，一洗綺羅香澤之態，擺脫綢繆宛轉之度，使人登高望遠，舉首高歌，而逸懷浩氣，超然乎塵垢之外，於是花間為皂隸，而柳氏為輿臺矣。

胡寅特賞東坡的「逸懷浩氣」，逸懷是莊子思想的體現，意味著對塵世的坐忘與超越，而浩氣則是孟子的精神，表現為對理想的執著堅守百折不回。胡寅認為詞到了東坡，則花間詞人直到柳永，都祇配給蘇軾當傭人轎夫而已。

推崇清真的把清真比作老杜，清代劉熙載則以為東坡意似老杜，格似太白，兼有二家之美：

東坡詞頗似老杜詩，以其無意不可入，無事不可言也。若其豪放之致，則時與太白為近。太白《憶秦娥》，聲情悲壯。晚唐、五代，惟趨婉麗。至東坡始能復古。後世論詞者，或轉以東坡為變調，不知晚唐、五代乃變調也。

而清末四大詞人之一的王鵬運，對東坡的評價可謂至矣盡矣，蔑以加矣：

北宋人詞，如潘逍遙之超逸，宋子京之華貴，歐陽文忠之騷雅，柳屯田之廣博，晏小山之疏俊，秦太虛之婉約，張子野之流麗，黃文節之雋上，賀方回之醇肆，皆可模擬得其彷彿。惟蘇文忠之清雄，敻乎軼塵絕世，令人無從步趨。蓋霄壤相懸，寧止才華而已？其性情，其學問，其襟抱，舉非恒流所能夢見。詞家蘇辛并稱，其實辛猶人境也，蘇其殆仙乎！

王鵬運列數潘閬、宋祁、歐陽修、柳三變、晏幾道、秦觀、張先、黃庭堅、賀鑄的詞風，以為雖各盡其美，後人都可得而模倣，惟東坡堪稱天才，無從模倣，無從追躡。他認為詞中蘇辛并稱，辛詞雖亦影響鉅大，但不過是人中的高境，東坡詞卻是仙境。他這樣推崇東坡詞，當然是把格高視作文學評判最高標準的緣故。

我在大學讀書時，與同舍友陸傑就曾討論過宋代誰的詞最好的問題。我們觀點完全一致，就是認為辛棄疾的詞比蘇軾的好。我們認為，悲劇是一切文學樣式當中最高的文學樣式，而辛詞中激蕩著無與倫比的悲劇情懷，是真正的崇高美，而蘇詞所缺乏的，正是這樣一種悲劇情懷，因為他雖亦是守死善道之士，但在飽經現實的鐵拳後，從莊子那裏汲取力量，養成一種曠達的人生觀，不時給自己以心理暗示，遂常常自我排解，悲劇意識在蓄積未深時，就先被沖澹，到不了崇高之境。蘇詞格是很高的，但格高并不是好，真正的好，是能讓人感動，是靠執著於人間的悲劇情懷讓人感動。東坡本來可以創作出更加精警動人的詩詞，但可惜的是，他太善於自我排解，這就在很大程度上抵消了作品的悲劇意味。

而清真的詞，我認為一點也不好。單看藝術技巧，清真的確十分高明，他首創了一種長調中的蒙太奇式的寫作方法，用在長調裏，衹是通過鏡頭的轉接，就完成了詞的敘事，而澹化了時空的順序，讓讀者隨著詞的意脈行進，文辭也典麗可誦，不像柳三變那樣，市井氣較重。但文學史應該是靈魂的歷史，在清真詞中，我們見不到感人的力量，因為它們太缺乏靈魂。

清真的根本毛病就在於，他絕大多數的詞都是寫眾人的情感，比如說他寫別情，寫的是世人分別時那種普遍的情感，而不是寫他個人獨特的私密的情感，違背了中國學問、中國文學的最高原則：為己。中國的學問是為己的學問，中國的文學是為己的文學，故修辭而立其誠，是學問、文章最基本的要求。做學問作文章，一定要說自己最想說的話，作詩填詞，一定要寫自己內心最想表達的東西，要寫個人獨特的心理體驗、生命體驗。清真的絕大多數詞，是寫給他人的，寫給大眾的，是「為人」的文學，是商業化的寫作。

所以我贊同劉熙載的觀點：「周美成詞，或稱其無美不備。余謂論詞莫先論品。美成詞信富豔精工，衹是當不得一個貞字。是以士大夫不肯學之，學之則不知終日意縈何處矣。」何謂「當不得一個貞字」呢？這是說清真的心「不得其正」（見《大學》）。須知道，文學創作一定要正心誠意，要把自己的生命傾注其內，纔可能寫出好作品。一切文學經典都必須是有病呻吟，若是無病呻吟，哪怕呻吟得再像，也是贗品。清真的詞，就是高傲的文學贗品。

在千古詞人中，我最推崇的當然是後主，而若於北宋詞人中選出一位鼇頭，我的票投給晏幾道，這是因為晏幾道真正是用生命在寫詞，他的詞是由血淚凝成的紅冰。

推崇晏幾道《小山詞》的人，放諸文學史中，絕對是少數。但我於古人中，也并非全無知音。陳振孫雖稱清真是詞人中之甲乙，對小山也不免左袒：

> 小山詞在諸名勝中，獨可追逼《花間》，高處或過之。其為人雖縱弛不羈，而不苟求進，尚氣磊落，未可貶也。

小山詞何以獨可追逼《花間》，甚且高處或過之？這是因為，他是一位有精神潔癖的狷者。他雖不似狂者柳三變一樣放蕩恣肆，卻絕不肯苟且求進，終身捍衛著心靈的自由，故終身全心全意地寫詞，全心全意地愛，全心全意地恨，全心全意地歌，全心全意地哭，他的人格鑄就他的詞格。黃庭堅說小山詞「清壯頓挫，能動搖人心」。清壯頓挫本來是詩的風格，以之來形容小山的詞，評價已不可謂不高，更何況還能動搖人心？須知動搖人心就是文學的最高境界，也衹有其人與其作品合而為一，以生命為詞，以情感的純粹乾淨動人，這樣的詞纔是值得一遍遍咀嚼的文學精品。

近代詞人夏敬觀云：

> 晏氏父子，嗣響南唐二主，才力相敵，蓋不特詞勝，尤有過人之情。叔原以貴人暮子，落拓一生，華屋山邱，身親經歷，哀絲豪竹，寓其微痛纖悲，宜其造詣又過於父。山谷謂為「狎邪之大雅，豪士之鼓吹ㄔㄨㄟˋ」，未足以盡之也。

夏氏結合小山的人生閱歷談他的詞，指出小山詞是以生命鑄就，非常深刻，至於點明小山詞有過人之情，更是知味之言。要知道，詩至緣情，無以復加，一位文藝家如果情感特別充沛，別人的文藝技巧再精熟，都沒法與之匹敵。這樣的文藝作品，衹能用「元氣淋漓」四字來評論。所以我的觀點是，單就詞而論，東坡詞不僅比不上小山，比起秦觀來也頗有不如。馮煦《宋六十一家詞選例言》說：「淮海、小山，古之傷心人也（淮海就是秦觀，秦觀自稱為千古第一傷心人）。其澹語皆有味，淺語皆有致。求之兩宋詞人，實罕其匹。」固已先我得之矣。

現代著名女詞人沈祖棻，她的《涉江詞》總體藝術成就極高，易安以後，一人而已，於文學也有獨特的賞會，宣稱自己情願給晏叔原做小丫頭，對小山的崇愛之情，可見一斑。

晏幾道，字叔原，號小山，他的父親晏殊，既是官運亨通的太平宰相，又是一位著名詞人。但小山完全沒有學得乃父做官的本領，反倒成為當時權貴名流眼中的異類。他的詞不同於晏殊的華貴矜持，而是高貴中透出兀傲倔強，宣告著與這個污濁的世界決不妥協的決心。

晏殊，字同叔，謚號元獻，撫州臨川人，生於宋太宗淳化二年（九九一），卒於宋仁宗至和二年（一〇五五），七歲被鄉里視為神童，十四歲以神童薦入朝廷，宋真宗親自面試，賜同進士出身，三十歲就出任翰林學士，到了宋仁宗朝，就做到了同中書門下平章事兼樞密使，即宰相。晏殊的氣質很特異，被認為是「天生富貴」。《宋稗類鈔》記載，晏殊雖出身普通農家，但他的文章詩詞，有天然富貴之氣。有一次他看到一個叫李慶孫的人寫的《富貴曲》，中有「軸裝曲譜金書字，樹記花名玉篆牌」兩句，晏殊就嘲笑道：「這是乞丐相，根本沒見過真正的富貴。我要是寫詩詠到富貴，我不去講金玉錦繡，我衹講氣象。比如說『樓臺側畔楊花過，簾幕中間燕子飛』『梨花院落溶溶月，柳絮池塘澹澹風』這樣的句子纔是真的富貴，那些窮人家有這樣的景致嗎？」

這種天生富貴的氣象，實際上反映的是晏殊天生適合做官的性情。正因為晏殊的性情，是恬澹的而不是深摯的，是冷澹的而不是激烈的，所以他纔能做那麼大的官，而且一生太平無事。在他身後，學生歐陽修為他製挽辭三首，其中第三首開頭就說：「富貴優遊五十年。始終明哲保身全。」性格決定命運，能明哲保身，更多是因為性情，而不是因為他正巧碰上好時代。三首挽辭中第一首是五律，談到晏殊的性格是「接物襟懷曠」，一個「曠」字，便是晏殊的性格密碼，有這樣性格的人，一生不會有過人的快樂，也不會有過人的痛苦。惟擁有這種性情的人，纔可以做一個成功的官僚，但擁有這種性情的人，卻決計做不了第一流的文學家。

現代著名學者顧隨先生說，中國詩詞最動人之處，便在於「無可奈何」四字。晏殊的名句「無可奈何花落去，似曾相識燕歸來」，寫無可奈何之情，本來最易動人，但由他寫來，卻絲毫不能給人以哀婉深摯的感覺。至於下面這首《浣溪沙》：

一向年光有限身。等閒離別易銷魂。酒筵歌席莫辭頻。　滿目山河空念遠，落花風雨更傷春。不如憐取眼前人。

完全沒有了《花間集》裏對愛情的天真決絕，「須作一生拚。盡君今日歡」（牛嶠《菩薩蠻》）、「妾擬將身嫁與，一生休。縱被無情棄，不能羞」（韋莊《思帝鄉》）的至情至性，到了晏殊這兒，竟然成了「不如憐取眼前人」的世故成熟，這正是晏殊作為官僚成功的地方，也正是他作為詞人失敗的地方。王國維說：「詞人者，不失其赤子之心者也。」晏殊便是太早熟、太不天真、太不像孩子，所以我們讀出的是那個澹而寡味的富貴中人，而不是讓千秋兒女灑淚西風的詞人。

小山與他的父親完全是兩類人。

小山生於宋仁宗寶元元年（一〇三八），卒於宋徽宗大觀四年（一一一〇），活了七十三歲，歷經仁宗、英宗、神宗、哲宗、徽宗五朝。晏殊過世時，小山纔十八歲，他的內心太過兀傲不群，是以很快家道中落，一生仕途偃蹇，衹做過推官、鎮監一類的小官，完全沒有他父親閱歷名場的一套本事。在他沈淪下僚的生涯裏，還曾因為友人鄭俠事牽累，險遭大難。

宋神宗上臺後，任用王安石為相，推行新法。所謂新法，本質是國進民退，把所有資源都壟斷到政府，民間資本遭到扼殺，而且權力越集中國家財政收入越多，百姓就越貧困，官員腐敗也就越厲害。新法行而天下民困，但王安石性情固僻，聽不進不同意見，他的身邊更聚集了一大批奉迎拍馬、藉新法發財的小人。熙寧年間，新法之弊愈深，有小吏鄭俠把百姓苦況繪成了圖，呈交神宗，神宗看了以後也大受感動，下詔廢新法，結果呂惠卿、鄧綰一班從新法中大撈好處的小人，跟神宗說：我們好不容易推行了新法，眼看國家要強大了，現在又要冒然取消，這哪行啊！於是神宗又改主意復行新法，并把鄭俠下獄治罪，與鄭俠交好的人都受到牽連。小山是鄭俠的老友，當然也被抓了起來。他能安然出獄，是因抄鄭俠家時發現小山所贈詩：「小白長紅又滿枝。築毬場外獨支頤。春風自是人間客，張主繁華得幾時。」神宗讀此詩大為稱賞，特詔釋放。

鄭俠曾受王安石賞識，但因不贊成新法，未獲擢用。他以監門之小吏，繪圖紀新法禍民之狀，上書神宗，被冠以反對新法的罪名入獄，用今天的話說，是「性質極其嚴重的政治問題」。小山的詩，如果深文羅織，可以說成是「惡毒攻擊偉光正的新法」的「現行反革命」——「小白長紅又滿枝」，指新法小人在朝廷得勢，「築毬場外獨支頤」，指反對新法的君子投閒置散，「春風自是人間客，張主繁華得幾時」，謂王安石的勢位，也不得長久，又能維持新法多久呢？用句「文革」流行語來說：「其用心何其毒也！」幸好神宗沒有做這樣的「文本闡釋」，若是遇到最擅長興文字獄的明太祖、清世宗，小山不但不能出獄，一定還會被滿門抄斬。

小山的朋友，除了鄭俠這樣的骨鯁之士，還有同樣反對新法，列名蘇門四學士的黃庭堅。從一個人的交遊最能看出這個人的本質，小山平素所善，都是風骨嶙峋的君子，則其品格為何如，自可想見。

小山致仕後，住到當年皇帝賜給他父親的宅第中去，閉門謝客，不與權貴交往。當時權傾朝野、氣焰不可一世的奸相蔡京，想要借重小山的聲名，重陽、冬至二節，都派人造訪，請小山填詞，小山揮手而就《鷓鴣天》二首：

九日悲秋不到心。鳳城歌管有新音。風凋碧柳愁眉澹，露染黃花笑靨深。　初過雁，已聞砧。綺羅叢裏勝登臨。須教月戶纖纖玉，細捧霞觴灩灩金。

曉日迎長歲歲同。太平簫鼓間歌鐘。雲高未有前村雪，梅小初開昨夜風。　羅幕翠，錦筵紅。釵頭羅勝寫宜冬。從今屈指春期近，莫使金尊對月空。

二詞應景應節，雅澹天然，卻無一語頌揚蔡京，這是何等偉岸的人格！

天命之謂性，高貴傲岸，這就是小山的天命，是生來就具足的氣質。黃庭堅說他：「磊隗權奇，疏於顧忌，文章翰墨，自立規摹，常欲軒輊人，而不受世之輕重。諸公雖稱愛之，而又以小謹望之。

遂陸沈於下位。」小山天資絕高，他絕非不明白一個真理：衹有卑賤自處，纔能在這個世界上如魚得水，但他寧願陸沈下位，也不願稍改自己的狷介，與這個荒誕的世界做哪怕一點點妥協。他的「疏於顧忌」，不是因為他不懂得，而是因為他永遠不肯降志取容。這既是他的立場，也是他的天命之性。

人們很難想像一位激情澎湃的詩人，同時也是一位深刻的思想家，但其實詩人的勇決與思想家的沈潛本來并不矛盾。小山於儒學及諸子百家之學，皆能潛心翫味，他的論斷非常高明，卻決不以之博取聲名。黃庭堅問他何以不多寫些論學的文章，小山答道：「我平時處處注意言論，還被當代的這些名流忌恨，要是我把我所思考的東西都憒憒然地照直說出來，那不是直接把唾沫唾人臉上了嗎？」高貴的靈魂衹要存在於世，就構成了對平庸者的威脅，儘管小山已經努力掩藏自己思想的優秀，還是不能不被平庸的名流鉅公們所仇恨。他衹有把一腔幽憤，都化為那些清壯頓挫，能動搖人心的詞作。

黃庭堅歸納小山平生有四癡：做官始終不順利，而不肯向貴人大佬逢迎拍馬，這是第一癡；文章保持自己的風格，絕不寫一句歌功頌德的話，這又是一癡；萬貫家財揮霍乾淨，家人喫不飽、穿不暖，還像前輩隱士徐孺子那樣，滿不在乎，這又是一癡；別人怎樣對不起他，他也不會記恨，信任一個人，永遠不會懷疑對方會欺騙自己，這又是一癡。比諸晏殊的膚淺閒適，小山的身上纔有著真正的富貴氣象，他用生命實踐著一位真正的貴族的人生。

古語云，同聲相應，同氣相求。小山的身上，自然流露出的是極高貴、極純淨的氣息，而這種氣息，天然地會讓卑賤的靈魂恐懼顫抖。一種人，性情卑賤，是天生卑賤的功利主義者，他們活在世上為的就是蠅營狗苟，從最低的兩餐一宿直到高官厚祿、嬌妻美妾，永遠都被生物本能所驅使，小山的至情至性，對精神世界的熱愛，對高雅與美的沈浸，映襯出他們的生活的卑微可笑，因此仇恨小山；另一種人，見到高貴的靈魂會心生妒忌，他們不忿於別人可以這樣毫無顧忌地生活，毫無顧忌地愛恨，毫無顧忌地活在自己的世界裏，因此仇恨小山。儘管仇恨的程量無法估算，但後一種人，無疑是懂得小山的生命價值遠高於一般人的，他們一面嫉恨小山，一面在內心深處，也有著一份對高貴與高雅的企慕。後一種人對小山的恨，往往也表現得更加刻毒。小山任潁昌府許田鎮鎮監時，繕寫了自己的詞，呈給府帥韓維（字少師），韓維本是晏殊的老部下，接小山詞覆信說：「得新詞盈卷，蓋才有餘而德不足者。願郎君捐有餘之才，補不足之德，不勝門下老吏之望。」其內心的嫉恨刻毒，在「捐有餘之才，補不足之德」十二字中盡顯無遺。

小山狷介高貴的品性，就像麝臍之香，無從掩藏。譬如其《玉樓春》：

清歌學得秦娥似。金屋瑤臺知姓字。可憐春恨一生心，長帶粉痕雙袖淚。　從來懶話低眉事。
今日新聲誰會意。坐中應有賞音人，試問回腸曾斷未。

這首詞的立意，我認為是學習晏殊的《山亭柳．贈歌者》：

家住西秦。賭博藝隨身。花柳上，鬬尖新。偶學念奴聲調，有時高遏行雲。蜀錦纏頭無數，不負
辛勤。　數年來往咸京道，殘杯冷炙謾消魂。衷腸事、託何人。若有知音見采，不辭遍唱陽

春。一曲當筵落淚，重掩羅巾。

但即使題材相同、立意相似，小山詞中都有一個明顯的「我」在，他寫詞總會把自己的身世、自己的情懷寄託到歌者的身上，而晏殊對歌者的敘寫卻是冷靜的、旁觀的。這就是《小山詞》遠遠高於《珠玉詞》的原因所在。

無疑，小山是有精神潔癖的。除了那些同樣不醉心功名、視利祿為浮雲的朋友，他就衹把青眼投向那些風塵中的歌女。他的好友沈廉叔、陳君龍家有蓮、鴻、蘋、雲四位歌女，四位佳人的身上，沒有達官貴人的裝腔作勢、鄙陋庸俗，她們一個個性若冰雪，才擅詠絮，與小山結成知己、膩友。小山每一詞成，都交這四位佳人演唱，而小山則與沈、陳二君持酒聽之，以為笑樂。多年以後，小山仍寤寐思之，懷而不忘。他的名作《臨江仙》：

夢後樓臺高鎖，酒醒簾幕低垂。去年春恨卻來時。落花人獨立，微雨燕雙飛。　記得小蘋初見，兩重心字羅衣。琵琶絃上說相思。當時明月在，曾照彩雲歸。

講的就是初見小蘋，所受到的藝術衝擊和情感漣漪。小山不是見一個愛一個的花心大佬，他對蓮、鴻、蘋、雲的感情是純然藝術性的。他欣賞著也愛著她們，然而這種愛不是以佔有肉體為目的，卻是與她們一道，潛逃到一個靈魂的孤島上，沈浸在藝術和詩歌所構建的房子中，忘記世間的牢愁失意。小山不是愛著某一位具體的女性，他愛的是愛本身。他的愛純粹而高尚，因此也長久地感動著我們。

詞的開始，小山營造出一種迷離惝恍的境界，「夢後樓臺高鎖，酒醒簾幕低垂」，是說春夢醒來，了無痕跡，宿醉初醒，恍如失憶。上著鎖的高樓，低垂的簾幕，反映出的其實是主人公心窗緊扃，這個世界對他而言是百無聊賴的，他見不得絢爛的花兒凋謝，更見不得吹折花枝的狂風暴雨，「去年春恨卻來時」，是說年年傷春，此恨無有窮已。

他忙於哀悼春光的短暫，美麗的不長久，他沈浸在這樣一種哀傷的情緒中，落花微雨，霑身不覺，雙燕低飛，心灰如死。幸好，還有藝術慰藉著他，帶給他生意與溫暖。「落花人獨立，微雨燕雙飛」，本是五代時詩人翁宏的一首五律中的兩句，原句在詩中毫不出彩，然而一用在詞裏面，就顯得特別清壯頓挫，乃成千古名句。

過片「記得小蘋初見，兩重心字羅衣」，如電影特寫鏡頭，定格住初見小蘋時的訝異，也定格住小蘋的永恆之美。所謂「兩重心字羅衣」，是指衣領開襟，像是篆體的心字。其裝束在當時必係時尚先鋒，故小山纔一見不忘。「琵琶絃上說相思」，非謂小蘋對他一見傾心，而是說小蘋彈奏琵琶、曼聲低唱的，是相思的詞作，這是當時詞曲的普遍主題。小山對小蘋，是尊重與欣賞的成分居多，他能與這些歌女結下深摯的情誼，是因為他不論出身，祇看靈魂，他欣賞小蘋身上的藝術氣質，更尊重小蘋的靈魂。他比喻小蘋行走時的儀態，彷彿彩雲一朵，優雅輕靈。當初唱了什麼、說了什麼，可能都已忘卻，惟有明月朗照著這位佳人像彩雲一樣飄去的情景，久久地銘刻在小山的心上。

小山特別擅長截取片斷的、細節的場景來敘寫情感。以視覺藝術喻之，小山詞就像是一位高明的攝影家，他總是能捕捉到最讓我們感動的畫面，他把剎那化作了永恆。比如這首《鷓鴣天》：

彩袖殷勤捧玉鍾。當年拚ㄆㄢˋ卻醉顏紅。舞低楊柳樓心月，歌盡桃花扇底風。　從別後，憶相逢。幾回魂夢與君同。今宵賸把銀釭照，猶恐相逢是夢中。

這首詞沒有交代女主人公到底是誰，衹知她是一位歌女。但她是誰并不重要，重要的是小山與她的愛，濃摯、熾熱，相思入骨。

上片紀二人初相繾綣，快樂得不知復有人間。「彩袖殷勤捧玉鍾。當年拚卻醉顏紅」句法上語序錯綜，正常的語序則應是「當年彩袖殷勤捧玉鍾拚卻醉顏紅」。對酒當歌，人生幾何，這是曹孟德的英雄氣概，紅巾翠袖，行歌侑酒，纔是文士的風流。眼前的佳人，綺年玉貌，彩袖底露出纖纖素手，捧著和手一樣瑩白的玉杯，遞到跟前勸飲，誰還忍心拒絕她的殷勤？於是他甘願一醉，醉了不要緊，因為他看見她盯著自己的眸子明亮如星。

小山是現實殘酷競爭的失敗者，但他的純淨與真摯，使得他可以收穫那些位高權重的老爺們永遠無法得到的真愛。女主人公顯然對他一見傾心，因之為他傾情歌舞。「舞低楊柳樓心月，歌盡桃花扇底風」二句，極言歌舞的淩風超月，因為她不是用歌喉來吟唱，而是用靈魂；她不是用身體在舞蹈，而是用生命。

相比上片的空靈婉約，下片陡轉密實沈著。愛慾既熾，自然如膠似漆，即令不得不分別，別後也必相思無極，無有已時。愛情的美好之處，就在於雙方既沒有誰更快一步，也沒有誰更慢一步，完美的愛，一定是同時墮入愛河，不需要一方苦苦追逐，一方再勉強接納，千里萬里，魂牽夢縈，不以時久地隔，始終默契於心。這纔是愛的勝境。小山顯然是享有了這樣的愛情。「幾回魂夢與君同」一語，既見小山之深情，又見彼此相愛之殷，故此難得。「今宵賸把銀釭照，猶恐相逢是夢中」化自杜甫的名句：「夜闌更秉燭，相對如夢寐。」杜詩紀戰亂後的重逢，重大沈鬱，欲說還休，小山詞則輕靈飛動，一派天真，但深情眷眷，卻與老杜一般心腸。

鷓鴣天

小令尊前見玉簫。銀燈一曲太妖嬈。歌中醉倒誰能恨，唱罷歸來酒未消。　春悄悄，夜迢迢。碧雲天共楚宮遙。夢魂慣得無拘檢，又踏楊花過謝橋。

這首詞譯作白話，大概是：

歌女在酒筵上歌唱著動聽的小令，就中一位最出色，芳名叫玉簫。她唱著《剔銀燈》曲子，怎麼那麼妖嬈！這樣的佳人來勸酒，何妨醉倒！酒闌人散，歸家的路上，酒勁兒未去，歌聲還在耳畔縈繞。啊！這夜色多麼寧謐美好。碧雲天末，我還想念著她的容貌，可她卻像巫山的神女，虛無、縹緲。罷了罷了！我這做著春夢的人兒，禮法且自全拋，快快踏著楊花，到謝娘橋邊把妙人兒尋找。

這首詞裏有三個典故：「碧雲天」用的是南朝江淹的詩句「日暮碧雲合，佳人殊未來」。楚宮則用宋玉《高唐賦》之典，略謂楚頃襄王夜宿高唐，有女子伴宿，自稱係巫山神女，旦為朝雲，暮為行雨，朝朝暮暮，陽臺之下。「碧雲天共楚宮遙」，整句是說我在思念著的佳人，卻遙在高唐宮闕，無法相見。第三個典故是謝橋，即謝娘橋的省稱。謝娘本指唐代李德裕的家伎謝秋娘，後指所眷女子。

這首詞的結句寫得清俊非常，但文字背後的精神氣質更重要。這是破碎虛空，真正求得心靈自由的靈魂的詠唱。世人拘於禮俗，囿於成說，窘於衣食，久矣遠離了自由，因此，當世間終於出現一位自由的天才時，人們不是企慕、嚮往，而是震驚、詫異。理學家程頤聽人誦此二句，不由失笑道：「鬼語也！」雖說有賞識的意味在，更多的卻是不信——不信世間有此自由之境，不信世間有此自由之人。

阮郎歸

天邊金掌露成霜。雲隨雁字長。綠杯紅袖趁重陽。人情似故鄉。　蘭佩紫，菊簪黃。殷勤理舊狂。欲將沈醉換悲涼。清歌莫斷腸。

我認為這首詞作於小山晚年，是他對自己哀樂過人的一生的總結。天邊金掌，指朝廷宮闕。漢武帝好神仙，在宮門外立大銅柱，號曰金莖，上有金人手捧露盤，是為仙人捧露盤，方士哄騙武帝，用露盤所承之露和著金泥玉屑服下去，可致長生。金色與下文的翡翠杯之綠、侑酒人衫袖之紅，本來都是明亮的色澤，但一加以「露成霜」三字，整個感覺完全變了。詞人的情感基調是沈鬱的，對絕大多數人而言，故鄉人情最厚，「人情似故鄉」一句，點出飄泊異鄉內心淒苦之狀，灑落中飽含熱淚。過片「蘭佩紫，菊簪黃」二句句法非常矯健，它并不是「佩紫蘭，簪黃菊」的倒裝，而是「蘭宜佩紫，菊應簪黃」的省略。唐宋時不管男女老幼，在重陽節時都會在頭髮上插滿黃花，身上有時候也會佩著蘭草，這是許多人一年中難得放浪的一天，小山又怎樣呢？他「殷勤理舊狂」，過往的生命，像電光石火一樣，在他的心頭飛快掠過，他追想自己狷介的一生，不肯俯仰貴人門前，堅守自己的原則，有所不為，終落得沈淪下僚，無以仕進，此時此刻，他後悔了嗎？答案是否定的。他非但不後悔，甚至更有一種隱隱的驕傲，一種悲涼的、承受悲劇命運、擔荷世界罪惡的驕傲，這纔有「理舊狂」的「殷勤」。

欲將沈醉換悲涼，清歌莫斷腸。

他的生命是悲涼的，然而又是丰盈的、充實的，這種悲涼貫穿了他的一生，并感染著九百年以後的我們。

欲將沈醉換悲涼，清歌莫斷腸。

小山這兩句詞不是寫給他自己，而是用來撫慰他所有的讀者，撫慰所有被他感動的人。

夜飲東坡醒復醉 歸來彷彿三更 家童鼻息已雷鳴
敲門都不應 倚杖聽江聲
岁乙未初秋於京

孤鴻影，今夕宿誰邊。白首可憐機未忘，

滄江誰酹月新圓。露重玉葭寒。

右東坡

起舞弄清影，何似在人間

蘇軾

一般來說，我們喜歡、認可乃至崇拜某一位作家，都是因為他的作品，我們通過閱讀他的作品，去直覺感知他的內心，并由此獲得情感共鳴。儘管孟子論詩，提出「知人論世」的原則，但更多的時候，我們還是願意相信自己的直覺，而有意無意地屏蔽掉作者的生平出處、作品的背景之類的內容。錢鍾書先生的名言：「假如你喫了個雞蛋，覺得不錯，何必要認識那下蛋的母雞呢？」如果你衹是將之理解成他不願與俗子交遊的託詞，未免膚淺。實際上，錢翁此語，隱藏著他對孟子「知人論世」觀的商榷，他意圖說明，文學本身，就有獨立的審美價值，不需要依託於政事學術。錢翁此論尚矣，但我對東坡的態度正好相反，我愛賞其人，更甚於讀他的詩詞。因為在我看來，他的詩詞作得怎樣并不重要，他的人生卻是天地間至善至美的宏篇鉅製。

如果我們認同《文心雕龍》所確定的「原道、宗經、徵聖」三位一體的文學批評原則，自會承認，中正平和、溫柔敦厚的《詩經》是最合於「道」的經典文本。但人生在世，憂多樂少，文藝不悲，則不足以動人，真誠的悲比真誠的快樂更能打動人，甚至高明者假造的悲，也要比真誠的快樂更加動人——因為悲傷比快樂更接近生命的底色。人們也許在理想層面上會認同《周易．繫辭》裏的名言：「樂天知命，故不憂。」而人非聖賢，孰無憂戚悲愁抑塞悱惻之情？往往是離經叛道的文學，纔真正地打動人、感發人。正像蘇珊．桑塔格所說的那樣：「像克爾愷郭爾、尼采、陀思妥耶夫斯基、卡夫卡、波德萊爾、蘭波、熱內——以及西蒙娜．薇依——這樣的作家，之所以在我們中間建立起威信，恰恰是因為他們有一股不健康的氣息，他們的不健康正是他們的正常，也正是那令人信服的東西。」（《西蒙娜．薇依》）而東坡，他的人格太健康，太沒有缺陷，所以註定他的人生是神一樣的存在，他的多數詩詞卻很難打動被大眾視為異類的若干人，包括我。

東坡最可貴的，不是他的詩詞，而是他的人格。在千古文人之中，他罕見地優入聖域，真正達到了儒家人格的最高標準——中庸。孔子曾深慨乎中庸之難得：「天下國家可均也；爵祿可辭也；白刃可蹈也；中庸不可能也！」中庸既是為政處世的原則，更是完善人格的標杆。人格的中庸，又稱中行，意味著天性的各個方面充分自由的發展，意味著文質彬彬，溫文爾雅，止於至善，而古今文人，或狂或狷，性情上總是有這樣那樣的缺憾，較諸東坡的渾渾灝灝，大美無言，均有所遜色。我依稀記得一位現代文學作家說過，你讀李白的詩，當然覺得好，可是要想像一下你樓上住的是李白，那該是怎樣的噩夢？但倘使這位作家活在宋代，有幸與東坡為鄰，他一定不會覺得那是一件苦事。

東坡是一位球形的天才。以詩而論，儘管他的詩大多不感人，但想像奇瑰，句法靈動，用典使事，精妙有趣，仍不失名家。在天水一朝，他和學生黃庭堅并稱作「蘇黃」，儼然與唐代的「李杜」相埒。順便說一句，黃庭堅是宋代影響最大的詩人，但他的詩泰半澹薄寡情，徒逞技巧，我往往讀之不能卒章。東坡的詞，雖然歷來也非議不小，好之者許為「開出向上一路」，惡之者貶為「著腔子好詩」，但可以肯定的是，蘇詞確實自成一格，對詞的傳統體性，是破壞，也是創新。他的書法，是宋代四大書家「蘇黃米蔡」之首，也能繪事。而他的文章，更是一個時代所無法企及的高峰。

東坡進京赴考時纔二十一歲，當時的文壇領袖歐陽修看了他的信，激動得毛孔賁張，汗出淋漓，致信好友梅聖俞，連呼「快哉」，自承天分不及：「老夫當避路，放他出一頭地也。」更連用兩個「可喜」，表達了這位胸襟高曠的前輩學人對隱有出藍之勢的後輩由衷的喜愛。

曾經在定州幕府追隨過東坡的李之儀，在一封書信中說，歐陽修王安石的文章，固然是一時之宗，東坡的文章卻已臻文章至境。他形容東坡的文章如「長江秋霽，千里一道，滔滔滾滾，到海無盡」，這是說蘇文的高曠雄渾，氣盛言宜；又如「風雷雨雹之驟作，崩騰洶湧之掀擊，暫形忽狀，出沒後先，聳一時之壯氣，極天地之變化」，這是說蘇文的善於變化，技法高明。而東坡的弟弟蘇轍，在給他寫的祭文中，乾脆就說：「兄之文章，今世第一。」

中國古人習慣於含蓄的表達，他們不會輕易說誰誰誰是天下第一，但蘇轍能在這篇蓋棺論定的重要文章中，如此乾淨利落地宣佈蘇文天下第一，乃是因為蘇文的確引領一時之風會。直至南宋時，蘇文依然是天下讀書人摹習的最好範文。陸游《老學庵筆記》記載：建炎（南宋高宗的第一個年號）以來，讀書人參加科舉，都要摹習蘇文，四川一地，其風尤盛，號稱「蘇文熟，喫羊肉。蘇文生，喫菜羹」。意思是摹習蘇文功夫到家，就能做官喫得起羊肉，要是學東坡學不到家，就衹能喫菜羹了。菜羹是把蔬菜和米屑煮在一起，半湯半餬，為古代貧者所食。我家鄉的羹，又稱粉餬（ㄏㄨˊ），是把肉丁、香乾丁、筍丁加粉勾芡，滋味十分鮮美。

衡之以現代科學理論，東坡是一位左右腦同等發達的天才。除了在文藝方面有超卓的天賦，他還是宋代儒學重要流派蜀學的代表人物。他才情如海，天下獨步，以致時人不得不以仙才目之。王辟之《澠水燕談錄》云：「子瞻文章議論，獨出當世，風格高邁，真謫仙人也。」謫仙也就是俗稱的文曲星下凡，王辟之稱東坡是謫仙，一是認為他文章議論，滔滔雄辯，當世無與倫比，二是說他的文章風格，相對世俗人生，具有非常鮮明的超越性。後來推崇東坡的，又把他與詩仙李白相類比，稱作詞仙，或因其號東坡居士，而親昵地呼之曰坡仙。

但是，詞仙、坡仙的嘉號，恐怕東坡自己聽到了，會心生「不夠知己」之慨。是的，他達生樂天，豪宕不羈，對莊子深有會心，詩風詞風，專主高曠雄渾，這些都沒有錯。但他的生命底色，卻是君子儒。你讀他的「九死南荒吾不恨，茲遊奇絕冠平生」「餘生欲老海南村。帝遣巫陽招我魂。杳杳天低鶻沒處，青山一髮是中原」，如果不能讀出他忠君眷民、九死不悔的執著，我們不妨再來看看他是如何評價杜甫的——

古今詩人眾矣，而杜子美為首，豈非以其流落飢寒，終身不用，而一飯未嘗忘君也歟？（《王定國詩集序》）

王鞏《隨手雜錄》一書，記載了東坡親口跟他講的故事：

子瞻為學士，一日鎖院（指被任命為考官後必須立即鎖宿，約五旬中，不得回家及與院外的人接觸。），召至內東門小殿。時子瞻半醉，命以新水漱口解酒，已而入對（當面接受皇帝的旨意），授以除目（除授官吏的文書）：呂公著司空平章軍國事，呂大防、范純仁左右僕射。（以上是除目的內容，對呂公著、呂大防、范純仁三人的人事任命。）承旨畢，宣仁（宋神宗之母高太后）忽謂：「官家（皇帝）在此。」子瞻曰：「適已起居矣（問候過皇帝起居了）。」宣仁曰：「有一事要問內翰。前年任何官職？」子瞻曰：「汝州團練副使。」「今為何官？」曰：「備員翰林充學士。」曰：「何以至此？」子瞻曰：「遭遇陛下（指宣仁太后）。」曰：「不關老身事。」子瞻曰：「必是出自官家？」曰：「亦不關官家事。」子瞻曰：「豈大臣薦論耶？」曰：「亦不關大臣事。」子瞻驚曰：「臣雖無狀，必不別有干請（干謁請託）。」曰：「久待要學士知。此是神宗皇帝之意。當其飲食而停箸看文字，則內人必曰：『此蘇軾文字也。』神宗忽時而稱之，曰：『奇才，奇才！』但未及用學士而上仙耳。」子瞻哭失聲。宣仁與上左右皆泣，已而賜坐喫茶，曰：「內翰直須盡心事官家，以報先帝知遇。」子瞻拜而出，撤金蓮燭送歸院。

宋神宗去世後，哲宗年幼，由祖母宣仁太后代攝政事，宣仁寬政簡民，廢除了禍國殃民的新法，北宋朝政終於短暫地回到正軌，而東坡也結束了他的貶謫生涯，回到朝廷任翰林學士。史稱「女中堯舜」的宣仁與東坡的這番問答，如絮絮家常，卻備見君臣遇合的深情。我最感動的是「子瞻哭失聲」五字，那種發自內心的忠藎，受一恩而終身不忘的忠厚，讓千載之下的我讀來，心頭猶然大熱。

這是一位極聰明，而又極忠厚的至誠君子。須知聰明和忠厚，往往很難并存，太聰明的人，往往刻薄，忠厚的人，又多有鈍根。像東坡那樣，才華絕代，卻又遇人溫厚，哪怕對方衹有片善可取，就恨不得與之傾盡城府，終生不改赤子之心，實在太難得了！他有極強的人格魅力，深為士大夫所愛。臨淮名士杜子師，在東坡被貶到「天涯海角」的海南儋州時，準備賣掉全部家產，舉家搬去儋州與東坡做鄰居，因為東坡獲得特赦放還回內陸，其事纔作罷論。更早的時候，東坡被貶到黃州做團練副使，有一高安人趙生，淪為乞丐，而志氣不墮，致信東坡求見，東坡也賞其文采，與之會面傾談，趙生立即被東坡那種怡樂平易的風度所傾倒，相與晨夕討論，留住半年不去。東坡離開黃州北上，趙生一直跟到興國縣境，方纔依依作別。

東坡博聞強識，口才便給，天性又幽默，時能妙語解頤。他的朋友劉貢父，晚年患風病，鬚眉盡脫，鼻梁也差點斷了，有一次幾位朋友一起飲酒，事先約定大家各取古人詩句，互相嘲諷，東坡就開起劉貢父的翫笑：「大風起兮眉飛揚，安得壯士兮守鼻梁。」這是改了漢高祖劉邦《大風歌》的原句：「大風起兮雲飛揚。安得猛士兮守四方。」所有人都哈哈大笑，弄得劉貢父哭笑不得。現代人認為，取笑別人的生理缺陷，是非常下流的行徑，但須知東坡與貢父本係知交，開得起這樣的玩笑，又在事先確立了遊戲規則，以古人詩句相戲，這樣，玩笑的重點就不在對方的生理缺陷，而在古人詩句與所嘲謔的對象是否吻合，實在未可厚非。古人把這樣的玩笑稱作「雅謔」，善雅謔者，內心必定光明澄澈，與今天某些藝人嘲諷別人的生理缺陷，以換取廉價的笑聲，有本質的不同。

東坡的人格魅力，還體現在他的曠達灑脫，安於出處。他生在和怡喜樂的積善之家，天性得以毫無拗折地生長。祖父蘇序育有三子，大兒蘇澹、中兒蘇渙都很早中了進士，惟有三兒蘇洵，也就是東坡的父親，到二十多歲還不愛讀書。蘇序卻從來不強迫蘇洵進學，結果蘇洵二十七歲上忽爾心智大開，沈潛百家，綜融諸子，終成文章大家。蘇洵育兒，也是鼓勵多，訓誡少，他很早就發現了兩個兒子性情的特點——長子太聰明，次子太執著，遂作文《名二子說》，以為規誡。東坡名軾，軾是車前的橫木，同車子的其他部件相比，軾似乎祇是可有可無的裝飾，然而車沒有軾，卻不能成其為一輛完整的車子，蘇洵擔心這個兒子太過聰明，易遭人嫉恨，所以希望他懂得外飾；次子名轍，轍是車輪印，蘇洵認為，天下之車，無不遵轍而行，衡定車功，不及於轍，但車子傾倒，馬匹僵斃，也沒有人會怪車轍，他希望小兒子善處乎禍福之間。

這是一個崇尚自由，沒有專橫的家長習氣，而又書香濃郁的家庭，在這樣的家庭中成長，人格很難不完備。自小，東坡受父親影響，研習賈誼、陸贄的文章，希望經世濟國，又作《易傳》《論語說》《書傳》，對儒學有了較精深的研習。中歲以還，名場閱歷，多經坎坷，讀《莊子》，以為先得其心。在宦途迭經起落之後，他深契於莊子「齊物」的思想，并由此獲得內心的安寧。晚年更參禪理，這幫助他更好地消解了痛苦。然而，也正因為他善於自我排解，其詩詞始終不能臻於「以血寫就」的至境。

東坡有一首《沁園春》，詞中有「用捨由時，行藏在我，袖手何妨閒處看」的述志之語，他的人生，更是實踐了他所傾心的蒙莊齊物之旨。晚年的東坡，和蘇轍一同被貶，他倆在梧州、藤州之間相遇，路邊有人賣切面，便買來同食。路邊小攤所製，粗惡難以下嚥，蘇轍又當遷謫，心情不好，哪裏喫得下去，放下筷子，不停地唉聲歎氣，而東坡早就把一碗切面喫得罄盡。喫完後，他慢悠悠地對蘇轍說：九三郎，你還要慢慢咀嚼它的味道嗎？然後哈哈大笑起來。（蘇氏家族，人丁繁盛，自同一曾祖父算起，東坡排九十二，蘇轍排九十三，故東坡稱蘇轍作九三郎。）東坡的學生秦觀，聽說了這件事，感慨說：這就跟先生喝酒一樣。先生喝酒，不過是喝一種能讓人醉的液體罷了。

東坡對人對事，是如此地和易寬容，這樣的人，本來應該福慧雙全，一帆風順纔對。然而不然。「問汝平生功業，黃州惠州儋州」，他的後半生大都在貶謫中度過，他的人生，是千古才人最驚心動魄的一場大悲劇。如果說其他文士的運蹇多故，泰半是因為性情的缺陷，東坡的悲劇，卻是因為他性情太完美，不能見容於污濁的官場。他是真正實踐了孔子中庸理想的士子，然而從古以來，在任何社會，能如魚得水的都是無原則無廉恥的鄉愿之徒，卻不是「國有道，不變塞焉，國無道，至死不變」的真中庸。蘇轍稱東坡「剛而塞」，意即原則問題絕無變通餘地，這是東坡最為人忽視的人格精神，也正是這種剛塞有守、九死不悔的人格，決定了他一生的悲劇。

東坡二十二歲高中進士第二名，又中《春秋義》科第一，殿試中乙科，賜進士及第。後丁母憂不出。（古代父母去世，須守孝二十七個月，不得出仕，謂之丁憂。）二十六歲參加由歐陽修、楊畋特薦，仁宗皇帝主考的「制舉」試，入三等。制舉又稱「大科」，是宋代選拔經世人才的重要手段。在宋代士子心中，制舉出身的人，地位要高於科舉出身的。制舉考試，要求士子不僅有極淵博的知識，還要有經綸世務的能力、漂亮的文采，要求極高。制舉共分五等，一、二等從未有人中式過，仁宗朝明文規定，制舉入三等，即依照進士第一（狀元）的待遇授官，可見榮耀。兩宋三百餘年，舉行過二十二次制舉御試，祇有四十多人入等，而入三等的，祇有吳育、蘇軾、范百祿、孔文仲四人。這一次制舉，弟弟蘇轍也入四等，兄弟同科，前所未有。

東坡少年巍第，又得前輩名公歐陽修的真心獎掖，本該有似錦前程。而的確，命運之神似乎尤其眷顧這位穎發的天才。英宗皇帝還在做藩王時，就聽說了東坡的大名，登基後，想特詔東坡為翰林學士，宰相韓琦不同意，於是依照慣例，讓東坡又參加了一次制舉試。治平二年（一〇六五），年方三十歲的東坡，再次制舉三等，轟動朝野，自此得以進入館閣，遂有蘇學士之稱。

入值館閣，意味著將來有可能做宰相。事實上，仁宗皇帝讀了東坡兄弟的制舉進策，「退而喜曰：『朕今日為子孫得兩宰相矣』」。然而，終東坡一生，祇做到了正二品的官，他後半生顛沛流離，艱辛備嘗，甚至身陷囹圄，差點連命都丟了。絕代仙才，成了被命運播弄的可憐兒。

宋神宗熙寧四年（一〇七一），東坡三十六歲，遭遇了宦途的第一次挫折。

宋神宗上臺後，任用王安石施行新法，其本質是朝廷「看得見的手」過多介入市場，民間經濟遭到嚴重打擊，朝廷越富，百姓越窮。儒家經典《大學》有言：「國不以利為利，以義為利也。」又曰：「長國家而務財用者，必自（自是其的意思）小人矣。」朝廷介入經濟越深，便越會與民爭利，侵害百姓，更何況，集中到朝廷的財富一定是效率最低的，必然會產生大量的浪費和無法遏制的腐敗，為小人佞臣撈取好處大開方便之門。而且，一旦各級官員的慾望之門被打開，就再也沒有誰能把它關上，惟一的辦法就是等著整個國家崩潰。王安石個人品格十分高尚，我認為他的詩才遠在東坡之上，他與東坡政見不同，卻能在東坡繫獄時，上書神宗，為東坡求情。但王安石的政治主張太過理想化，又剛愎自用，一意孤行，致為群小所趁。他的名言是「天命不足畏，祖宗不足法，人言不足恤」。這是急功近利、無所顧恤的法家思想，與儒家「周監乎二代，郁郁乎文哉。吾從周」「好人之所惡，惡人之所好，是謂拂人之性，災必逮夫身」的保守主義的政治智慧，截然相反。

東坡第一反對的是王安石變革科舉之議，又反對上元（元宵節）采購浙燈，而真正得罪王安石身邊的新黨的，是東坡任進士考官，不齒舉子迎合時勢，爭相指摘祖宗之法，遂向皇帝上疏反駁，深中新黨之病。善於明哲保身的東坡，自請貶官，外放杭州通判。

但是新黨并沒有放過他。神宗元豐二年（一〇七九），東坡四十四歲，新黨何大正、舒亶、李定等人告密，說蘇軾的詩文誹謗朝政及中外臣僚，無所畏憚。遂將蘇軾下獄，由御史臺根勘，史稱烏臺詩案。自分必死的東坡，給蘇轍寫詩訣別，這是他一生難得的兩首絕唱：

聖主如天萬物春。小臣愚暗自亡身。百年未滿先償債，十口無歸更累人。是處青山可埋骨，他年夜雨獨傷神。與君今世為兄弟，又結來生未了因。

柏臺霜氣夜淒淒。風動琅璫月向低。夢繞雲山心似鹿，魂驚湯火命如雞。眼中犀角真吾子，身後牛衣愧老妻。百歲神遊定何處，桐鄉知葬浙江西。

《詩經》的傳統是詩言志，陸機《文賦》則提出詩緣情，東坡的詩，與唐代白居易的詩一脈相承，很多時候既非言志，更非緣情，而是為了表達一種趣味，故其詩多不感人。但這兩首詩，情感濃郁，直是噴泄而出，是東坡集中難得的精品。時有獄卒梁成，待東坡甚善，東坡即請梁成，萬一遭不測，即將此二詩交子由。梁成將詩紙藏匿在枕中，本年十二月二十六日，子瞻出獄，責授水部員外郎、黃州團練副使本州安置不得簽書公事，梁成遂將詩還給子瞻，道：「還學士詩。」後子由看到這兩首詩，面案而泣，不忍卒讀。清代紀昀評說：「情至之言，不以工拙論也。」可謂正中肯綮。

第一首先謂皇帝聖明，祗是我愚昧昏暗，自招罪愆。接著寫出連累子由的歉疚之情，意思是，子由已債如山積，現在竟又因我家中十口而受累。又道，我死則死矣，天下何處不可埋骨，祗是子由他日念我，不免傷心耳。結云今世幸得與君為兄弟，來生情緣亦終當不變。第二首的柏臺即御史臺，琅璫是鐵鎖之意。詩的第二聯，是極淒測又極生動的比喻，第三聯上句是說，子由頗能繼祖、父之學，真是我可敬的先生，而老妻因我而受窮，即使我死後也不得安心。唐代名臣杜佑之孫杜悰，雖拜相而不能承杜佑之素風，人稱其「禿角犀」，此反用其典。結句用漢代循吏朱邑，死葬於桐鄉，得桐鄉人民祭祀之典，表明希望葬於浙西的願望。子瞻在獄中聽說杭州、湖州的人民，為他作了一整月的解厄道場，心中感動，故有此句。

烏臺詩案，宰相吳充以下朝中正直大臣上疏極諫，太后曹氏也為東坡說情，但實際上，神宗雖然不喜東坡的政見，對其人則殊無惡感，遂決定結案，把東坡貶為黃州團練副使。

當時擔任參知政事（副宰相）的是同以文學知名的王珪。王珪才華、學問、胸襟、經世能力遠不及東坡，他由參知政事直做到同中書門下平章事，凡一十六年，官運亨通，祕訣衹有一條，那便是揣摩上意，一切以神宗的意旨為準衡。他嫻於官場文化，上殿進呈，就說「取聖旨」；皇帝表明了態度，就說「領聖旨」；退朝曉諭稟事者，就說「已得聖旨」。時人不齒，稱他「三旨相公」。然而這樣一位庸官，卻對東坡有著難以掩飾的刻骨仇恨。

東坡被貶黃州，照說新黨該出一口氣了，王珪卻依然耿耿於懷。那是卑賤對高貴、陰暗對光明的仇恨，與政見無關。神宗心裏，一直對東坡甚是賞識，他與王珪商量起復東坡，回朝任用，王珪百計阻撓，更向神宗進讒，說東坡有詩云，「此心惟有蟄龍知」，皇上您飛龍在天，他不知敬愛，卻去求取蟄龍的賞顧，顯然有不臣之心。在坐另一位大臣章惇趕緊說：龍不是衹能指代皇帝，普通人也可以稱龍。神宗甚有學問，立即道：是啊，古代以來稱龍的人很多啊，比如說荀家八子，號稱八龍，諸葛亮人稱臥龍，難道這些人也是做皇帝的麼？退朝後，章惇面責王珪：相公說這話太過分了吧，您和蘇軾有多大的仇，這是要讓人家滅族啊！王珪十分尷尬，辯解道，這樣解詩不是我的發明，我不過是轉述舒亶的話罷了。章惇見他毫無擔當，於是也不再客氣，說：舒亶的唾沫你還去喫啊！

王珪的讒言，實在是狠毒已極，倘若運氣不好，遇到陰刻殘險之君，東坡真有覆族之禍了。進讒失敗，又立即委過他人，更見出其內心的卑瑣陰暗。東坡本是至誠君子，《詩》有之：「憂心悄悄，慍於群小。」君子的光明坦蕩，沒有讓小人見賢思齊，反而更激起小人的幽仇暗恨，無論新黨舊黨，都容不下這位中行君子。

元豐七年（一〇八四），東坡從黃州量移汝州就任，由於長途跋涉，旅途勞頓，幼子遯病亡，蘇軾便上表朝廷，請在常州居住，立即得到朝廷的許可。可是，當他準備要南返常州時，神宗駕崩了。在路上的東坡聽到消息，不由放聲大哭。因哲宗年幼，宣仁太后攝政，啟用舊黨，東坡又得入朝輔政。元祐四年（一〇八九），五十四歲的東坡再一次得罪當權派，以龍圖閣大學士貶去杭州做太守。在杭州，他留下了很多世俗意義上的好詩好詞，膾炙人口，卻多不能動搖人心。

東坡的這次外放，首先是因為他觸迕了宰相司馬光。這位編有《資治通鑒》的大學者，本來應該明白廣開言路方能長保太平的道理，可是，權力讓他頭腦發昏，他一心衹想盡廢新法，卻不知新法亦非百無一是，東坡比他看得深，也因此觸怒了司馬光，於是一團火氣就向東坡發作。東坡卻心平氣和，對司馬光講：您親口跟我講過，當初韓琦做陝西大帥，您做諫官，與韓琦起了爭執，韓琦很不高興，您也無所顧慮，現在我跟您提意見，卻不許我把話講完，難道是因為做了宰相的緣故嗎？司馬光啞口無言，衹好乾笑幾聲，把場面混過去。然而至此，司馬光就有了把東坡逐出都城之心，衹是因為他不久病卒，纔未及對東坡下手。

但舊黨中那些希合求進的小人，對東坡就沒有那麼客氣了。東坡的正直無私，更映襯出他們內心的陰暗卑瑣，於是有人舊賬重提，又拿烏臺詩案說事，誣蠛東坡誹謗朝政；有人說神宗駕崩，東坡不知悲哀，反而詩裏出現「聞好語」這樣大逆不道的話，罪該萬死，幸好此詩刻石時日俱明，東坡又逃過一劫。

為什麼無論支持變法的新黨，還是反對變法的舊黨，都不能容忍東坡呢？元祐七年，東坡守揚州，從揚州教授任上離職的曾旼，到真州（今江蘇儀徵）看望曾經權傾一時的新黨人物呂惠卿。呂惠卿早年逢迎王安石，後來卻出賣王安石上位，他之被貶，東坡兄弟很出了一些力，所以特別恨蘇氏兄弟。知道曾旼從揚州來，便有了下面這番對話——

呂惠卿問：你認為東坡是什麼樣的人？

曾旼道：東坡是個聰明人。

呂惠卿怒道：堯聰明嗎？舜聰明嗎？禹聰明嗎？——意思是堯、舜、禹纔是真聰明，東坡也配？

曾旼回答道：不是這三人的聰明，但也是一種聰明。

呂惠卿開始語帶譏刺：你誇他聰明，這位聰明人他學的哪一路學問啊？

曾旼依然老老實實地道：他學的是孟子。

呂惠卿更加忿恨，咆哮道：你這是什麼話！

曾旼卻神色不動，澹澹道：孟子的名言是以民為重，社稷次之，我就憑著這一點，知道東坡是學孟子的。

此言一出，呂惠卿如飲喑藥，默然失聲，再難反駁。東坡一生政見，祇視其利於百姓否，祇爭是非，不論利害，而政治卻要講利害、講平衡，這是東坡半生貶謫，不得騁志的根源所在。

宣仁皇后攝政期間，東坡雖時時要提防小人們的暗箭，總算能稍展所長。他直做到端明殿翰林、侍讀二學士，這是他一生中做到的最高官職，蘇轍祭文稱他為先兄端明，即以此也。這期間，東坡捲入了著名的「元祐黨爭」，他那自由的、活潑的性情，與河南伊川人程頤刻板方正的性情截然對立，由性情的、學術的不相洽而至於互不相能。東坡兄弟，是所謂的蜀黨，程頤輩則是洛黨，另尚有承繼已病故的司馬光法統的朔黨，以劉摯為首。三派相持不下，彼此爭權。直至元祐八年（一〇九三）哲宗親政，重行新法，舊黨遭斥，元祐黨爭纔停止。

元祐黨爭，是反對新法的舊黨內部的意氣之爭、學術之爭，三派鼎峙，形成了微妙的政治平衡。宋徽宗登極後，延續哲宗崇奉新法的政治路線，繼續打壓舊黨。崇寧四年（一一〇五），徽宗給元祐黨人定性，叫作「元祐害政之臣」，由宰相蔡京書寫司馬光以下三百零九人的名單，頒之州縣立碑，謂之「元祐黨籍碑」，凡列為黨人的，其子孫不得留京師，不得參加科舉，碑上列名而未過世者，一律永不錄用。元祐黨籍碑分文臣、武臣、內臣、為臣不忠曾任宰臣四個部分，文臣中又分曾任宰臣執政官、曾任待制以上官、餘官三類，文臣第二類以東坡居首，他的學生和終生知己秦觀，則在第三類餘官名單中傲居榜首。不過，徽宗和蔡京沒有想到的是，到了南宋初年，元祐黨人獲得平反，改稱「元祐忠賢」，凡是列名元祐黨人的後代，莫不以其祖曾入黨人而自誇，且根據蔡京原碑搨本，重新摹刻。

很多人讀史至元祐黨爭，都會感慨，東坡和伊川，都是難得的賢士，卻因意氣相爭不下。其實，東坡與伊川固然在性情上、對儒學的理解上殊多歧異，黨爭能相持多年，實在是攝政的宣仁太后有意放任、高明地挑撥的結果。這是最高統治者的權術，是御下治人的絕頂法門，無論蜀、洛、朔黨，都不過是太后手中的棋子罷了。明瞭這一點，我們就能剝除東坡與伊川相爭的政治因素，而專從性情、學術上著眼，更深刻地理解東坡的性情。

東坡與伊川的矛盾，從司馬光逝世時開始公開化。司馬光逝世，伊川是朝廷委任的主喪官，當天皇帝率領群臣到明堂祭祀，群臣因此不能第一時間到司馬家中弔唁。明堂祭祀是吉慶之禮，禮成後東坡、蘇轍趕去司馬家哭拜，途遇同僚朱光庭，東坡很奇怪，問：公掞（朱光庭的字）兄，你去司馬溫公家弔唁，怎麼這麼快就回來了？朱光庭道，伊川先生說慶弔不同日，不讓我前往。二蘇聽說後，悵然返家，向人言伊川是「鏖糟陂裏叔孫通」，自此常常譏刺伊川。鏖糟陂，是汴京城南的雜草坡，鏖糟，是肮髒不潔之意。叔孫通原是秦博士，後為漢高祖製定禮儀。二蘇以為禮樂不當一成不變，稱伊川為「鏖糟陂裏叔孫通」，是說伊川衹算得上是鄉野間的村夫子，村裏人婚喪嫁娶，去主持一下還行，發揮儒門大義，就力有未逮了。

又有一次，恰逢國忌，大臣在相國寺禱祝，伊川要求大家一同食素。東坡詰問伊川：你程正叔（伊川的字）又不信佛，喫什麼素？伊川答道：禮經有云，居喪不飲酒食肉。忌日，是居喪的延續，當然也不該飲酒食肉。忌日食素，此前并無這樣的傳統，東坡覺得伊川未免小題大做，一面叫人準備肉菜，一面引漢太尉周勃準備剿滅呂后一族時對三軍將士講的名言：「為劉氏者左袒！」要求大家站好陣營。於是范淳夫輩食素，秦觀、黃庭堅輩食肉，洛、蜀兩黨，營壘分明。

伊川所謂慶弔不同日，固然出諸禮經，但未免拘執，不近人情。他不明白，禮是為了導節人情，比禮更重要的是人心的誠，孔子固云：「禮，與其奢也，寧儉；喪，與其易也，寧戚。」至於據禮經更進一步發揮，要求忌日食素，更無必要。東坡兄弟與伊川的分別，是鳶飛魚躍的詩性生命與壁立千仍的哲學生命的分別，是自由奔放的上智人格與苦修常參的中人人格的分別。我們祇要看一看程朱理學盛行後，中國再也沒有出現過解衣磅礴的大時代，自徽宗宣和以後，中國文化就一直走下坡路，便會更加感歎東坡自由活潑的精神氣質的可貴。由伊川到考亭（朱熹），這一脈的學問適合社會佔多數的中人，卻必然會束縛上智天才的發展。中才之士，固然需要哲學家以禮規範其行為，而如果一個社會沒有給詩性生命留下空間，整個社會就會愈來愈板滯，不再有創造力，偶而有奇偉之士出現，也會很快被死氣沈沈的社會所吞噬。太白、東坡以後，再無太白、東坡，理學盛行，大抵是不能辭其咎的。

宣仁太后去世，哲宗親政，重新啟用新黨，東坡先貶英州，未到任文書又至，更貶往惠州，再貶海南儋州。元符三年，哲宗去世，徽宗登基，大赦天下，東坡得以北還，寫下了他一生最感人的詩句：

餘生欲老海南村。帝遣巫陽招我魂。杳杳天低鶻沒處，青山一髮是中原。

這首詩，沈鬱蒼涼，驚心動魄，可惜在東坡的全部作品裏，難得一見。坡詩想像奇瑰，善用譬喻，句法又特別活，偏偏感人者少。何以故？因為東坡實在太聰明了，他兼修莊釋，把人生看得太透，所以痛苦還來不及沈澱，就已被他先行化解了。如他的名作《和子由澠池懷舊》，中有「人生到處知何似，應似飛鴻踏雪泥。泥上偶然留指爪，鴻飛那復計東西」這樣的句子，這種隨處而安、萬有皆幻的人生觀，雖然能給他帶來內心的平靜，卻註定了他不能成為一流的詩人、詞人。他常在詩詞中給自己心理暗示，讓自己不要直面痛苦，如：「此生天命更何疑。且乘流、遇坎還止」（《哨遍》）、「此心安處是吾鄉」（《定風波》）、「百年裏，渾教是醉，三萬六千場」（《滿庭芳》），順生達觀，固然宜於眾口，但惟有悲觀的心靈，纔可能通向深刻，詩詞都是以深沈蘊藉為至美的。東坡是人格完美無缺、真正中庸的君子，這樣的人，交朋友是一流，為官從政也是一流，做散文家也是一流，卻不適於做詩人、詞人，詩詞是惟有遺世獨立的畸人、狂狷之人，纔可能寫到極致的。

定風波

三月七日，沙湖道中遇雨，雨具先去，同行皆狼狽，余獨不覺。已而遂晴，故作此詞。

莫聽ㄊㄧㄥˋ穿林打葉聲。何妨吟嘯且徐行。竹杖芒鞋輕勝馬，誰怕，一蓑煙雨任平生。　料峭春風吹酒醒，微冷，山頭斜照卻相迎。回首向來蕭瑟處，歸去，也無風雨也無晴。

這首《定風波》，是最有東坡個人風格的一首詞。詞中傳達的莊子齊物的哲學觀，也是一種如人飲水、冷暖自知的禪機。「也無風雨也無晴」，意味著面對人生境遇的順逆，寂然不動於心，這種境界固然能給人以理性上的超拔，卻難以給人情感上的震盪。一句話，詞中的境界要靠讀者來悟，卻不是讓讀者直感。所以它算不上第一流的詞品。清末詞人鄭文焯評此詞曰：

此足徵是翁坦蕩之懷，任天而動。琢句亦瘦逸，能道眼前景。以曲筆直寫胸臆，倚聲能事盡之矣！

我不能同意「倚聲能事盡之矣」的說法，而坦蕩之懷、任天而動的人生態度，更是詩歌的大敵，因為這樣就少了詩的靈魂：濃摯的情感、充沛的激情和執著的情懷。

我以為，讀蘇詞當看他沈鬱低回處，而不當看他豪邁高曠處。東坡生命的底色，本也是沈鬱的、痛苦的，衹是大多數時候，他用莊情釋理，把這一底色掩住了。

木蘭花令・次歐公西湖韻

霜餘已失長淮闊。空聽潺潺清潁咽。佳人猶唱醉翁詞，四十三年如電抹。　草頭秋露流珠滑。三五盈盈還二八。與余同是識翁人，惟有西湖波底月。

這首緬懷恩師歐陽修的作品，寫得淒厲哀涼，備見東坡性情之厚。詞一開篇，先借深秋清寒逼仄的景致寫入，以景烘情。淮河水勢，因秋季水少，已顯得狹窄逼仄，惟有潁水潺潺，似替人嗚咽。恩師長已矣，他的詞作，卻仍被美麗的少女曼歌，詞人念及年少見知於歐公，深得恩師青賞，必然想起歐公對他的叮囑：「我所謂文，必以道俱。見利而遷，則非我徒。」（《祭歐陽文忠公文》）歐陽修於宋仁宗皇祐元年知潁州，作《玉樓春》詞，至元祐六年蘇軾知潁著此詞，恰好四十三年。蘇軾自齠齔之年，即崇敬歐公，「童子何知，謂公我師。晝誦其文，夜夢見之。」（同上）於蘇軾而言，這四十三年顛沛造次，不違於仁的人生，如露如電，在心頭閃過，那是何等銷魂、何等黯然的滋味！

過片用的是興的手法。興，是一種暗喻，詞人以草頭秋露、月相變更（三五，指十五日，二八，指十六日）暗喻生命的無常，恩師的音容笑貌，在東坡心中，自然是栩栩如生，而恩師與自己卻天人永隔，相見無期了！

詞的結尾，暗承「三五盈盈還二八」一句，謂祇有潁州西湖波底的明月，與我同是識得醉翁之人。天地如逆旅（客舍），人生如過客，詞人很清楚自己在宇宙中祇是一瞬間的存在，而明月卻終古長在，有一天自己的生命會終結，對恩師的緬懷也就盡成灰埃，但歐公的道德詩文，卻必將與明月亙古長在。

臨江仙

夜飲東坡醒復醉，歸來彷彿三更。家童鼻息已雷鳴。敲門都不應，倚杖聽江聲。　長恨此身非我有，何時忘卻營營。夜闌風靜縠紋平。小舟從此逝，江海寄餘生。

這首詞表面看來，非常曠達，飄然仙舉，實際上那是一種深層的無可奈何。詞人被貶黃州，無法超脫人生的苦難，他的理想是「小舟從此逝，江海寄餘生」，像范蠡一樣歸隱，以求得身心的自由，傳言，又是喫驚，又是害怕。要知東坡被謫黃州，是政治犯的身份，太守有監守之職，於是急備車馬，到東坡居所，明為拜謁，實則監視。沒想到至其家，東坡鼻鼾如雷，尚未起床。不過，東坡潛逃的傳言，終於還是流布到京師，即使是宋神宗，讀了東坡這首詞，也不免懷疑。這又一次證明，真正懂得東坡、理解他的忠厚的人，實在太少了。

卜算子．黃州定慧院寓居作

缺月掛疏桐，漏斷人初靜。誰見幽人獨往來，縹緲孤鴻影。　驚起卻回頭，有恨無人省。揀盡寒枝不肯棲，寂寞沙洲冷。

這首小令，同樣是東坡詞當中的精品。它的外在氣質很清空，而內裏則非常沈鬱，堪稱外禪而內儒。他以孤鴻自況，延續了唐代詩人張九齡「孤鴻海上來，池潢不敢顧」的生命精神，表明自己不肯降志違道、諂上取利的高潔情懷。當代學者張海鷗先生認為，鴻，是東坡的生命圖騰，象徵著自由、高潔，循此解讀，自然能破解此詞的意象密碼。

在全部的《東坡樂府》中，我尤其偏愛這一首：

八聲甘州．寄參寥子

有情風萬里捲潮來，無情送潮歸。問錢塘江上，西興浦口，幾度斜暉。不用思量今古，俯仰昔人非。誰似東坡老，白首忘機。　記取西湖西畔，正春山好處，空翠煙霏。算詩人相得，如我與君稀。約他年、東還海道，願謝公、雅志莫相違。西州路、不應回首，為我霑衣。

此詞作於元祐六年（一〇八三），作者由杭州太守起復，召為翰林學士承旨。方外好友參寥子趕來送行，東坡遂作此詞以贈。詞人名場閱歷，長久遭受傾軋，已如驚弓之鳥，心裏充滿了憂懼，這個時候，歸隱的情志也就接近臨界點，所謂「謝公雅志」，是指歸隱東山之志。東坡與這位年輩低於自己的方外小友相約偕隱，但此去京師，宦途險惡，東坡不知自己是否能全身而退，故而反來寬慰參寥子：倘使我竟遭不測，你不必像羊曇對謝安一樣，在西州城門為我淚濕衣襟。《晉書》記載，謝安外甥羊曇，非常愛戴舅父，謝安病重時是被人抬著從西州門還京的，他去世後，羊曇不忍過西州路，有一天大醉經過，痛哭了一場乃去。東坡在這裏用了一個獨特的修辭術，我稱之曰以寬語寫悲情，即用故作放達的寬慰語，寫出最深摯的哀慟。全詞一氣貫注直下，更不用曲筆、逆筆，卻如杜鵑啼夜月、響空山，淒厲已極。前人評此詞有四字，曰「骨重神寒」，骨重，是痛苦程量之宏，神寒，是風格的沈鬱，這四字確實是對這首詞極精當的評價。

水調歌頭

丙辰中秋，歡飲達旦，大醉。作此篇，兼懷子由。

明月幾時有，把酒問青天。不知天上宮闕，今夕是何年。我欲乘風歸去，又恐瓊樓玉宇，高處不勝寒。起舞弄清影，何似在人間。　轉朱閣，低綺戶，照無眠。不應有恨，何事長向別時圓。人有悲歡離合，月有陰晴圓缺，此事古難全。但願人長久，千里共嬋娟。

這首詞和《念奴嬌．赤壁懷古》，大概是東坡最有名的兩首詞作了。此詞作於熙寧九年（一○七六），東坡在密州任上。其時東坡貶謫在外已有五六年，神宗皇帝開始懷疑新法之效，對舊臣未免思念，詞人感受到了一股政治暖流，心中酣暢，遂有這一篇千古絕唱。「不知天上宮闕，今夕是何年」是說不知朝廷時局如何，「我欲乘風歸去」是說想重新回朝輔弼神宗，「又恐瓊樓玉宇，高處不勝寒」是說朝廷政治波詭雲譎，不是自己所能應付得了的，「起舞弄清影，何似在人間」則是說不如遠離政治中心，全身避害吧。神宗讀到這首詞，已是烏臺詩案後東坡被謫黃州之時。他一下子讀懂了此詞背後的寄託，慨歎「蘇軾終是愛君」，次年，即下詔東坡量移（根據表現陞遷）汝州。

寄託，是詩詞中用優美的意象，來做政治性的隱喻的手法。清代詞論家周濟認為，一首好詞，應當是「非寄託不入，專寄託不出」。意即如果填詞祇是局限於傷春悲秋，歌紅偎翠，詞境不可能高，詞心不可能深，但如果一首詞祇能做政治性的解讀，又會喪失詞本身所必須具備的芳馨悱惻之美。這首詞的高明就在於，即使你完全不明白背後的寄託，依然會為之感動。我們姑且對它做一番哲理化的解讀——

「明月幾時有，把酒問青天。」這是對宇宙原初、陰陽肇始的詰問。詞人在現世有著終生無法解脫的痛苦，他不得不向天追詰痛苦的根源。

「不知天上宮闕，今夕是何年。」人間無窮的歲月，在天上或許祇是一瞬，那彼岸的世界究竟如何？人類又能否憑藉智慧而到達彼岸？

「我欲乘風歸去，又恐瓊樓玉宇，高處不勝寒。」詞人夢想乘著罡風，登入天上的宮闕，卻懷疑神仙之說，事屬虛無，更隱藏著一種深刻的質疑：難道太上忘情，沒有任何痛苦的人生，就是真正值得追求的人生嗎？

「起舞弄清影，何似在人間。」人世儘管有著無窮的負累、無盡的痛苦，然而，它卻是那樣地真實，也許惟有勇於直面、敢於咀嚼苦難的人生，纔是完滿的人生吧！

過片「轉朱閣，低綺戶，照無眠」三句，是說月光轉過朱閣，斜穿進綺窗，照著無眠的人們。

「不應有恨，何事長向別時圓。」則是說明月本無心，應該不會如人類般懷有悵恨，可是牠又因為什麼，對人類產生深切同情，以至於長在人們別離之時，呈現一輪光滿呢？

「人有悲歡離合，月有陰晴圓缺，此事古難全。」連天上的月亮都有陰晴圓缺，人又怎會沒有悲歡離合？這纔是真實的人生。

「但願人長久，千里共嬋娟。」人生的全部智慧，就在於等待和希望，無論人生是怎樣的痛苦，我們終究要有尊嚴地走完它。

南宋王灼《碧雞漫志》評論坡詞，曰：「東坡先生非心醉於音律者，偶爾作歌，指出『向上一路』，新天下耳目，弄筆者始知自振。」近人饒宗頤先生指出，「向上」語原見《傳燈錄》：「寶積禪師上堂示眾曰：『向上一路，千聖不傳，學者勞形，如猿捉影』。」他認為，如以禪喻詞，一種人的詞是求懺悔，另一種人的詞是求解脫，求懺悔是消極的禪心，僅以聊以慰釋，求解脫故詞境高敻，卓然能開新天地。在饒先生看來，東坡當然是求解脫的代表。然而，我以為東坡詞境佳勝處，既不在於他的求懺悔——他沒有需要懺悔的地方，到生命最後一刻，他仍自信「吾生無惡，死必不墜」；也不在於他的求解脫——他努力追求過，「我欲乘風歸去」，卻還是放棄了；東坡詞境之佳勝，在於他執著地選擇了放棄解脫，「起舞弄清影，何似在人間」。

在人間。

春路雨添花 花動一山春色
行到小溪深處 有黃鸝千百
飛雲當面化龍蛇 夭矯轉空碧
醉臥古藤陰下 了不知南北
乙未年白露於京

過嶺句，高古異前時。慧業未容償綺債，
飛雲當面化虬螭。心事指黃鸝。

右秦太虛

秦觀

一生懷抱百憂中

郴江不盡少年心。誰復癡懷捧淚吟。
孤館來當風雨暮，累予從此絕登臨。

上詩是我一九九九年登郴州蘇仙嶺，憑弔少游所作。時方初秋，暑威漸退，雨絲綿綿，織愁如幕。我雖明知嶺上的「少游驛館」祇是後人倣建，但館內陳設，頗存古意，飛塵暗積，悄無旁人，仍不自禁感到一陣淒涼。昔清代大詩人龔自珍離京南下，女兒阿辛捧淚吟誦馮延巳詞再四，謂能明詞中之旨，我想，大概宋代以後，也該有無數多情的少女，在香閨中幽吟少游的「霧失樓臺，月迷津渡」，灑一掬千秋之淚吧！

蘇仙嶺因傳說漢代蘇耽於此山修煉得道而得名，嶺上復有古跡曰「三絕碑」，鐫的是宋代書法家米芾所書少游的名作《踏莎行．郴州旅舍》。詞中「郴江本自繞郴山，為誰流下瀟湘去」二語，東坡絕愛之，書於扇面，終日諷誦。少游歿後，東坡於扇面後續一跋語，云：「少游已矣，雖萬人何贖。」米芾亦引而書之，一碑而有秦詞、蘇跋、米元章法書，故名三絕。三絕碑所書少游詞，與今天所見的通行本頗有不同，全詞云：

霧失樓臺，月迷津渡。桃源望斷知何處。可堪孤館閉春寒，杜鵑聲裏殘陽樹。　驛寄梅花，魚傳尺素。砌成此恨無重數。郴江本自繞郴山，為誰流下瀟湘去。

宋時樹曙同音，據宋人筆記記載，今通行本「杜鵑聲裏斜陽暮」，是為避宋英宗趙曙諱而改。可知米芾所書，當為少游原稿。好友羅豔女士，是湘昆劇團的當家閨門旦，我曾聽她清唱此詞，哀怨中見出淒厲與堅韌，的確唱出了少游婉約而又不失風骨的詞境。

少游這首《踏莎行》，歷來評價極高，被認為是《淮海詞》中的壓卷之作。不僅東坡愛不能置，少游的好友、同為東坡門下的黃庭堅也認為，此詞意境，頗似唐代詩人劉禹錫遷謫楚蜀之間的詩作。王國維則評論說：「少游詞境最為淒婉。至『可堪孤館閉春寒，杜鵑聲裏斜陽暮』，則變而淒厲矣。」這首詞是少游由湖南郴州再貶廣西橫州所作，旅況淒涼，心情積鬱，遂成此淒婉中寓悲憤的絕構。

詞的前三句，是說夜色淒清，月光和霧氣籠罩住了大地，看不見樓臺人影，尋不著放舟的津渡，詞人理想中的桃花源又在哪裏呢？「可堪孤館閉春寒」二句，暗承「桃源望斷知何處」，以羈旅生涯的辛苦無奈，對照理想的空幻邈遠。春寒料峭，詞人獨坐驛館，無心行路，祇是聽著杜鵑淒切的悲啼，看著落日冒在高樹之間，其心情的哀怨幽咽，自可想見，而著「可堪」二字，更加重意象的表現力。

過片「驛寄梅花，魚傳尺素」用了兩個典故。陸凱在江南，思念長安友人范曄，遂折梅託驛使相寄，并附絕句一首：「折梅逢驛使，寄與隴頭人。江南無所有，聊贈一枝春。」「魚傳尺素」則化自漢蔡邕《飲馬長城窟行》：「客從遠方來，遺我雙鯉魚。呼兒烹鯉魚，中有尺素書。」詞人用這兩個典故，是表示對在他失意牢愁之際，不離不棄，致書寄物安慰他的友人的感激。「砌成此恨無重數」，是說同是天涯淪落，苦況相形，更增哀怨。人類情感的程度，本是不可量、不可測的，而用了一個「砌」字，就把不可量、不可測的情感變得具象化，彷彿那些愁懷恨緒，都是一塊塊的磚石，砌成一堵高牆，遮住了來時的路，也遮住了未來的希望。

一結「郴江本自繞郴山，為誰流下瀟湘去」，通行本作「幸自」，詞意上更圓熟，卻缺少了原稿無可奈何的幽怨情致。「郴江本自繞郴山」，意思是郴山郴水，本自相依，隱喻詞人對朝廷的眷眷之懷，「為誰流下瀟湘去」，則謂詞人對朝廷原是忠悃一片，卻如三閭大夫一樣，橫遭流放。這兩句詞所表達的情感，是站在同一陣營、同遭政治打擊的東坡與少游所共有的，宜乎東坡寫於扇面，諷詠不置了。

少游，名觀（ㄍㄨㄢ），高郵秦氏子，號太虛，又號淮海居士，詞集名《淮海居士長短句》。《宋史・文苑傳》說他「少豪雋，慷慨溢於文詞。舉進士，不中。強志盛氣，好大而見奇，讀兵家書，與己意合」，可見他少年時原是豪俠之氣十足的慷慨之士，他愛讀兵書，大概是想學習他的祖上，統將領兵，馳騁沙場。少游後來仍以文士出身，是受東坡的影響。他第一次見東坡，是在徐州，東坡讀了這位小自己十三歲的才人所作的《黃樓賦》，大加青賞，說他有屈原、宋玉之才，并把他介紹給王安石，王安石也非常欣賞少游詩，認為他詩風清新俊逸，彷彿南朝的鮑照、謝朓。東坡勸他應舉讀書，掙取功名，以奉養父母，少游這纔應試登第，做了定海主簿、蔡州教授。

到了哲宗元祐初年，東坡重新入朝，就力薦少游，遂入翰林，任太傅博士兼國史院編修官，與黃庭堅、晁無咎、張耒并稱蘇門四學士。好景不常，宣仁太后去世，哲宗親政，改年號為紹聖——紹述父親宋神宗的偉光正，重行新法，於是東坡等人，一體遭黜，少游先貶往杭州任通判，不久又貶為監處州（今浙江麗水）酒稅，再貶郴州、橫州、雷州，雖然名義上仍是官員，卻是戴罪的打入另冊的「犯官」。

徽宗登基後，大赦天下，少游被起復為宣德郎，這是一個正七品的小官，但終於可以放還北歸了。回京途中路過藤州（今廣西藤縣），遊華光寺，與人講自己夢中所作的一首長短句，覺得口很渴，便讓僕人給他打水，水至，少游一笑而卒。

少游的這首夢中所得之作，作於他紹聖二年春貶任監處州酒稅之時，調寄《好事近》，詞云：

春路雨添花，花動一山春色。行到小溪深處，有黃鸝千百。　飛雲當面化龍蛇，夭矯轉空碧。醉臥古藤陰下，了不知南北。

也許，冥冥之中的確存在著一種不可知的力量，從出生的那一秒算起，我們每一個人的命運，都是被這個力量規定好了的。為什麼少游不早不晚，偏偏在他臨終前想起了這首詞？黃庭堅感慨，詞中有「醉臥古藤陰下，了不知南北」之語，而五年後，少游真的死於藤州光華亭上，認為這首詞堪稱詞讖，預兆著少游的最終命運，這一看法不為無因。

但是，如果我們對少游的人生多一層瞭解，對於這首詞與少游生命之間的玄妙關係，便會有另一種解釋。

少游一生，因見知於東坡而得意，亦因見知於東坡而迭遭貶謫，他身故以後，列名《元祐黨人碑》，在「餘官」的名單裏，名居第一。他的後代，也就像其他元祐黨人一樣，很長時間內成為政治上的賤民。傳說靖康二年，金人攻破汴京，擄劫徽欽二帝及官員後宮、子女財帛，有一被俘女子，自云是少游的女兒，於路邊題詩曰：「眼前雖有還鄉路，馬上曾無放我情。」讀到的人都覺得非常淒惻。

當時一般人對少游的印象，好一點是說他豪宕、疏蕩，而與東坡積不相能的洛黨一邊的人，就直接指斥他猥薄。

詩人陳師道——我認為他與王安石的詩，代表了宋詩的最高成就——曾與少游一起，被黃庭堅寫入詩中：「閉門覓句陳無己，對客揮毫秦少游。」無己是師道的字，他每當靈感來了得句，就閉門上榻，以被蒙頭，摒絕喧囂，以續成完篇，謂之吟榻。這是一位人格偉岸高峻的真詩人，東坡數欲引為門下士，他雖敬慕東坡，卻表示，自己已敬曾鞏為師，歉難從命；無己與新黨的趙挺之是連襟，有一次要參加郊祀，無己家貧無綿衣可著，妻子就向趙挺之家借了皮裘，無己知道是趙家的皮裘，堅不肯著，終因寒疾而斃。這位趙挺之，是金石家趙明誠的父親，女詞人李清照的公公，他對自己的親家翁，列入元祐黨人的李格非，打擊起來毫不留情。陳師道取人以道不以親，人格之峻潔，遠過於他的偶像杜甫，杜甫還經常「朝扣富兒門，暮隨肥馬塵。」

陳無己的「閉門覓句」與秦少游的「對客揮毫」，看似截然相反，實則一脈相承，他們都是祇肯活在自己世界的大兒童，都是持「為己之學」的真詩人。「對客揮毫」，用今天的話來說就是愛在人前顯賣，人越多，少游也就越興奮，越迫不及待要展露自己的才華。而這種行為在中國的文化環境中，是會被很多人反感的。

史學家班固稱這一行為作「露才揚己」，中國文化從來就不鼓勵露才揚己的狂者，一個多血質的、性格外向活潑的人，生活在中國，會時常感到窒息。這種文化環境還會增加露才揚己之人的逆反心理，他們的創造力得不到正常的宣洩，於是往往會做出驚世駭俗的行徑，更加強化一般人對他們的反面認識。這種反精英的文化傳統，是中國近代落後於西方民族的根源。

在少游有限的生命當中，一個經常來自其他黨派陣營的攻擊就是猥薄。何謂猥薄？用新中國的話來說，就是生活作風不檢點。少游元祐三年（一〇八八）被召進京，正遇上程頤的洛黨與蘇軾的蜀黨鬭爭得很激烈，未得入館職。元祐四年范純仁罷相知許州，薦備著述科，次年入祕書省校對黃本書籍，元祐六年（一〇九一）七月，因御史中丞趙君錫推薦，朝廷任命少游做祕書省正字，洛黨御史賈易與蘇軾仇隙極深，抓住少游的生活作風問題大做文章，八月朝廷取消了對他的任命。直至元祐八年

（一〇九三）六月，纔重新委任他做祕書省正字，然其時仍有御史黃慶基劾奏少游「素號猥薄」。

少游被洛黨的人攻為「素號猥薄」，大概與他的雄性腺發達有關。他長著一部濃密的大鬍子，比著名的東坡髯還要豐茂。所以晁無咎詩云：「高才更難及，淮海一髯秦」。邵博《聞見後錄》記載：少游在東坡席上，有人調侃少游鬍鬚太茂盛，少游就用《論語》的話回敬：「君子多乎哉？」意思是君子會嫌自己的鬍鬚長得濃嗎？東坡也引《論語》的話調侃他：「小人樊須也。」樊須是孔子的學生樊遲ㄓˊ，須和遲都是等待的意思，「樊須」諧音「繁鬚」，東坡這是用諧音戲謔。本來就以長髯著稱的東坡，竟然會戲謔少游的鬍子，可見其雄性腺的發達是在東坡之上的。清代大詞人陳其年，身材短小，而絕多髯，好聲色，詞風霸悍，駢文富氣勢，也是雄性腺過分發達的緣故。

早年的少游，曾因事繫獄，并且案情特別重大，關在詔獄（奉詔命關押犯人之所）裏。據少游自述，「觀自去歲入京，遭此追捕，親老骨肉亦不敢留。鄉里治生之具，緣此蕩盡。」今其事已不可考，或者與所謂的「猥薄」有關。

南宋王灼《碧雞漫志》云：「張子野、秦少游，俊逸精妙。少游屢困京洛（首都），故疏宕之風不除。」把他與前輩詞人張先并列，認為他倆都是私生活不太檢點，常留連於聲色場所的疏宕超奇之士。他的這種疏於檢點的生活作風，引起了道學家朱熹強烈的憤慨。朱熹學承濂（周敦頤）洛（程顥程頤），對東坡這一脈的詩性人格，非常看不過眼。他說，東坡的那一套思想，那一套治國方略，假使真能實行，大宋朝也未必能向好。他認為，跟著東坡的全是有名的輕薄之人，行為失檢，這其中秦少游又最糟糕。朝廷諸大臣，信任東坡，對東坡舉薦的人，一點也不加以磨勘詳察，要是這些人都聚集在朝廷之上，天下何由致太平？朱熹說東坡自己作風便不謹慎，跟著東坡的人也像他一樣，豈不是把天下事弄得一團糟嗎？幸好東坡掌握權力時間無多，很多敗壞朝政的事還來不及做出來，加上後來新黨小人用事更加糟糕，纔顯出東坡不壞。

還沒有完，朱熹接著又說，東坡上臺不多久就排廢了許多端人正士，而接引來朝的都是不自律的人。就說秦觀與黃庭堅吧，這二人雖然懂得向上，還是太自由散漫了。又道，東坡總是罵王安石，王安石固然有問題，但是假如蘇軾做了宰相，引得秦觀、黃庭堅這一隊人進來，壞得更猛。

朱熹的見解，代表了社會一般人對才智超卓之士的根深蒂固的偏見，也是洛學對曇花一顯的蜀學的蓋棺之論。中國的文化環境要求人人做道德聖人，卻缺乏對天才的基本的寬容。蜀學和洛學，都是對儒學的繼承與發展，但蜀學偏重人本，強調真淳的性情是為仁為學之根本，洛學卻更注重對外在的禮法的恪守。二程門人，攻蘇門之士「素號猥薄」，蘇門之士，大概看二程門人多是偽君子。東坡重仁（心之全德曰仁）不重禮，他接引秦觀、黃庭堅這些人，正是因為他看到秦、黃性情的純粹，相信他們一定可以為民請命，治己治人。

洛學宗風，重視道德，然而掄才以德，缺乏可操作性，因為人類沒有發明倪匡小說裏的思想儀，可以在委任國務之前瞭解一個人的內心。這樣擢拔出的人，偽君子佔了很大的比例。其中當然也有真君子，卻多是平時袖手談心性，臨危一死報君王，無當國用。文章詩賦就不一樣，它在行家看來，是絕對做不了偽的。所以少游縱然少年時疏宕失檢，天性卻極純良。也正因其性情真醇，纔能與東坡結成生死患難之交，為之顛沛坎壈，終生不易。

《道山清話》裏記載了這樣一個故事：

少游遭貶南遷，行在郴州道上，天下起了雨。有一在秦家多年的老僕滕貴，在後面管押行李。因道路泥濘，輜重難行，少游就在前面路邊人家簷下等候。過了很久，滕貴纔蹣跚拄拐趕到，他滿腹牢騷，沖著少游道：「學士！學士！他們取了富貴，做了好官，不枉了恁地。你做了什麼來陪他們，波波地打閒官，方落得甚聲名！」大意是東坡兄弟終究做到很大的官，就算再遭貶謫，也算夠本了，你幹嘛要跟他們混，祇做了個清水衙門的閒官，現在又是什麼下場？氣得連飯都不肯喫。少游祇好陪著笑臉，再三勸他：沒奈何！（我也是沒辦法啊！）滕貴怒氣不息，道：「你也曉得沒奈何！」

滕貴說的是宋時白話，「波波」在唐宋俗語中是奔波之意，「波波地打閒官」就是做了個勞碌奔波的無權小官；另外「波波」可能是波波吒吒、波波查查的省略，意為波折，則「波波地打閒官」意為費盡磨折，也祇是做了個閒官。

少游何以說他的人生選擇是沒奈何？須知愈是詩性的人格，愈是鍾情，愈不肯降志取容，東坡既以國士待少游，少游亦惟有以國士報東坡，身竄南荒，九死不恨。

晉代王戎，兒子萬子夭折，他的朋友山簡來探視，王戎哭得不行，山簡說：小孩子不過是你抱在懷裏面的小玩物嘛，何至於此？王戎說：「聖人忘情，最下不及情；情之所鍾，正在我輩。」「情之所鍾，正在我輩」這八字正可以作為少游一生的注腳。少游鍾情而富於情，這也是一種天賦，不是所有人都會擁有的。

晉代還有一位王伯輿，曾官長史，登茅山（今屬江蘇鎮江），俯仰天地，放聲痛哭，道：「琅琊王伯輿，終當為情死！」少游同樣也是畢身跳不出「情」字，終為情死的至情至性之士。

清代詞論家馮煦評論說，少游所為詞「寄慨身世，閒雅有情思，酒邊花下，一往而深，而怨悱不亂，悄乎得《小雅》之遺，後主而後，一人而已」，更精當地指出，「他人之詞，詞才也；少游，詞心也。」以為雖子瞻之明儁，耆卿之幽秀，亦有所不及。所謂詞才，是指對於詞的體性的精深把握與嫻熟駕馭，而詞心卻是很難用語言描述的一個概念。大抵說來，詞心是一種幽怨悱惻不能自已的情思，惟有深刻領略絕望的滋味的人，纔是真詞人，纔是有詞心的詞人。《淮海居士長短句》情溢於辭，一往而深，這是由少游的性情決定的。

少游詞以情致見長。女詞人李清照說他的詞，「專主情致，而少故實，譬如貧家美女，雖極妍麗丰逸，而終乏富貴態。」大意是說少游詞情感濃摯動人，可惜很少運用典故及化用前賢詩句，這樣詞就不夠典雅。茲說未免過求，少游的長處，正在其通俗而不庸俗，真正做到文學最難的境界——雅俗共賞。

八六子

倚危亭。恨如芳草，萋萋剗盡還生。念柳外青驄別後，水邊紅袂分時，愴然暗驚。　無端天與娉婷。夜月一簾幽夢，春風十里柔情。怎奈向、歡娛漸隨流水，素絃聲斷，翠綃香減，那堪片片飛花弄晚，濛濛殘雨籠晴。正銷凝。黃鸝又啼數聲。

這是一首寫別意的詞。開頭「倚危亭。恨如芳草，萋萋剗盡還生」三句，神來之筆。斜陽、芳草、長亭、王孫，這些本來都是與別意相關的文化意象，詞人卻尋找到芳草與別恨之間幽微隱約的特殊聯繫——別恨就像是萋萋芳草，剗盡了，還會再生長出來。堪稱橫絕千古之妙思了。下片「夜月一簾幽夢，春風十里柔情」是千古名句，他化用了唐代詩人杜牧的詩意「春風十里揚州路」，深情眷眷，婉麗中含著幽峭。一結「正銷凝。黃鸝又啼數聲」學的是杜牧《八六子》結句「正消魂。梧桐又移翠陰」，而更具輕靈飛動之美。也暗用唐詩人戎昱之典：

> 韓晉公滉鎮浙西，戎昱為部內刺史。郡有酒妓，善歌，色亦閒妙。昱情屬甚厚。浙西樂將聞其能，白滉，召置籍中。昱不敢留，餞於湖上為歌詞「好是春風湖上亭。柳條藤蔓繫離情。黃鶯久住渾相識，欲別頻啼四五聲」以贈之，且曰：「至彼令歌，必首唱是詞。」既至，韓為開筵，自持杯，令歌送之，遂唱戎詞。曲既終，韓問曰：「戎使君於汝寄情耶？」妓悚然起立曰：「然。」淚下隨言。韓令更衣待命，席上為之憂危。韓召樂將責曰：「戎使君名士，留情郡妓，何故不知而召置之，成余之過！」乃十笞之。命妓與百縑，即時歸之。

用戎昱故事，是說與女主人公分袂，情痛猶如戎昱耳。「銷凝」是宋詞常用語，意謂「銷魂、凝望」。詞中有柳下辭別、水邊分袂的脈脈情愫，有飛花弄晚、殘雨籠晴的無奈悵惋，有對一簾幽夢、十里柔情的銷魂憶念，情景交煉，意在言外。

滿庭芳

山抹微雲，天黏衰草，畫角聲斷譙門。暫停征棹，聊共引離尊。多少蓬萊舊事，空回首、煙靄紛紛。斜陽外，寒鴉萬點，流水繞孤村。　銷魂。當此際，香囊暗解，羅帶輕分。謾贏得、青樓薄倖名存。此去何時見也，襟袖上、空惹啼痕。傷情處，高城望斷，燈火已黃昏。

這首詞是少游的名作。他因此詞，被稱作「山抹微雲秦學士」，與「曉風殘月柳屯田」齊名。但這首詞其實是一首寫眾人之情的樂府，卻不是真正意義的文學。不過，少游天生濃摯得化不開的情感，投射到詞中，品格自高，與周邦彥那種寡澹乏情的詠眾情之作是很有區別的。

詞的開篇，向我們展示了一幅秋日黃昏淒清冷落的畫卷，用以映襯別情之慘。「暫停征棹，聊共引離尊」一句，「聊」字特妙，意謂本沒有心意，姑且還是安排離筵，飲酒分別吧。「多少蓬萊舊事」用的是《神仙傳》中的典故。仙女麻姑說：「接侍以來，已見東海三為桑田。向到蓬萊，水又淺於往者會時略半也。」用這個典故，是喻指相聚日少，歡會易散，至今思之，恍如滄桑鉅變。「斜陽外，寒鴉萬點，流水繞孤村」，從隋煬帝詩「寒鴉飛數點，流水繞孤村」化出，但少游的改作顯然更勝原作，他把原詩靜態的圖像變成了一種動態的畫面，所以尤其感人。

過片以一短韻「銷魂」轉接。「銷魂」用的是江淹《別賦》中的名句：「黯然銷魂者，惟別而已矣！」古人分別時，有脫下貼身衣物，解下身上飾物互贈的習俗，這三句寫的是分別時脈脈含情的感覺。「謾贏得、青樓薄倖名存」，化自杜牧詩「十年一覺揚州夢，贏得青樓薄倖名」，「謾」，是空自、徒然的意思，意謂本無心離別，而不得不行，徒然在青樓姊妹中留下薄倖的壞名聲。「此去何由見也，襟袖上、空惹啼痕」，衹問不答，備見高明。一結以景語代情語，餘味不盡。這首詞的每一句，都十分地淺，十分地澹，但在淺澹中又有哀婉的情致，故而為難。

鵲橋仙

纖雲弄巧，飛星傳恨，銀漢迢迢暗度。金風玉露一相逢，便勝卻、人間無數。　柔情似水，佳期如夢，忍顧鵲橋歸路。兩情若是久長時，又豈在、朝朝暮暮。

這是一首詠七夕節令的名作。七夕是女兒節、乞巧節，傳說是日女子備瓜果拜雙星，可得手巧。「纖雲弄巧」，即寓此意。詞人借每年七夕，喜鵲填河，牛郎、織女短暫相聚的民間故事，寫出他對於愛情深刻的見解。這首詞相對於少游的一般之作，多了一層理性的思索，因而詞境也就更深婉。詞人把牛郎、織女的情感抽繹為人世間所有癡心情侶所共有的情感，「金風玉露一相逢，便勝卻、人間無數」是對真愛摯情的崇高禮讚，更是對人間負心薄倖之輩的有力鞭撻。「兩情若是久長時，又豈在、朝朝暮暮」，是情至極致之語，也是徹悟愛情之語。這首詞，少游不是用來禮讚牛郎、織女的愛情，而是用來禮讚愛情本身。

鍾情之人，用今天的話說，就是情商低。少游的情緒易受外物影響而波動，前人筆記已有記載。

《詩話總龜》云：

秦少游始作蔡州教授，意謂朝夕便當入館（指做翰林學士），步青雲之上，故作《東風解凍詩》云：「更無舟楫礙，從此百川通。」已而久不召用，作《送張和叔》云：「大梁豪英海，故人滿青雲。為謝黃叔度，鬢毛今白紛。」謂山谷也。（黃叔度是東漢賢士，此處指代黃庭堅。山谷是庭堅的號。）說者以為意氣之盛衰一何容易。

說他「意氣之盛衰一何容易」，其實就是批評他情商低下，情緒特別容易受影響，不能自控。

宋代曾敏行《獨醒雜誌》記載，少游被謫廣西藤州，心情怏怏不樂。一次赴衡陽探望他的友人，衡陽太守孔毅甫。毅甫款待至誠，但少游還是開心不起來。有一天在太守的公寓飲酒，少游忽動詞興，為毅甫填了一闋《千秋歲》，中有「鏡裏朱顏改」之語。毅甫以為不祥，忙道：「少游你方當盛年，怎麼寫出這麼悲愴的話來？」遂依原韻和了一首《千秋歲》，詞中溫意款款，勸解少游。少游留數日別去，孔毅甫把他直送到郊外，又叮嚀終日，而少游憂意終不少減。毅甫回到衡陽郡中，與身邊人說，少游氣貌與平時大大不同，我估計他將不久於人世了，果然，沒過多久，少游就在光華亭身化了。

這首《千秋歲》，全詞如下：

水邊沙外。城郭春寒退。花影亂，鶯聲碎。飄零疏酒盞，離別寬衣帶。人不見，碧雲暮合空相對。　憶昔西池會。鵷鷺同飛蓋。攜手處，今誰在。日邊清夢斷，鏡裏朱顏改。春去也，飛紅萬點愁如海。

詞的上片，借敘寫眼前景物，引逗出離別之情。「碧雲暮合空相對」，化用南朝詩人江淹的名句：「日暮碧雲合，佳人殊未來。」意思是想像與孔毅甫分手後，彼此眺望天際，相思無極。過片「西池」指京師名勝金碧池，由貶謫身世，追想當日京洛緇塵，在都中度過的快樂時光。這兩句也是對曹植《公宴詩》「清夜遊西園，飛蓋相追隨」的化用。「攜手處，今誰在」六字非常有力，是對被斥的蜀黨友人的深切思念。「日邊清夢斷，鏡裏朱顏改」對仗極工，「日邊」，指皇帝身邊。蜀黨諸人，一心為民請命，為君分憂，卻遭到重新執政的新黨的無情打擊，而詞人也感到自己的身體在逐漸走下坡路了。一結「春去也，飛紅萬點愁如海」，天生名雋，情至濃，意至深，與後主的「問君能有幾多愁。恰似一江春水向東流」「流水落花春去也，天上人間」同其沆瀣。

以今天科學觀點解釋，少游自貶謫後，已經得了非常嚴重的抑鬱症，抑鬱症是世間最可怕的一種病，得了這種病的人，了無生趣，很難走得出來。他大概也早預料到了自己的生命瀕近凋零，曾自作挽詩一首：

嬰釁徙窮荒，茹哀與世辭。官來錄我槖，吏來驗我屍。藤束木皮棺，槁葬路傍陂。家鄉在萬里，妻子天一涯。孤魂不敢歸。惴惴猶在茲。昔忝柱下史，通籍黃金閨。奇禍一朝作，飄零至於斯。弱孤未堪事，返骨定何時。修途繚山海，豈免從闍維。荼毒復荼毒，彼蒼那得知。歲晚瘴江急，鳥獸鳴聲悲。空蒙寒雨零，慘澹陰風吹。殯宮生蒼蘚，紙錢掛空枝。無人設薄奠，誰與飯黃緇。亦無挽歌者，空有挽歌辭。

淒厲哀斷，不忍卒讀。這是抑鬱症患者的無奈絕望的最後呼喊，而他一生最欽敬的風義兼師友的東坡，卻并不能理解這一點。東坡以為這是少游「齊生死，了物我，戲出此語」，顯然對少游內心的恐懼、絕望、黑暗，缺乏同情之瞭解。這也難怪，東坡的心靈太健康，理解不了抑鬱症患者的痛苦。反而是《苕溪漁隱叢話》的作者胡仔，評價得比較到位：「若太虛者，情鍾世味，意戀生理，一經遷謫，不能自釋，遂挾忿而作此辭。」意思是少游鍾情太甚，他對紅塵濁世有過多的眷戀，貶官以後，心結不能自我開解，心懷忿恨，纔寫出這首自挽辭，哪裏是真的能「齊生死，了物我」呢？胡仔說少游是挾忿而作，也是不確的，少游心中倘有忿恨，也就不會抑鬱了，他是絕望，連忿恨都不會有的絕望。

情深者必不壽，鍾情之人，也不適合官場的文化。有詞心的少游，做起官來，當然是「沒奈何」。他會對老百姓很好，卻絕對不可能被任何一種官僚體制所接納。這樣的人，無論生在哪一個時代，都會是一場悲劇。

淮海詞歷史上評價很高，如同門晁無咎云：「近世以來作者，皆不及秦少游。如『斜陽外，寒鴉萬點，流水繞孤村』，即使是不識字的人，也知是天生好言語。」南宋詞人張炎則說：「秦少游詞，體製澹雅，氣骨不衰，清麗中不斷意脈，咀嚼無滓，久而知味。」都是深到的知味之言。陳師道以為秦詞在蘇詞之上：

> 退之以文為詩，子瞻以詩為詞，如教坊雷大使之舞，雖極天下之工，要非本色。今代詞手，惟秦七、黃九爾。

雷大使，是宋代教坊藝人雷中慶，他的舞蹈大概走的是陽剛一路，與傳統舞伎偏於柔美的舞姿不同。後山（陳師道號）以為，唐詩人韓愈（退之）是用文法來寫詩，東坡則是用詩法來填詞，雖然風格卓異，卻不符合文體本來的體性，祇有少游與山谷，纔是真正的詞家作手。這是非常有見地的說法。

後山還說：「蘇子瞻詞如詩，秦少游詩如詞。」這話前半我認同，後半則須當辨正。我們讀少游的詩集，集中像「有情芍藥含春淚，無力薔薇臥曉枝」（《春日五首》）那樣，被金代詩人元好問嘲笑為「女郎詩」的，其實并不多見。像「寶師本巴蜀，浪跡遊淮海。定水湛虛明，戒珠炯圓彩。飄零鄉縣異，晼晚星霜改。明發又西征，孤帆破煙靄」（《送僧歸遂州》）、「向晨結束事長途。利風刮面冰在鬢。岡窮得水馬不進，霧暗失道人相呼。悠悠旁舍見汲井，軋軋隔林聞挽車。遊目騁懷自可樂，勿憶鄉縣增煩紆」（《馬上口占》）這樣的詩，何嘗不是風格遒上？像「預想江天回首處，雪風橫急雁聲長」（《次韻參寥見別》）、「不將俗物礙天真。北斗已南能幾人」（《別子瞻》）、「一代衣冠埋石窆（ㄅㄧㄢˇ），千年風雨鎖梅梁」（《謁禹廟》）、「路隔西陵三兩水，門臨南鎮一千峰」（《次韻公闢會蓬萊閣》）、「照海旌幢秋色裏，激天鼓吹月明中」（《中秋口號》）、「天上圖書森似舊，人間歲月浪如馳」（《寄孫莘老少監》）這樣的句子，何嘗不是沈雄博麗？少游婉約的詞心，掩蓋住了他的詩名。呂居仁《童蒙訓》謂：「少游過嶺後，詩嚴重高古，自成一家，與舊作不同。」其實，少游本就有沈雄清俊的詩心，衹是至熱之腸，在遭受打擊之後，不能解脫，一變而為冰腸九曲，這是天地陰陽消長的自然之理，實在并不足怪。詩心是生命的宣洩，詞心卻是生命的消耗，少游從詩心而轉詞心，是他生命精神的轉折，由宣洩而轉為消耗，由高蹈而轉為抑鬱，他也就在剪不斷、消不去的幽愁暗恨中，消耗盡生命最後的神彩。

回頭再看少游的《好事近・夢中作》。這首詞與少游一貫的詞風，絕不相類。詞中不再載滿怨悱，反而是一派澄澈空明的華嚴之境。這是一種深刻的心靈暗喻。宋芮處士詩云：「人言多技亦多窮。隨意文章要底工。淮海秦郎天下士，一生懷抱百憂中。」馮煦《宋六十一家詞選序例》說少游與小山一樣，都是「古之傷心人」。少游是鍾情至極的性子，故一生懷抱百憂，傷心淒絕。鍾於情，亦終當為情而死。他執著地按照自己的方式生活在現實世界，與現實世界的尖銳矛盾帶給他難以言喻的心靈痛苦，他一生深陷這種痛苦之中，無法解脫，惟有在夢中，纔能得到暫時的寬懷，也衹能在夢中，纔作得出如此華嚴境界的詞作。一旦他不僅在夢中，更在清醒之時，驀然解脫，得證華嚴——這是他忽然在藤州與人談論這首詞的原因，支持他生命的一個「情」字也就如土委地，他的生命必然走向消歇。少游的含笑視水而逝，正是他從情孽糾纏的一生得到最終解脫的明證。

繡面芙蓉一笑開斜飛寶鴨襯香腮眼波才動被人猜
一面風情深有韻半箋嬌恨寄幽懷月移花影約重來
小土乙未年處暑於京中

千帆舞，素霓接星河。大月夜分奇女氣，
小郎新唱鳳臺歌。獨立表巖阿。

右易安室

李清照

蓬舟吹取三山去

文學的本質是人學，丹麥學者勃蘭兌斯在他的不朽名著《十九世紀文學主流》一書中說：「文學史，就其最深層的意義來說，研究人的靈魂，是靈魂的歷史。」所以，我們在閱讀一位作家的作品之時，除了要瞭解他的生平出處、社會背景，更需要用心去傾聽作品背後無聲的呼告呻吟，剖析作家的心理症候，感受他或她的靈魂悸動，這樣纔算是一位合格的讀者。歷來對女詞人李清照的研究，多側重她的身世與詞風，卻甚少涉及對其性格底色的深層探討，這無疑是非常大的缺憾。

李清照，字易安，號漱玉，山東章丘人。父李格非，字文叔，是北宋著名的文士，為文高雅條暢有義味，與蘇門諸人關係密切，後亦名登元祐黨人碑，母親王氏，是狀元王拱辰孫女。家中濃郁的文化氛圍，讓易安自幼即徜徉書海，才堪詠絮。元符二年（一〇九九），易安年十八，時為禮部員外郎的父親把她嫁給吏部侍郎趙挺之的季子，太學生趙明誠。這頭婚事在當時可算得門當戶對，但徽宗朝趙挺之做了宰相，打壓舊黨，不遺餘力，李格非卻因身掄黨籍，遭到政治迫害，兩家的裂痕也就越來越大。趙挺之任相職後，易安曾獻詩幾諫（對長輩委婉而和氣的勸告謂之幾諫），有「炙手可熱心可寒」之語，文叔遭到迫害後，又給公公上書請救，想以「人間父子情」打動趙挺之，不過，這些對熱中權勢的趙挺之而言都是徒勞。

易安與趙明誠的婚姻，長期被視作鰜鰈相依的典範。元朝伊世珍《瑯嬛記》（一說為明人桑懌託名偽作）編造了一個著名的故事：

> 趙明誠幼時，其父將為擇婦。明誠晝寢，夢誦一書，覺來惟憶三句云：「言與司合，安上已脫，芝芙草拔。」以告其父，其父為解曰：「汝待得能文詞婦也。『言與司合』，是『詞』字，『安上已脫』，是『女』字。『芝芙草拔』，是『之夫』二字，非謂汝為詞女之夫乎？」後李翁以女女之，即易安也，果有文章。

宋以後，易安詞名藉甚，故《瑯嬛記》所載的故事雖然荒誕不經，而詞女之說，久已深入人心。人們想到了易安，首先想到的一定是女詞人這個標簽。易安的生理性別造就了她在文學史上的地位，但也局限了人們對她的進一步認知。

楊海明先生說：「李清照之所以受到當時和後世男性文人的讚譽，在一定程度上就是需了她女性身份的光。」（《唐宋詞與人生》）我非常認同這一見解。清代常州詞派的理論家周濟就認為「閨閣詞惟清照最優，究苦無骨」，我的太老師朱庸齋先生贊襄茲說，他在《分春館詞話》卷五裏面說：「歷來對清照詞作之評，往往偏高溢美。其詞清新流麗，自然中見曲折，然生活面狹隘，閨閣氣重，不免近乎纖弱。……後世不少柔靡輕巧之作，與清照流風不無關係。」我們知道，中國文藝的審美旨趣，固然重視陰陽相生相濟，但仍是以乾動陽剛為主，易安詞的缺乏風骨、偏於柔靡，自風格體性言，是純然的女性詞，固然在當時獨樹一幟，然而衡諸中國文藝的主流，確實離名家、大家的標準差別遼遠。

易安在詞壇的地位，是經後世文人的過分推崇而逐漸形成的。不過，宋代對易安的褒評都是基於她的詩文，而非她的曲子詞。如胡仔云：「近時婦人，能文詞如李易安者，頗多佳句。」這裏的文詞是「詩古文辭」的「文辭」，指古文、駢文、賦，不是指曲子詞。又引《詩說雋永》說：「今代婦人能詩者，前有曾夫人魏，後有易安李。」南宋理學家朱熹云：「本朝婦人能文，祇有李易安與魏夫人。李有詩，大略云『兩漢本繼紹，新室如贅疣。所以嵇中散，至死薄殷周』云云。中散非湯、武得國，引之以比王莽。如此等語，豈女子所能？」（《朱子語類》卷一百四十）他認為，宋代婦人能文的，祇有魏夫人（其丈夫是曾為宰相的曾布）和李易安，但易安除了文章之外，還能詩，且寫得不賴。他舉的例子是「兩漢本繼紹，新室如贅疣。所以嵇中散，至死薄殷周」。嵇中散是嵇康，他是魏晉時「非湯武而薄周孔」「越名教而任自然」的名士，後為司馬氏所殺。嵇康表面上毀棄禮教，實則是真信仰禮教，因為不滿司馬氏篡權，利用和褻瀆禮教，這纔非薄湯武革命，以商湯代夏、武王伐紂為臣弒其君，挑戰儒家傳統觀念。易安這幾句詩的意思是，東漢繼承西漢的法統，是政權的合法延續，中間王莽篡漢建立新朝，祇是像人皮膚上長了瘤子，不能改變歷史正統，嵇康非薄殷商代夏、周朝代商，正因堅持了歷史正統觀的緣故。易安身親離亂，其時宋室君臣因靖康之難被擄北上，金人在北方扶植劉豫建立起偽齊政權，易安詩或即為此而發。古代女性由於所受教育及參與社會生活的限制，一般來說，詩文不像男性那樣綦重家國情懷，易安詩卻絕非閨閣之秀，直是文士之豪，這也就難怪朱熹感歎：「如此等語，豈女子所能？」

易安詞在當時就受到一些男性讀者的猛烈抨擊，如王灼《碧雞漫志》雖肯定她的詞「能曲折盡人意，輕巧尖新，姿態百出」，卻更嚴厲批評她「閭巷荒淫之語，肆意落筆。自古搢紳之家能文婦女，未見如此無顧忌也」。這種對易安詞的貶抑，基於儒家崇尚雅正的詩教觀。在王灼的眼中，易安完全不合於當時社會對女性的形象要求，她在丈夫死後，「再嫁某氏，訟而離之。晚節流蕩無歸」，雖未深責，不屑之情，溢於言表。

易安詞流傳至今者已不多，王灼所講的「無顧忌」之作，可能大都散佚了。從傳下來的作品看，以下兩首可能有問題：

浣溪沙．春暮

繡面芙蓉一笑開。斜飛寶鴨襯香腮。眼波纔動被人猜。　一面風情深有韻，半箋嬌恨寄幽懷。月移花影約重來。

雨中花·閨情

素約小腰身。不奈傷春。疏梅影下晚妝新。嫋嫋娉婷何樣似，一縷輕雲。　歌巧動朱唇。字字嬌嗔。桃花深徑一通津。悵望瑤臺清夜月。還送歸輪。

《浣溪沙》描寫了一位女子，她的面龐十分秀美，嫣然一笑，就像芙蓉花開放，香爐（寶鴨）中吐出嫋嫋的煙氣，映襯著她的香腮。她的眼波很能勾魂，纔一轉盼，就惹動了男子的心事。「一面風情深有韻」以下，是說她畫著齊整的妝容，帶著無以言說的風情，把對情郎的思念與嗔怨，寫在了箋紙上，約情郎在夜半時分重來相會。

這首詞我認為是易安閨中讀唐代詩人元稹《鶯鶯傳》傳奇而寫的，詞中的女主人公，應該就是那位與張生私通的崔鶯鶯小姐。在禮教森嚴的時代，一位大家閨秀卻去寫詞讚頌男女淫奔私媾，衛道士們當然要大搖其頭了。

《雨中花》則是講了一位歌伎的身世。上片說這位歌伎用一束素（一種白色的絲織品）緊緊束住了腰，顯得腰身特別纖細，彷彿嬌弱到不能承受春天逝去所帶來的惆悵。她的新妝在疏梅影下顯得特別動人，她行步時嫋嫋娉婷，彷彿一縷輕雲。下片是說這位歌伎輕啟嬌唇，漫聲歌唱，一下子吸引了某個男子，於是二人有了一段短暫的露水姻緣。然而這種感情不可能長久，終於到了要分手的時候，歌伎祇能悵望秋月，送郎歸去。「桃花深徑一通津」，用東漢劉晨、阮肇入天台遇女仙之典，比喻男女歡會。

這首詞所觸及的題材，毫無疑問在當時衹能是男性的特權。易安以一女子而寫這樣的詞作，無怪乎受到王灼之譏。

即使沒有這些「無顧忌」的詞，易安詞也有著與當時的標準淑女不一樣的氣息。後者可以魏夫人為代表。我們來看魏夫人的兩首《菩薩蠻》：

溪山掩映斜陽裏。樓臺影動鴛鴦起。隔岸兩三家。出牆紅杏花。　綠楊堤下路。早晚溪邊去。三見柳綿飛。離人猶未歸。

紅樓斜倚連溪曲。樓前溪水凝寒玉。蕩漾木蘭船。船中人少年。　荷花嬌欲語。笑入鴛鴦浦。波上暝煙低。菱歌月下歸。

二詞高華典重，含蓄蘊藉，如果誰要對這樣的詞作點評，大抵可以用上「貞靜專一，《卷耳》之遺」這一類的話。（《卷耳》是《詩經》中的一首，古人認為是周文王的后妃懷念他所作。）而易安詞名作如：

如夢令

昨夜雨疏風驟。濃睡不消殘酒。試問捲簾人，卻道海棠依舊。知否。知否。應是綠肥紅瘦。

醉花陰

薄霧濃雲愁永晝。瑞腦消金獸。佳節又重陽，玉枕紗廚，半夜涼初透。　東籬把酒黃昏後。有暗香盈袖。莫道不消魂，簾捲西風，人比黃花瘦。

寫得更通俗，詞中的情感更加直露，隱約透露出一種疏狂，一種難以言說的不安分，與魏夫人詞作氣息迥異。下面這首《一剪梅》：

紅藕香殘玉簟秋。輕解羅裳，獨上蘭舟。雲中誰寄錦書來，雁字回時，月滿西樓。　花自飄零水自流。一種相思，兩處閒愁。此情無計可消除，纔下眉頭，卻上心頭。

造假慣犯伊世珍說此詞作於趙李新婚未久，趙明誠到外地求學，易安作此詞寄之，催他歸來。我認為這首詞應該是易安的「賦得體」，她衹是圍繞著「別情」這一主旨，寫了一首供人唱的流行歌曲，未必實有其事。但易安才華高絕，「纔下眉頭，卻上心頭」二句尖新奪目，遂亦成名作。

僅從上舉三詞看，我們就得認同清末大學者沈曾植的見解：「易安跌宕昭彰，氣調極類少游，刻摯且兼山谷，篇章惜少，不過窺豹一斑。閨房之秀，固文士之豪也。」這提醒我們，對易安的性格分析，不能局限於她的女性身份。我認為她在心理上有非常明顯的雙性化傾向，甚至男性心理，還要佔到壓倒性的優勢。也就是說，自心理性別言之，易安實為男性。心理性別為男性的人，其性心理表現為主動進攻型，以佔有征服為目的，而心理性別為女性的人，其性心理是矜持的、接納的，易安詞的「無顧忌」，也必須從她的心理性別上去解釋。

易安的晚年生活十分淒慘，改嫁過一次，卻所託非人，後來又經官司訟離，遂致名譽遭玷，為人所不恥。《苕溪漁隱叢話》記載：「易安再適張汝舟，未幾反目，有《啟事》與綦處厚云：『猥以桑榆之晚景，配茲駔儈之下材。』傳者無不笑之。」所謂「駔儈」是指馬匹交易人，引申指市儈，「猥以桑榆之晚景，配茲駔儈之下材」二句對仗很工，但在旁人看來，你都已經是桑榆暮景的老太太了，還不肯守節，要去嫁人，你自己飢不擇食，找了這麼個粗鄙的市儈，又能怪誰呢？王灼譏刺她「晚節流蕩無歸」，代表了時人對易安晚年的看法。到了清代，有俞正燮者，著《易安居士事輯》為李清照辯護，認為有嫉惡易安之才的小人改竄易安與綦崇禮（字處厚）的謝啟（一種古代文體，要求用駢文寫），本無再適張汝舟事；又據年份考之，謂易安時年已過五十，怎麼還可能守不住節而改嫁呢？俞老先生不懂得，易安的心理性別是男性，她纔沒有把自己定位成淑女呢！

易安的心理性別既是男性，就會時時流露出特別好勝的性格。她在《金石錄後序》中回憶了她和趙明誠曾有過的短暫的幸福時光：

每飯罷，坐歸來堂烹茶，指堆積書史，言某事在某書某卷第幾葉第幾行，以中否角勝負，為飲茶先後，中即舉杯大笑，或至茶覆懷中，反不得飲而起。

清代詞人納蘭性德《浣溪沙》詞追悼亡婦，有「賭書消得潑茶香」之語，即用這個故事。但我以為這樣的生活剪影，在易安以為樂，在趙明誠卻可能適以為苦。據周煇《清波雜誌》所載：「頃見易安族人言，明誠在建康日，易安每值天大雪，即頂笠披蓑，循城遠覽以尋詩，得句必邀其夫賡和，明誠每苦之也。」這樣文士氣的生活情趣，與爭強好勝的性格，都是純然男性化的。當代有學者認為，細讀易安這篇回憶錄性質的《金石錄後序》，可以看出趙明誠對妻子逐漸冷澹，他對文物收藏的狂熱遠遠超過對易安的愛，其實兩個人的情感糾葛從來就不是單方面的責任，易安身為女子，其心理性別卻是男性，這種矛盾決定了她和趙明誠不可能有真正幸福的婚姻。

易安又愛下雙陸棋（名打馬），還專門寫了《打馬賦》《打馬圖序》，談到，所謂賭博祇不過是力求爭先，所以一心求勝者，就能取得最終勝利。她自承性格就是一心求勝，所以凡是賭博一類的東西都非常地愛好。在古代詩人當中，生命力極其旺盛、好色如命的清代大詩人龔自珍就同樣耽於賭博。

易安曾寫有一篇論詞的文字，詞中名家如柳永、張先、宋祁、晏殊、歐陽修、蘇軾、王安石、曾鞏、晏幾道、黃庭堅、秦觀，幾乎都被易安一筆抹倒，《苕溪漁隱叢話》的作者胡仔看不下去了，說韓愈《調張籍》詩中的名句「蚍蜉撼大樹，可笑不自量」，就是為易安這樣的人寫的。胡仔不明白，易安潛意識裏，從來就沒把自己當作女人。

易安虛歲五十二歲作《金石錄後序》，追憶往事，頗多感慨。結尾慨歎：「噫！余自少陸機作賦之二年，至過蘧瑗知非之兩歲，三十四年之間，憂患得失，何其多也！」陸機作《文賦》時是二十歲，蘧伯玉曾說過一句很有名的話：「吾五十而知四十九而非。」易安這句話不僅是說自己從十八歲歸趙明誠，至今三十四年，已經五十二歲了，也含有知前事皆非的悔恨。我覺得更有意味的是，易安不去類比古代的賢女子，而是把自己與陸機、蘧伯玉這些文豪賢士相比，可見她在心理上是把自己定義為男性的。

我們再看她的這首《漁家傲》：

天接雲濤連曉霧。星河欲轉千帆舞。彷彿夢魂歸帝所。聞天語。殷勤問我歸何處。　我報路長嗟日暮。學詩謾有驚人句。九萬里風鵬正舉。風休住。蓬舟吹取三山去。

詞的上片，先描繪了一幅夢中情景，她所夢見的，是「天接雲濤連曉霧。星河欲轉千帆舞」，氣勢磅礴，非比尋常。夢中她的魂魄扶搖直上，到了天帝的居所，她聽到天帝殷勤的詢問，問她要到哪裏去呢？在詞的下片，易安回答天帝：我想成為一名大詩人，無奈道路修阻，時不待人，徒然寫出一些驚人之句罷了。希望那託起大鵬，讓大鵬南飛九萬里的罡風，也吹著自己乘坐的小舟，吹向蓬萊、方丈、瀛州這三座海外仙山去吧！

這首詞見不到一點女性的色彩，完全是「文士之豪」的想法，無怪乎梁啟超云：「此絕似蘇辛派，不類《漱玉集》中語。」（《藝蘅館詞選》引）。詞中有「歸帝所」「歸何處」之語，可能易安當時年已垂暮，在考慮生命的最終歸宿問題了。她畢生之志，是成為一位「語不驚人死不休」（杜甫語）的大詩人，到老不變。業師周曉川先生云：「這首詞為《漱玉集》中最雄闊、最富浪漫色彩的作品。她用紀夢的方式，表達了自己追求光明、嚮往自由的強烈願望。一個飄泊無依的老婦人，竟然向天帝訴說自己的苦悶和抱負。這是何等昂揚的境界，不止是造語雄奇而已。」（夏承燾新選《宋詞三百首》評注）可謂深得其旨。

而易安的確長於詩賦，堪與當時名家爭雄逐鹿。德國哲學家尼采認為，文藝的創造力與性慾是同一種力，因此寫詩本身是性慾的發抒。而女性在性心理上是偏於順從，偏於接納，偏於被動的，所以從古以來，女性泰半寫不好詩。易安的詩，成就非常高，令人耳目一新，完全看不出來是女性的文學。像她的名句：「南渡衣冠欠王導，北來消息少劉琨」「南遊尚覺吳江冷，北狩應悲易水寒」，都是大聲鞺鞳、洋溢著高昂的家國情懷的佳句。

而這一首著名的絕句：

生當作人傑，死亦為鬼雄。至今思項羽，不肯過江東。

同樣是男性心理的顯露。此詩有可能是譏刺趙明誠的膽怯孱頭。在易安四十五歲時，趙明誠擔任江寧府知府，獄營統制官王亦叛亂，有人預先得了消息，要趙明誠提防，趙明誠壓根沒做任何準備，反而用繩子縋下城牆偷偷逃跑了。這事在易安看來，實在是一件奇恥大辱，她的內心，可比趙明誠更像一個男子漢。

易安詩沈雄清健，甚至一般女性作家無以措手的五古、七古大篇，她都掉轉如意。唐代詩人元結，在元和年間寫了一篇《浯溪中興碑》，內容是歌頌國家經過安史之亂後的中興，北宋詩人張耒（字文潛）寫了一首《浯溪中興頌詩》，很多人去和，易安也寫了《浯溪中興頌詩和張文潛二首》，她的和詩，在所有和作中，首屈一指。你看這樣的句子：

五十年功如電掃。華清花柳咸陽草。五坊供奉鬭雞兒，酒肉堆中不知老。胡兵忽自天上來。逆胡亦是奸雄才。勤政樓前走胡馬，珠翠踏盡香塵埃。何為出戰輒披靡。傳置荔枝多馬死。堯功舜德本如天，安用區區紀文字。著碑銘德真陋哉。乃令神鬼磨山崖。子儀光弼不自猜。天心悔禍人心開。夏商有鑒當深戒。簡策汗青今具在。君不見當時張說最多機，雖生已被姚崇賣。

寫得是何等的氣勢雄渾，一瀉直下？

又如：

君不見驚人廢興傳天寶。中興碑上今生草。不知負國有奸雄，但說成功尊國老。誰令妃子天上來。虢秦韓國皆天才。花桑羯鼓玉方響，春風不敢生塵埃。姓名誰復知安史。健兒猛將安眠死。去天尺五抱甕峰，峰頭鑿出開元字。時移勢去真可哀。奸人心醜深如崖。西蜀萬里尚能反，南內一閉何時開。可憐孝德如天大。反使將軍稱好在。嗚呼奴輩乃不能道輔國用事張后尊，乃能念春薺長安作斤賣。

句法又是何等的縱橫恣肆，飛沈多姿？

二詩實皆借古諷今之作。龐俊先生《養晴室遺集．答周菊吾論李易安書》認為詩作於南渡以後，「細繹李詩，頗疑其句句用意，蒼然家國廢興之感，視張作為深切沈著矣。」按張說姚崇皆玄宗時宰相，二人怨隙甚深。姚崇將死，恐張說報復，囑諸子：當以平生服玩寶帶重器，陳列帳前，致於張公，又請張為撰神道碑，文成立即寫呈皇帝，并馬上刻石。後張說果收姚家重寶，撰神道碑成。後數日反悔，託辭要修改文字，想收回文本，姚家回說皇上已閱，并已刻成矣。張說歎道：「死姚崇猶能算生張說，吾今知才之不及也遠矣。」龐先生認為此事或指秦檜專權，將曾薦引過他的趙鼎、張浚一齊出賣，其說甚有徵。

「可憐孝德如天大。反使將軍稱好在。嗚呼奴輩乃不能道輔國用事張后尊，乃能念春薺長安作斤賣。」一說的是唐肅宗時事。玄宗回長安後，仍深得人民愛戴，肅宗不悅，因李輔國奏，將玄宗徙往西內，南內——即興慶宮再不能返。徙宮時，僅給老弱二三十人扈從，李輔國率軍監視，攢刃輝日，玄宗大受驚嚇，幾番要墜下馬來。曾為驃騎大將軍的高力士躍馬前進，厲聲喝道：「五十年太平天子，李輔國舊為家臣，不宜無禮。」李輔國下馬失轡。又宣太上皇誥曰：『將士各得好在否？』於是輔國令兵士將兵刃入鞘，齊呼「太上皇萬福」，舞蹈下拜。李輔國領眾既退，玄宗流淚嗚咽，執著力士的手說：「微將軍，阿瞞已為兵死鬼矣。」翌日，竟為輔國所構，長流黔中州。力士在流放途中經巫州，見園中多薺菜而土人不解喫，便賦詩云：「兩京秤斤賣，五溪無人采。夷夏雖有殊，氣味應不改。」唐肅宗專寵張皇后，又偏聽李輔國，至不能去西內看望玄宗。易安詩的意思至為顯豁，她直斥「國老」秦檜及其黨羽，不能成高宗之「孝德」，北迎徽、欽還朝，高力士身為宦官，竟能有衛主之節，今之奴輩，徒知頌行都臨安之繁華而已。易安的詩力筆致以沈雄為主，她的詩完全是男性化的。二十世紀最優秀的女詞人沈祖棻，朱光潛先生譽之為「易安而後見斯人」，但沈詞實遠在易安之上。然而沈氏的詩，卻幼稚拙劣，不堪卒讀。何以故？這正是因為易安以男性心理為詩，沈氏以女性心理為詩。譬如唱京劇，當代唱老旦最好的演員是李鳴巖女士，她學的是老旦宗師李多奎先生的聲腔，所以纔好，而趙葆秀、袁慧琴這些人，是用女性的聲腔唱老旦，內行是聽不進去的。

易安五古尤其寫得當行出色。《上樞密韓公詩》：

三年夏六月，天子視朝久。凝旒望南雲，垂衣思北狩。如聞帝若曰，岳牧與群后。賢寧無半千，
運已過陽九。勿勒燕然銘，勿種金城柳。豈無純孝臣，識此霜露悲。何必羹捨肉，便可車載脂。
土地非所惜，玉帛如塵泥。誰當可將命，幣厚辭益卑。四岳僉曰俞，臣下帝所知。中朝第一人，
春官有昌黎。身為百夫特，行足萬人師。嘉祐與建中，為政有臯夔。匈奴畏王商，吐蕃尊子儀。
夷狄已破膽，將命公所宜。公拜手稽首，受命白玉墀。曰臣敢辭難，此亦何等時。家人安足謀，
妻子不必辭。願奉天地靈，願奉宗廟威。徑持紫泥詔，直入黃龍城。單于定稽顙，侍子當來迎。

仁君方恃信，狂生休請纓。或取犬馬血，與結天日盟。

此詩文字，全從杜甫的五古學來，這種以文為詩的寫法，從老杜、韓愈到李商隱，一路下來，講究的是如鑿石作碑，字字重大，實為五古正宗。除了易安，我還不曾見第二位女詩人能寫出這樣的風格。不要說女詩人，男性詩人能寫得如此沈雄的也是非常少的。易安有一首《蝶戀花》詞：

暖雨晴風初破凍。柳眼梅腮，已覺春心動。酒意詩情誰與共。淚融殘粉花鈿（ㄊㄧㄢˊ）重。乍試夾衫金縷縫。山枕斜欹，枕損釵頭鳳。獨抱濃愁無好夢。夜闌猶剪燈花弄。

清代大詩人王士禛曾有和作，云：

涼夜沈沈花漏凍。欹枕無眠，漸聽荒雞動。此際閒愁郎不共。月移窗罅春寒重。憶共錦衾無半縫。郎似桐花，妾似桐花鳳。往事迢迢徒入夢。銀箏斷續連珠弄。

王士禛的和作，比原作更加深婉高華，隱有出藍之勢，但如果讓他去和易安的詩，他是做不出來的。

易安於詩詞外，兼能文章。這在女性作家中就更罕見了。她的駢文在當時就很有時譽。趙明誠去世後，她寫了《祭趙湖州文》悼念（因趙曾任湖州知州），中有二句曰：「白日正中，歎龐翁之機捷；堅城自墮，憐杞婦之悲深。」當時人就頌揚說這是「婦人四六之工者」。

四六是駢體文的別稱，是介於文與詩之間的一種獨特文體，講究用典對仗，精切工整。「白日」句典出宋代釋道原《景德傳燈錄》卷八：襄州居士龐蘊將入滅，令其女靈照觀日之早晚來報。其女回報說「日已中矣，而有蝕也」。待父出門觀看時，其女「即登父坐，合掌而亡」。父見其狀，誇其女「鋒捷」。龐延至七日之後乃亡。這是一個孝女為父親延命，甘願犧牲自己的故事。「堅城」句典出劉向《說苑．善說篇》：「昔華舟杞梁戰而死，其妻悲之，向城而哭，隅為之崩，城為之阤。」兩句合觀，意謂你正當盛年而歿，死得怎麼這麼早，都等不及我為你犧牲而延長你的壽命；我悲痛得就像華舟杞梁的妻子一樣，也會把城牆哭塌。易安確是駢體文的行家。

其《打馬賦》即博戲小道而徵典引文，鋪敘張皇，可以看出李清照對經史均有很深的造詣。此文除文字雄贍華美，更饒有深思。亂曰：「佛狸（北魏太武帝拓跋燾小字）定見卯年死。貴賤紛紛尚流徙。滿眼驊騮及騄駬。時危安得真致此。木蘭橫戈好女子。老矣不復志千里。但願相將過淮水。」感慨時局，殷殷魏闕之思，可見李清照完全把自己看成是士人，而非名媛淑女。更不要說《金石錄後序》放在文章大家作手如林的宋代，廁身唐宋八大家名文之間，其文字之淵雅、情感之感均頑豔，毫無愧色了。

易安晚年，漂淪在杭州、越州、台州、金華之間。她與張汝舟有過一段短暫的婚姻，這段婚姻，在張汝舟是意存欺騙，在易安則是孤寂無依，想找個男人依靠，當然多少也有對前一段婚姻的怨恨在，於是草率成婚。婚後二人在思想境界、才華天分、知識背景諸方面，差別懸遠，易安自然對張汝舟心生厭棄，而張汝舟則對易安飽以老拳，易安慘遭家暴，痛訴無門，最後發現張汝舟之所以能做官，是靠履歷造假，遂向朝廷告發，終將張汝舟治罪。但是，妻子告丈夫在古代是有罪的，所以易安也進了監獄，最後得到親戚綦處厚的幫助，纔終於出獄。

儒家有一基本原則：「刑不上大夫，禮不下庶人。」刑不上大夫，是說大夫有死罪可以讓他自盡，為他保留最後的尊嚴；禮不下庶人，是說不要去苛求底層的老百姓守禮。禮，是對士大夫階層的要求。是故宋時雖然民間寡婦再嫁之事稀鬆平常，但因易安系出名門，夫家也是望族，世人對她的名節就看得十分鄭重，她之再嫁，當然不為時論所容。但這正是因為她性情上不以女子自居之故。陳寅恪先生《論再生緣》一文，開頭就說作者陳端生有「獨立之精神，自由之思想」，歌頌這位清代女作家，其實易安一生，同樣當得起這十字考語。她在晚年敢於突破禮教，接受張汝舟的求婚，已屬難能，在慘遭家暴之後，又懂得利用法律，捍衛自己的利益，更是了不起。這是一個超越了時代的獨立人格的典範。

也正因為此，她既不見容於世，亦不見容於其同性。陸游《夫人孫氏墓誌銘》稱頌文林郎寧海軍節度推官蘇璩的夫人孫氏，纔十幾歲，就已是端靜賢淑的淑女，易安很喜歡她的聰明，想以文辭之學傳授給她，孫氏卻想也不想就拒絕了，理由是「才藻非女子事也」。這位幼有淑質的孫氏，是千千萬萬本該展露才華，揮灑性情，卻被男權社會馴化成「賢女」的婦女中的一員。相形之下，易安的決絕勇猛，特立獨行，就顯得尤其地可貴。

易安晚年飽更憂患，詞境亦為之一變，不徒以婉麗為宗，更多了一些沈鬱。《聲聲慢》云：

　　尋尋覓覓，冷冷清清，淒淒慘慘戚戚。乍暖還寒，時候最難將息。三杯兩盞淡酒，怎敵他、晚來風急。雁過也，正傷心，卻是舊時相識。　滿地黃花堆積。憔悴損、如今有誰堪摘。守著窗兒，獨自怎生得黑。梧桐更兼細雨，到黃昏、點點滴滴。這次第，怎一個、愁字了得。

此詞疑為早年所作，故詞中所言之愁甚是空洞，即稼軒所謂的「少年不識愁滋味」而「為賦新詞強說愁」者。夏承燾先生指出，此詞前十四字，尋、清、淒、戚都是尖字，念作ㄙㄨㄣˊ、ㄘㄧㄥ、ㄘ、ㄘㄧㄝˋ，與覓、冷、慘一樣，聲母都在唇齒間發音，更烘託出女主人公內心的愁苦囁嚅。正因不識愁為何物，纔會有這樣的巧思。「守著窗兒，獨自怎生得黑」一句，前人說這個「黑」字不許其他人押，衹有易安纔能把這麼俗的字押得這麼雅。這就是掃俗為雅，是文學當中最高明的技法之一。全詞明白如話，固然有在自然中見曲折的高妙手段，但空空說愁，總是不夠感人。而她晚年的這首《永遇樂》就全然不同，堪稱是易安的壓卷之作：

　　落日鎔金，暮雲合璧，人在何處。染柳煙濃，吹梅笛怨，春意知幾許。元宵佳節，融和天氣，次第豈無風雨。來相召、香車寶馬，謝他酒朋詩侶。　中州盛日，閨門多暇（ㄒㄧㄚˊ），記得偏重（ㄔㄨㄥˊ）三五。鋪翠冠兒，撚金雪柳，簇帶爭濟（ㄐㄧˇ）楚。如今憔悴，風鬟霧鬢，怕見夜間出去。不如向、簾兒底下，聽人笑語。

此詞殆作於她晚年漂泊浙江之時，寫的是元宵節眾人皆歡悅，而自家獨淒涼苦悶的心情。「落日鎔金，暮雲合璧，人在何處」三句，就已見出易安實是調配色彩的大家，她用夕陽的絢爛、晚雲烘月的景象，映襯著人物的孤獨彷徨。「染柳煙濃，吹梅笛怨，春意知幾許」三句，堪稱惜墨如金，既寫出了春意漸濃，楊柳發、梅花落的景致，更落實到一個「怨」字，微露心情。元宵佳節，天氣融和，詩朋酒侶駕著珍貴的名馬，坐著香車來召邀翫賞，可是詞人卻以「這時候（次第）難道不會有風雨嗎」婉拒了。為什麼呢？詞人想起的是汴梁城還未被金人攻陷，人民習於太平，閨中的朋友，也都不乏閒暇時光，她尤其記得徽宗政和六年丙申（一一一六），這一年閏了正月，閨闈的友人也就過了兩次元宵。依詞之格律，此句中「重」字應為平聲，偏是恰、正之意，記得偏重三五，就是說記得恰逢一年中有兩次元宵節的辰光。大家有的戴上鋪上翠鳥羽毛的帽子，有的把用金箔碾成的雪柳枝插在頭上，一個個像仙人一樣，打扮得齊齊整整的，那是多麼開心、多麼美好的回憶！可是現在，詞人卻覺得自己像唐傳奇《柳毅傳書》故事中被迫牧羊的龍女，花容憔悴，風鬟霧鬢，生怕在夜間出去嚇到人。還不如到簾子底下，聽著大家談笑，分享一點你們的快樂吧！

這首詞用語平澹，卻偏饒驚心動魄之致，能以澹語寫深情，纔愈加感人。不過，這類精品，在她的作品中比例是不高的。

當代學者胡河清先生曾提出一個觀點，說天才人物往往體現出「雙性化」的特徵，少游如是，易安更是如是。易安在深沈心理結構上，主要體現為男性的豪放剛健、富冒險精神——那多半是出諸天性，祇是稍稍呈出女性的清麗婉約——那大抵是社會對她的角色塑造。如果沒有靖康之難，李清照的「無顧忌」的男性心理特徵，也註定她的婚姻、她的整個人生是一場悲劇，因為，這一自由奔放的靈魂，必定會與要求女性柔順謙卑的社會產生激烈衝突。遠遠超前於時代，卻又單槍匹馬、孤立無援的她，最終難免被時代碾壓成齏粉。倘使生於今日，易安可以憑藉她的才華學識，振鐸上庠，傳道授業，或一枝健筆，叱吒風雲，都可以過上獨立的有尊嚴的生活。她可以盡情地戀愛，與很多優秀的男士戀愛，祇是不要愚蠢到步入婚姻——她的天性，是絕對不適合婚姻的。易安身後，解賞者稀，她的詩文沈雄博麗，無愧名家，惜識者寥寥，詞作大多淺而無骨，卻一直被謬加推崇，這是歷代男性評論者誤判了她的心理性別所致，對易安本人，無疑是極不公平的。然而，在女性真正與男性獲得一樣的公道對待之前，在社會不再以規定好的心理特徵要求女性之前，對易安的這種誤讀還會一直延續下去。

玉界瓊田三萬頃 著我扁舟一葉
素月分輝 明河共影 表裏俱澄澈
悠然心會 妙處難與君說
壬寅夏

湘月滿，瑩徹似星初。一口西江能盡吸，
卅年世路慣橫徂。曠代祇于湖。
右于湖居士

湖海平生豪氣

張孝祥

二〇一八年的秋天，我在天津侍王螯堪詞丈席，飯後出門，先生忽喚住我，伸直手臂，指畫著對面燈火通明的現代建築群，說：「晉如，從這邊到那邊，包括咱們現在站著的地兒，就是當年的水西莊！」我不由得「啊」了一聲，霎時間地轉天旋，彷佛身處在三百年前風帆雲樹，丘壑宜人的古水村中。

水西莊是清代詩人查為仁（蓮坡）營別業、藏圖書之地，南北名士如朱彝尊、杭世駿、袁枚、商盤、陳元龍等，多曾盤桓於斯，或得蓮坡厚饋。乾隆十三年戊辰，浙江詞人厲鶚（樊榭）赴京候選縣令，道經天津，與蓮坡觴詠累月。其時二人各自為南宋遺民詞人周密所編的《絕妙好詞》作了箋釋，樊榭屬稿未定，見蓮坡已有成稿，遂將己稿和盤托出，供蓮坡刪複補漏，且不欲自居其名，光風霽月，令人心折。書既成，樊榭竟不入京就選，徑直南返，寓揚州終隱。

樊榭以康熙五十九年鄉試中舉，主考官李紱得樊榭卷，閱其謝表，斷言道：「此必詩人也！」遂取中。這一年他二十九歲。樊榭有著詩人特有的耿介，次年他赴京應試，未能考取進士，吏部侍郎湯右曾讀到他的詩，大為歎賞，想延他為館塾之師，即欲收其為門生之意。樊榭帶好了行李，潛行離京，翌日，侍郎到其舍迎迓，則已鴻飛冥冥矣。

歸途泊舟琉璃河，有詩云：「一昔都亭路，歸裝祇似初。恥為主父謁，休上退之書。柳拂差池燕，河驚撥剌魚。不須悲楚玉，息影憶吾廬。」一昔就是一夜，樊榭說自己入都應試，如一場春夢。他恥於學漢代的主父偃，上書闕下，以獲得「謁者」的官位；更不要像唐代的韓愈（字退之）那樣，三次給宰相寫信求仕，「今有人生二十八年矣，四舉於禮部乃一得，三選於吏部卒無成」，把自己寫得可憐兮兮：那不是性情高峻的詩人樊榭能做的事。燕穿柳幕，魚躍清波，江湖的景致遠勝廟堂，我又何必如楚國的卞和，因玉工不識玉璞而悲泣？雖在行程中，已忍不住想念息影故廬的自在了。

他是這樣地嚮往著自由，不願受官場的拘束，這也就難怪乾隆元年被巡撫舉薦，入京試博學鴻詞，竟能犯下應試者誰也不會犯的格式錯誤，把《論》置在《詩》之前，光榮落榜。乾隆十三年樊榭已五十七歲，忽動念入京候選，友人都勸他：你根本就不是做官的料，幹嘛要孟浪求仕呢？樊榭回應說是想謀得一份薄祿，以奉養老母。然而，津沽之行讓他徹底認識了自己，明白功名富貴不過如草頭之露，惟有獨立自由的精神，纔是天地間最值得追求的物事。

樊榭和蓮坡共同箋釋的《絕妙好詞》，是宋人選宋詞的總集中最有名、質量也最高的一部。是書始於張孝祥，終於仇遠，共選詞人一百三十二家，南宋雅詞之精華，大半萃於斯編。樊榭以為，明代三百年樂府家（詞家）未曾見《絕妙好詞》隻字，衹知宗奉宋代書商編的《草堂詩餘》為金科玉律，無怪乎明人的詞鄙俗少雅意。他是清代「浙西詞派」的代表，甚至可以說詞派中堅人物。一般以為，浙西詞派宗奉南宋姜夔、張炎，「春容大雅」（朱彝尊《靜惕堂詞序》），樊榭詞則如清代詞論家陳廷焯所云，「幽香冷豔，如萬花谷中，雜以芳蘭，在國朝詞人中，可謂超然獨絕者矣」。（《白雨齋詞話》卷四）我讀樊榭的第一首詞，是龍榆生先生選入《近三百年名家詞選》中的《百字令・月夜過七里灘，光景奇絕，歌此調幾令眾山皆響》：

秋光今夜，向桐江、為寫當年高躅。風露皆非人世有，自坐船頭吹竹。萬籟生山，一星在水，鶴夢疑重續。拏音遙去，西巖漁父初宿。　心憶汐社沈埋，清狂不見，使我形容獨。寂寂冷螢三四點，穿過前灣茅屋。林淨藏煙，峰危限月，帆影搖空綠。隨風飄蕩，白雲還臥深谷。

《百字令》即《念奴嬌》，因此詞牌正好一百字，故名。自東坡赤壁懷古詞以後，代不乏名作。七里灘在浙江富春江上，又名七里瀧，與嚴陵灘相接。東漢初，高士嚴子陵不受往日同窗光武帝之召，脫軒冕而泛江湖，垂釣於富春江上，至今江畔有臺孤懸千尺，即所謂嚴陵釣臺了。宋代遺民謝翱，曾傾家貲助文天祥抗元，宋亡後寄寓金華浦江縣，與同志組汐社，不時聚集吟詠，緬懷故國。嘗冬日與社友泛七里灘，天涼風急，攜酒登臺，設文天祥牌位，跪地再拜，號啕慟哭，又取竹如意擊石，作楚歌以招天祥魂，歌終，竹石俱碎。傍晚時大雪起，謝翱對友人吳思齊感慨道：「阮步兵死，空山無哭聲且千年矣！」至情至性，正堪與經常率意獨駕，車行至無路可行之處，纔慟哭而返的魏晉名士阮籍（曾任步兵校尉）并美。

樊榭生於康熙中，已不可能如明遺民那樣，抱有深重的故國之懷，但這并不妨礙他能感受到嚴子陵、謝翱身上高貴清狂的精神氣質，因為他本也是同一類人。

清末詞論家譚獻敏感地發現這首詞與《絕妙好詞》之間不斷的精神血脈，他說這首詞「與于湖洞庭詞，壯浪幽奇，各極其勝」（《篋中詞》卷二）。于湖就是張孝祥，宋高宋紹興二十四年廷試第一。《絕妙好詞》選其詞四闋，四首中的第一首，也是全書的第一首，就是《念奴嬌．過洞庭》：

> 洞庭青草，近中秋、更無一點風色。玉界瓊田三萬頃，著我扁舟一葉。素月分輝，明河共影，表裏俱澄澈。悠然心會，妙處難與君說。　應念嶺表經年，孤光自照，肝膽皆冰雪。短鬢蕭疏襟袖冷，穩泛滄溟空闊。盡吸西江，細斟北斗，萬象為賓客。叩舷獨嘯，不知今夕何夕。

此詞常為人傳頌，故版本也多異文，但以《絕妙好詞》的版本最為圓融。譚獻稱此詞「壯浪」，而樊榭詞則是「幽奇」，以為「各極其勝」，說的是二詞在藝術造詣上難分軒輊，而若深究一層，問于湖與樊榭詞何以能各擅壯浪幽奇之妙？答案是不言而喻的，因為二位詞人都有著不染塵俗的超然之心。世人多為利所羈，為名所絆，詞人之神獨能不受其累，逍遙自適，也纔有了這樣仙骨珊珊的詞作。

于湖的這首《念奴嬌》，作於宋孝宗乾道二年（一一六六）八月中秋，此前一月，他因言官參劾，被罷去知靜江府廣南西路經略安撫使的官職，在任僅一年。靜江府治在今廣西桂林，故詞中有「應念嶺表經年，孤光自照，肝膽皆冰雪」之語。宛敏灝先生以為于湖對被劾罷官一事「似猶未能釋然」（《張孝祥詞校箋·張孝祥年譜》），又謂前人評論此詞，多稱其曠達，實未必盡然。他引用于湖稍前數日所作的另一首《念奴嬌》中的詞句，「一葉扁舟誰念我，今日天涯飄泊。平楚南來，大江東去，處處風波惡」，認為于湖對失官事未能真正放下。宛先生亦是詞壇作手，但或許未能理解于湖豪宕疏闊的性情。此詞是于湖離長沙、入洞庭途中所作，主旨是懷念長沙所識的一位友人，而細推詞意，這位友人當是青樓歌伎：

星沙初下，望重湖遠水，長雲漠漠。一葉扁舟誰念我，今日天涯飄泊。平楚南來，大江東去，處處風波惡。吳山何地，滿懷俱是離索。　常記送我行時，綠波亭上，泣透青羅薄。檣燕低飛人去後，依舊湘城簾幕。不盡山川，無窮煙浪，辜負秦樓約。漁歌聲斷，為君雙淚傾落。

星沙就是長沙，因天上的軫宿有長沙星，其分野（地上與星對應的區域）就是長沙，故名星沙。重湖即洞庭湖與青草湖。「一葉扁舟誰念我，今日天涯飄泊」，并無自傷自憐之意，而實不過是表達對這位女子的眷眷之情。「平楚南來，大江東去，處處風波惡」固然是寫宦途艱險，然而全詞僅此三句一筆帶過，我們看不出于湖有多麼深重的怨望，聯繫後文「吳山何地，滿懷俱是離索」，詞意便可豁然開朗。于湖的意思是，回望自嶺南北歸的大片平原，俯看放舸而東下的大江，一路坎坷波折，念茲在茲的故鄉蕪湖，遠眺終不可見，祇有長沙之遇，讓我傷離怨別，情難自禁。過片擷取送行時女子繾綣的情態，敘寫生動，隱含的意思是卿既眷我如此，我又何忍與卿重別？杜甫詩「檣燕語留人」，我離卿已遠，而心實念念在湘城簾幕中也。「不盡山川，無窮煙浪，辜負秦樓約」則謂前方漫漫長路，身不由己，空負與卿之約。在漁歌聲歇，夜色初降之時，忍不住兩行珠淚，為卿灑落。

再回頭看于湖的洞庭詞。

「洞庭青草，近中秋、更無一點風色」，是說相連通的洞庭、青草二湖，近中秋之夜，天靜無風，也說明詞人的心境是寧靜平和的。「玉界瓊田三萬頃，著我扁舟一葉」，則以乘坐一葉扁舟的小我，與三萬頃之湖水相對照，以形成藝術張力。蘇軾《赤壁賦》有「縱一葦之所如，淩萬頃之茫然」之句，于湖此二句，實由之化出。三萬頃當然大過萬頃，湖水愈寫得廣闊，人與舟愈形其小，則胸臆間愈見超邁磅礴。「素月分輝，明河共影，表裏俱澄澈」，明月銀河，天水相映，宇宙彷彿通體瑩潔光明，而我心何嘗不是如此？「悠然心會，妙處難與君說」，是說此中真意悠悠，欲說忘言。他的內心，實充滿了喜悅之情。

過片「應念嶺表經年，孤光自照，肝膽皆冰雪」，是對去歲桂林中秋，賓從雅聚的懷念，意謂我今夜獨在月下泛舟，桂林親友如問我近信，我亦是「一片冰心在玉壺」而已。自得自傲之氣，淩然於詞意之表。他對失官去職哪有絲毫介懷？本來他就未以靜江知府之職縈念，《水調歌頭．帥靜江作》愛的是桂林的風景宜人，「溪山好，青羅帶，碧玉簪」；人民安樂，「繁會九衢三市，縹緲層樓疊觀」「家種黃柑丹荔，戶拾明珠翠羽，簫鼓夜沈沈」。他樂得「莫問驂鸞事，有酒且頻斟」，殊不關情於驂鸞事業（本指成仙飛遊，此喻功名富貴）。同調《桂林中秋作》自道心跡，謂「老子興不淺，聊復少淹留」，用東晉庾亮月夜登武昌南樓，與屬吏同翫月之典，豪放不羈，不以纖屑得失為懷。

「短鬢蕭疏襟袖冷，穩泛滄溟空闊」，謂穩穩地泛舟在空闊如大海的湖面上，衹覺全身清冷，飄然仙舉。或謂「短鬢蕭疏」句有憂讒畏譏之意，未免穿鑿過深了。「盡吸西江，細斟北斗，萬象為賓客」用了禪宗的一段著名的公案為語典。唐代有一位著名的龐蘊居士，參謁馬祖道一禪師，問道：「不與萬法為侶者，是甚麼人？」馬祖說：「待汝一口吸盡西江水，即向汝道。」龐蘊於言下頓領玄旨。于湖這三句，既有莊子逍遙之象、齊物之心，又得禪宗之妙悟，更直入宋儒「吾之體即天地之氣」（《朱子語類》卷九十八）那樣光明偉岸的境界中去。「叩舷獨嘯，不知今夕何夕」，不是寫意，乃是寫實。于湖泛舟重湖，水月俱澄，心緣物感，衹覺真氣充盈，不自覺叩舷擊節，放聲長嘯，於天地之中，不但忘身遺物，連時間也全然忘卻。

葉紹翁《四朝聞見錄》載：「張于湖嘗舟過洞庭，月照龍堆，金沙蕩射，公得意命酒，唱歌所作詞。呼群吏而酌之，曰：『亦人子也。』其坦率皆類此。」「亦人子也」用的是陶淵明的故事。淵明在外地做縣令，派了一僕人回家，幫兒子擔柴挑水，信中叮囑：「此亦人子也，可善遇之。」意思是，這也是人家的孩子，你要善待他。于湖忘情爾我，全不理什麼上下之分、尊卑之別，與屬僚小吏呼朋引類，快意啖飲，這樣灑脫的人會因被劾而失落？我不之信也！

于湖泛舟洞庭之風流瀟灑，讓我想起北宋大儒張載《西銘》中的名言：「乾稱父，坤稱母；予茲藐焉，乃混然中處。故天地之塞，吾其體；天地之帥，吾其性。民，吾同胞；物，吾與也。」天地何等奇偉，人類何其渺小，乃竟為天地之子，混然處於其間，這不就是「玉界瓊田三萬頃，著我扁舟一葉」？我之體即是天地之氣，我之性即是天地之理，這不就是「素月分輝，明河共影，表裏俱澄澈」？民胞物與之懷，即是「盡吸西江，細斟北斗，萬象為賓客」。于湖此詞沒有一毫「遷客騷人去國懷鄉」的怨悱，而是妙悟至理，驟臻大道的狂喜，它甚至根本不是一般意義上的緣情言志之作，而是藉詞的方式歌唱出來的人生至境。

此詞曾有于湖真跡傳世。南宋魏了翁跋云：「張于湖有英姿奇氣，著之湖湘間，未為不遇。洞庭所賦，在集中最為傑特。方其吸江酌斗賓客萬象時，詎知世間有紫微青瑣哉。」（查禮《銅鼓書堂詞話》）了翁以為這首詞作於乾道三年知潭州（長沙）兼湖南安撫使之時，所以說他「未為不遇」，其實于湖作此詞時，尚是黜落之身，這就尤其見出詞人胸襟之闊異、境界之超卓。了翁說得對，當于湖吸江酌斗、賓客萬象之時，胸次何嘗有廟堂之念、富貴之求？這就難怪，晚清王闓運亟稱此詞「飄飄有淩雲之氣」，拿這首詞與東坡的《水調歌頭．明月幾時有》相比，說坡詞「猶有塵心」。（《湘綺樓詞選》）東坡中秋詞是有政治寄託的，「我欲乘風歸去，又恐瓊樓玉宇，高處不勝寒」，仍未忘情於宋神宗，于湖此詞卻真真是仙氣淩雲，無一點塵滓。

于湖以東坡文字為心摹手追的對象。葉紹翁說他「嘗慕東坡，每作詩文，必問門人曰：『比東坡如何？』」（《四朝聞見錄》）他的門生謝堯仁記載，于湖曾有水車詩（按：指《湖湘以竹車激水，粳稻如雲，書此能仁院壁》一首。）刻石，遂掛搨本於書室，特問道：「此詩可及何人？不得佞我。」堯仁即以「活脫是東坡詩」對。于湖詞之胸次筆力，南宋初年人皆以為勝東坡，于湖卻不敢自肯，祇望更讀十年書，再與東坡較高下。（《張于湖先生集序》）按照一般文學史的說法，東坡和于湖都是「豪放派」的詞人，實則東坡豪放之作，遠不及于湖之多且精。當然，豪放祇是詞中的別調，詞之主流仍是婉約。

明人張綖首論豪放婉約之別：「詞體大略有二：一體婉約，一體豪放。婉約者欲其辭情醞藉，豪放者欲其氣象恢弘。蓋亦存乎其人，如秦少游（秦觀）之作多是婉約，蘇子瞻（蘇軾）之作多是豪放。大抵詞體以婉約為正。」（《詩餘圖譜》序）此不過是張綖信口大言，但上世紀中葉以還，治文學史的學者眾口一詞，侈言宋詞有所謂豪放派、婉約派之分，又說東坡是豪放詞派之宗主，豪放高於婉約。或說婉約是唐末五代以來脫離現實鬭爭，專務婉麗；或云婉約派詞人所寫多是兒女私情、個人哀怨，缺乏社會意義。此類論斷皆瞽談昏論，去文學遠甚、藝術遠甚。吳世昌先生指出：

> 北宋無豪放派，祇有少數豪放詞。東坡三百四十多首詞中，有十首豪放詞嗎？向子諲南宋時做的可稱「豪放」，北宋時做的《江北舊詞》全是綺語。可見「豪放」與「婉約」主要是時代決定，不純是個人作風。南宋辛（棄疾）、劉（過）、陳（亮）諸人所作，因亡國的憤慨而發為「豪放」，至南宋亡國時，則祇有張玉田、王沂孫的頹廢派了。（《詞林新話》卷一）

吳世昌先生認為，一個人的詞風是由其遭際決定的，蘇軾本人極其惡劣的際遇，令到他悲憤、哀怨、曠達、慷慨，而獨不能使他豪放。（《宋詞中的「豪放派」與「婉約派」》）他說宋室南渡，人民逃難到江南，顛沛之苦，離散之慘，淪亡之痛，在在使得士大夫悲憤感慨，這樣寫出來的作品，當然是慷慨激昂、義憤填膺。這樣呈露出來的整體風格，宜稱之為「憤怒派」「激勵派」「忠義派」，而不該用「豪放」範之。因為，「『豪放』二字多少還有點揮灑自如、滿不在乎、豁達大度的含義。」（同上）吳世昌先生把詞風之異歸因於詞人遭際的不同，這是我所不敢完全苟同的，但他對「豪放」的理解，我卻更無間言。準此以觀兩宋詞壇，真正的豪放詞，實在沒有幾首。大多數所謂的豪放詞，都是豪而不放，較諸于湖洞庭詞之真豪放，便有東家施與西家施之別。

于湖《水調歌頭．泛湘江》亦是真豪放：

> 濯足夜灘急，晞髮北風涼。吳山楚澤行遍，祇欠到瀟湘。買得扁舟歸去，此事天公付我，六月下滄浪（ㄌㄤˊ）。蟬蛻塵埃外，蝶夢水雲鄉。　製荷衣，紉蘭佩，把瓊芳。湘妃起舞一笑，撫瑟奏清商。喚起九歌忠憤，拂拭三閭文字，還與日爭光。莫遣兒輩覺，此樂未渠央。

有一種文章是以氣行文，于湖則是以氣行詞。此首同為乾道二年被劾去官，取道瀟湘時作。詞的首二句用陸雲《九潛．紆思》：「朝彈冠以晞髮，夕振裳而濯足。」夜灘急水，恰可供他濯足，北風微涼，正好幫他晾乾頭髮。他沒有一絲一毫失意彷徨，反而感激上蒼，讓他離職賦閒，有機會一覽瀟湘美景。滄浪是古水名，昔有孺子歌：「滄浪之水清兮，可以濯我纓；滄浪之水濁兮，可以濯我足。」孔子甚稱道之，以為君子處世，亦當如是，即邦有道則仕，邦無道則隱之意。于湖對自己的出處，也如滄浪孺子一般恬然。他說自己就像「蟬蛻於濁穢，以浮遊塵埃之外」（《史記．屈原賈生列傳》），來到瀟湘這樣的水雲鄉，一時疑真疑幻，好比那夢蝶的莊子，不知是莊周夢為蝴蝶，還是蝴蝶夢為莊周。

于湖依楚人之俗，「製芰荷以為衣」「紉秋蘭以為佩」，（《離騷》）手把著芳潔的花枝，放舟而行。他登覽了湘妃廟，又到金沙堆忠潔侯廟（屈大夫廟）中憑弔屈原，拂拭石刻，屈原那些「雖與日月爭光可也」（司馬遷《史記．屈原賈生列傳》）的文字，不正是于湖一生最企慕的嗎？「湘妃起舞」以下五句，把實際的行程寫得恍如遊仙入夢，正像陳應行《于湖先生雅詞序》所說的那樣：「讀之泠然灑然，真非煙火食人辭語。予雖不及識荊，然其瀟散出塵之姿，自在如神之筆，邁往淩雲之氣，猶可以想見也。」于湖腔子內充塞著浩然之氣，磅礴欲出，去職後驟獲自由，又飽覽三湘大地勝景，他忍不住要假絲竹伴奏，縱情高唱。但又怕別人分去了快樂，寧願獨自一人，品嚼著自由的歡欣：「莫遣兒輩覺，此樂未渠央。」這裏用了《世說新語》中的語典。謝安對王羲之說：「中年傷於哀樂，與親友別，輒作數日惡。」羲之道：「年在桑榆，自然至此，正賴絲竹陶寫。恒恐兒輩覺，損欣樂之趣。」未渠央即未遽央，未能倉猝即盡之意。

于湖詞筆之雄肆高華，實在東坡之上。當然其詞作深婉韶秀不足，詞的整體成就不及東坡，亦無庸諱言。但單論「豪放詞」的成就，于湖堪稱前無古人。謝堯仁作為于湖的門下弟子，也夠得上是他的知音。當于湖問他，假使自己再多讀十年書，詞作能否方駕東坡時，他答道：「他人雖更讀百世書，尚未必夢見東坡，但以先生來勢如此之可畏，度亦不消十年，吞此老有餘矣。」（《張于湖先生集序》）謝堯仁這番話并非是面諛——當面拍馬，而是基於一個顯而易見的事實：于湖詞遠較東坡詞來得豪放。

我絕沒有說于湖詞高過坡詞之意，我衹是說，與東坡那些被人熟知的「豪放詞」比，于湖的很多詞作更符合豪放的標準。

于湖的豪放首先基於其天性，這也是謝堯仁說他文章以天才勝的原因。依照中醫理論來看，于湖天生就胸廓容量大、骸骨寬闊、心氣足。他兩眼大小不一，不像一般人那樣對稱，遂自為讚曰：

于湖。于湖。隻眼細，隻眼粗。細眼觀天地，粗眼看凡夫。（《自讚》）

在于湖這裏，兩眼不對稱不是一種可能引發自卑的相貌缺陷，反而因其與眾不同，讓他更生強大的自信力。

而儘管被文學史家強加上「豪放詞宗」「豪放派的開創者」諸般名號，東坡的豪放詞滿打滿算也沒超過十首。號稱「文學史上第一首豪放詞」的《江神子．獵詞》，念念不忘於「持節雲中，何日遣馮唐。會挽雕弓如滿月，西北望，射天狼」，冀望朝廷能遣老成之大臣，來密州起用他到西北邊疆，抵抗西夏。豪則豪矣，放則未必。《念奴嬌．赤壁懷古》感慨「故國神遊，多情應笑，我早生華髮。人生如夢，一尊還酹江月」，意興消沈，何嘗豪放？

東坡曾言：「退之詩云：『我生之辰，月宿直斗。』乃知退之磨蠍為身宮，而僕乃以磨蠍為命，平生多得謗譽，殆是同病也。」（《東坡志林》卷一）從韓愈的詩中，東坡知道了韓愈以摩羯為身宮，而自己卻是以摩羯為命宮，所以纔會和韓愈一樣，平生多遭人攻訐。謗譽本指譭謗和稱譽，東坡這裏是用作偏義複詞，衹有譭謗的意思。身宮、命宮在摩羯則命途多舛，這原是民間的傳說，東坡遭際坎坷，是基於他極執著的性情，但人的天性是不可改易的，東坡無奈之下，衹好說這一切都是命宮所決定的。世上像東坡這樣極認真、極執著的人殊為罕有，所以人們衹看到他表面的曠達，卻看不到他內心的孤寂，衹看到他詞中的「豪」，遂以為他也有「放」的一面，其實，東坡的性情決定了他既不可能真正曠達，也不可能做到豪放。

于湖愛賞東坡，但他畢竟不是東坡，他比東坡更灑脫，更識時知變，廷試對策中他也有歌頌秦檜之語，這在當時仕子皆然，在東坡必不然，于湖卻可以和光同塵，不與前途過不去。這樣的性情決定了他的一生就不會像東坡那樣，被現實殘酷教訓。不過于湖終是有底線之士，他中進士後獨不依附秦氏，幾為所陷，一生大節也無可指摘處。

于湖生於宋高宗紹興二年，辛更儒先生據其嗣子同之墓出土的銅印跋文「十有二月，十有四日，與予同之，命之曰同」，推斷于湖亦生於十二月十四日。（《張孝祥集編年校注》卷四五年譜。）可知于湖生於西曆一一三三年一月二十一日，身宮在水瓶。于湖自幼敏悟過人，紹興二十四年廷試，考官已定秦檜之孫秦塤第一，于湖第二，秦檜館客曹冠第三，宋高宗見秦塤、曹冠皆於策問中大力攻擊二程之學，惟于湖不攻，遂親擢于湖第一，評曰：「議論確正，詞翰爽美，宜以為第一。」置秦塤第三。秦檜銜怒，又因深恨已致仕（退休）的徽猷閣直學士胡寅，既將胡寅以「譏訕朝政」的罪名置於新州監管，于湖的父親張祁與胡寅交好，遂令人誣陷張祁有謀反之意，下大理寺審訊。秦氏黨羽復構陷當時節義之士五十三人，祇待秦檜畫押，即可治死，于湖名即在此五十三人中，因秦檜病重未能手書，遂暫罷。不久秦檜死，秦黨盡被逐，參知政事魏良臣上奏訴冤，張祁即被釋放，于湖也逃過了滅頂之災。

于湖少年英銳、卓然絕人，這段經歷祇會讓他相信天子聖明，權臣弄政雖能得意一時，終有雲開日霽之時。于湖入仕後數度被人彈劾落職，除第一次為汪徹所劾，提舉江州太平興國宮，食祿而無為兩年多，以後每一次落職，都很快起復，說明無論是宋高宗、宋孝宗，都不曾失去對他的信任。于湖三十八歲中暑身故，孝宗且有用才未盡之歎。總其一生，未為坎壈，他那豪放不羈的天性，得以不受戕賊而條暢發舒，他三十一歲就已「世路如今已慣，此心到處悠然。」就能像鷗鳥一樣忘機出塵：「寒光亭下水如天。飛起沙鷗一片。」（《西江月．題溧陽三塔寺》）飽更憂患者殊難理解于湖，正如于湖也難以理解前者為什麼總也放不下。

試讀他與喻樗（字子才）同登金山所作的《水調歌頭》：

江山自雄麗，風露與高寒。寄聲月姊，借我玉鑑此中看。幽壑魚龍悲嘯，倒影星辰搖動，海氣夜漫漫。湧起白銀闕，危駐紫金山。　表獨立，飛霞佩，切雲冠。漱冰濯雪，眇視萬里一毫端。回首三山何處，聞道群仙笑我，要我欲俱還。揮手從此去，翳鳳更驂鸞。

再讀其題黃州太守汪德邵所建無盡藏樓的同調之作：

淮楚襟帶地，雲夢澤南州。滄江翠壁佳處，突兀起紅樓。憑仗使君胸次，與問老仙何在，長嘯俯清秋。試遣吹簫看，騎鶴恐來遊。　欲乘風，凌萬頃，泛扁舟。山高月小，霜露既降，凜凜不能留。一弔周郎羽扇，尚想曹公橫槊，興廢兩悠悠。此意無盡藏，分付水東流。

登覽詩詞往往見出作家的胸襟。于湖在金山見「江平如席，月白如畫」（詞小序），遂生出與群仙同駕鳳鸞，歸隱三山（蓬萊、方丈、瀛州）之志。闊大的胸懷直接莊子，與終日憂國憂民的儒生迥異其趣。

無盡藏樓得名於《赤壁賦》：「江上之清風，與山間之明月。耳得之而為聲，目遇之而成色。取之無禁，用之不竭。是造物者之無盡藏也，而吾與子之所共適。」于湖并不理解東坡生命那灰暗的底色，他稱其為「玉局老仙」（因東坡曾提舉玉局觀。），希望能以簫聲邀東坡的魂魄騎鶴來遊，登無盡藏樓上，俯覽清秋江景，放聲長嘯。東坡赤壁詞「遙想公瑾當年，小喬初嫁，了雄姿英發。羽扇綸巾談笑處，檣櫓灰飛煙滅」（「了雄姿英發」，了是全然之意。後人不解，誤點斷為「小喬初嫁了，雄姿英發」。不知嫁了在唐宋時指嫁出去。又「談笑間」不合律，當作「談笑處」），《赤壁賦》說曹操「方其破荊州，下江陵，順流而東也。舳艫千里，旌旗蔽空。釃酒臨江，橫槊賦詩，固一世之雄也。而今安在哉」，于湖說，周瑜之勝，與曹操之敗，都隨悠悠流水，我們憑弔古跡的無限心情，也都分付東流了罷。于湖自道作意，謂此詞是「取玉局老仙遺意」，但東坡詞中「故國神遊，多情應笑」的歎惋，賦裏「哀吾生之須臾，羨長江之無窮。挾飛仙以遨遊，抱明月而長終。知不可乎驟得，託遺響於悲風」的悲慨，都是于湖詞中所沒有的。于湖詞之豪邁絕倫者在此，其不及東坡的詞賦那樣有醰醰之深味，亦在此。

于湖又嘗與理學家張栻、朱熹皆有交遊，未必不受理學影響。而理學的根本精神，即在捨個己之小我，而成其宇宙人生之大我。朱熹把理學溯源到宋初的胡瑗、孫復和范仲淹，范氏《岳陽樓記》有云：「不以物喜，不以己悲。」又曰：「先天下之憂而憂，後天下之樂而樂。」于湖既能不以物喜，不以己悲，他的天性所凝結成的豪放詞作，纔能邁往轢今，為我們指出一條高華奇偉的道路。

紹興三十一年十一月，于湖的同榜進士虞允文，督建康諸軍，在采石磯大敗南侵的金主完顏亮，于湖喜賦《水調歌頭．和龐佑父》：

雪洗虜塵靜，風約楚雲留。何人為寫悲壯，吹角古城樓。湖海平生豪氣，關塞如今風景，剪燭看吳鉤。賸喜然犀處，駭浪與天浮。　憶當年，周與謝，富春秋。小喬初嫁，香囊未解，勳業故優遊。赤壁磯頭落照，肥水橋邊衰草，渺渺喚人愁。我欲乘風去，擊楫誓中流。

他自詡如漢末的陳登，「湖海之士，豪氣不除」，鄙視求田問舍之人，想到前線戰勝後的風景，在燈下細試吳鉤，也要奮勇報國。然犀即燃犀，傳說點燃犀角，可入水不滅。這是用東晉溫嶠過牛渚磯，聽到水底有音樂聲，燃犀下照，見水族覆火，奇形異狀的典故，牛渚磯即采石磯的別名。周與謝是周瑜和謝玄，富春秋是說很年輕、未來的日子很長。周瑜任東吳水軍都督，赤壁之戰大敗曹操，時年三十四；謝玄少年時愛佩紫羅香囊，其叔謝安甚不滿，又不想傷他的心，就跟他打賭，把香囊贏來燒掉，從此謝玄再沒佩過香囊。後在淝水之戰以少勝多，令到前秦氏族苻堅的一統夢碎，時年四十一。于湖說周瑜正當小喬初嫁，謝玄也是仍佩著香囊的少年，這是文學的誇張，并不符合史實，他意在表達自己剛三十歲，也希望能像周、謝二子，從容運籌，談笑用兵，為國家建立勳業。他為不見周、謝空餘陳跡而渺渺生愁，希望自己能率師北伐，恢復中原故地。擊楫誓中流用東晉民族英雄祖逖北伐過長江，在中流擊楫為誓之典：「不能清中原而復濟者，有如大江！」

這是一首「主旋律」的詞作，然而并無庸鄙的歌功頌德之語，讀來祇覺神旺氣暢。同學虞允文的勳業，激發了于湖沖天的豪情，他藉詞言志，以第一等之襟抱，辭吐白鳳，意接蒼黃。此詞不同於他的豪放之作，乃是一首近於崇高的審美境界的「壯詞」（語出辛棄疾《破陣子》小序：「為陳同甫賦壯詞以寄之」。），如果說還有什麼缺憾的話，那就是于湖此詞「壯而不悲」，也就沒有能像後來的辛棄疾那樣沈鬱，更接近文學的最高樣式——悲劇。

于湖亦有憂時之作。他的悲慨多因時勢而發，與個人的陞沈出處全不相干。于湖本出主和的湯思退之門，但因對金持主戰立場，遂得主戰派領袖張浚的賞識。紹興三十一年張浚判建康府兼行宮留守，歲暮會集，于湖在席上賦《六州歌頭》，歌闋，張浚掩袖拭淚，罷席入內。《六州歌頭》本是軍中所用的鼓吹曲，音調悲壯，于湖此作尤其壯懷激烈，令人慷慨氣動：

長淮望斷，關塞莽然平。征塵暗，霜風勁，悄邊聲。黯銷凝。追想當年事，殆天數，非人力，洙泗上，絃歌地，亦膻腥。隔水氈鄉，落日牛羊下，區脫縱橫。看名王宵獵，騎火一川明。笳鼓悲鳴。遣人驚。　念腰間箭，匣中劍，空埃蠹，竟何成。時易失，心徒壯，歲將零。渺神京。干羽方懷遠，靜烽燧，且休兵。冠蓋使，紛馳騖，若為情。聞道中原遺老，常南望、翠葆霓旌。使行人到此，忠憤氣填膺。有淚如傾。

上片寫宋、金對峙的前線淮河一派淒涼死寂，不由細想起靖康之難，大概是天意如此吧，竟讓孔子講學的洙泗之地，淪於金人之手。隔著淮水望去，本應是良田千頃，稼禾如雲，卻成為金人牧牛羊的領地，到處衹見氈房和哨望的土堡。金人的權貴率領手下，手持火把，在夜間馳騁狩獵，映照著平原，光亮閃眼更刺心。北人的笳鼓軍樂，傳到對岸來，讓人心情悲愴。區脫、名王都是匈奴的說法，金人是肅慎之後，與匈奴本無關係，于湖用此二詞，更能激發大家的同仇敵愾之心。

下片責備朝廷，在采石磯大勝後，沒有把握時機，乘勝北伐，去解救淪陷區的中原父老，反而與金國互通使者，休兵靜燧了。此情此境，讓于湖這樣的忠憤之士何以為情？聽說中原的遺老，時時盼著王師北伐，還其舊都，倘使經過淮河，誰又不會忠憤激於懷，潸然下淚呢？

此詞在《于湖居士文集》「樂府」部分置為第一首，乾道七年建安劉溫父所編《于湖居士長短句》亦置在卷首，可見時人之推許。此詞固然筆飽墨酣，力大無倫，但更多地展現出時代的精神，而非于湖的藝術個性，與《念奴嬌·過洞庭》詞相比，仍須讓後者出一頭地。說明白點，就是《六州歌頭》當時人也能作得出，洞庭詞卻非于湖之胸襟筆力莫辦。

《浣溪沙·荊州約馬舉先登城樓觀塞》同為悲慨之作，但因篇製短小，比之《六州歌頭》尤覺沈雄哀涼：

霜日明霄水蘸空。鳴鞘聲裏繡旗紅。澹煙衰草有無中。　萬里中原烽火北，一尊濁酒戍樓東。酒闌揮淚向悲風。

此詞作於乾道四年秋知荊南府兼荊湖南路安撫使任上，比「忠憤氣填膺，有淚如傾」蘊藉，也就有了更耐咀嚼的餘味。

我不知道人類是因為悲觀纔會變得深刻，還是因為深刻所以纔會悲觀，但至少我可以肯定，豪放樂觀的人很難深刻。于湖的多首長調，是豪放詞的極則，但衹知「放」不知「留」，便不能如釅茶一樣，香留口齒，因其不夠深刻故。豪放是離普通人最遙遠的一種人生境界，因為它太完美。于湖闊異的胸襟，清靜的辭氣，令到每一個普通人衹能仰望，卻無法生出親近之心。幸好，這位看上去純然無滓的完美人物，也與我們一樣，因愛情而痛苦，他的那些纏綿怨悱的愛情詞，比那些衹可遠慕的豪放詞，更能打動碌碌我輩的心靈。

念奴嬌

風帆更起，望一天秋色，離愁無數。明日重陽，尊酒裏、誰與黃花為主。別岸風煙，孤舟燈火，今夕知何處。不如江月，照伊清夜同去。　船過采石江邊，望夫山下，酌水應懷古。德耀歸來，雖富貴、忍棄平生荊布。默想音容，遙憐兒女，獨立衡皋暮。桐鄉君子，念予憔悴如許。

此詞辛更儒先生繫在紹興二十九年重九前一日，以為是于湖思念遠在家鄉和州侍親的妻子時氏之作。（《張孝祥集編年校注》卷三九）于湖在紹興二十四年大魁天下，權臣曹泳請婚，于湖不答，當時他并未婚娶，何以不答曹泳之請呢？如果考慮到于湖與時氏是中表之親，可能早有情愫，便可理解詞中「德耀歸來，雖富貴、忍棄平生荊布」的含義了。德耀是東漢高士梁鴻的妻子孟光，此用以指時氏。「荊布」即荊釵布裙，語出《南史》卷五七《范雲傳》。初，江祏為其子求范雲女，酒酣時於巾箱中取剪刀為娉，范雲笑而受之。後來江祏貴盛，范雲也趁著酒醉，對江祏說：「昔與將軍俱為黃鵠，今將軍化為鳳皇，荊布之室，理隔華盛。」遂把剪刀歸還，江祏子也另娶貴族之女。于湖說，妻子時氏就像孟光一樣賢德，我即使富貴，怎能像江祏一樣，解除荊布之室的婚約呢？桐鄉指嘉興府崇德縣梧桐鄉，于湖的二舅時𢡟——也是他的岳父，曾任崇德主簿，遂家於桐鄉。有子勝之、恭之、文之、惠之，長女時氏嫁于湖。于湖既經外舅之里，遂念及伊人，亦望桐鄉親戚，能體諒他遊宦不定，不能帶時氏省親的歉疚。此詞清麗婉約，意境酷肖杜甫的《月夜》：「今夜鄜州月，閨中祇獨看。遙憐小兒女，未解憶長安。香霧雲鬟濕，清輝玉臂寒。何時倚虛幌，雙照淚痕乾。」與結髮妻子的海樣深情，寫得這樣地委宛動人。

時氏病逝後，于湖續娶喻樗之女喻氏，但不久被迫仳離。元人《排韻增廣事類氏族大全》卷一七《去婦》條記載：「喻氏，張孝祥之妻也。事舅姑不豫，竟至仳離。孝祥作《木蘭花》寄之，有『玉簪中折，覆水難收』之句。」（《張孝祥集編年校注》卷四三引。）此詞字字著實，顯然背後有著于湖痛切的情感故事，而這一類的詞，如不明本事，最難索解，幸得辛更儒先生找到本事，纔算豁然開朗：

木蘭花慢

紫簫吹散後，恨燕子，祇空樓。念璧月長虧，玉簪中折，覆水難收。青鸞送、碧雲句，道霞扃霧鎖不堪憂。情與文梭共織，怨隨宮葉同流。　人間天上兩悠悠。暗淚灑燈篝。記谷口園林，當時驛舍，夢裏曾遊。銀屏低、聞笑語，但醉時冉冉醒時愁。擬把菱花一半，試尋高價皇州。

上片說：淒咽的簫聲將燕子驚走，祇餘下空空的樓臺。與所愛之人中道分離，就像月亮祇有一夕能圓，就像玉簪折斷，就像覆盆之水，再難收起。青鳥信使為我傳來你相思的詞句，說的是你的心房如被藍霞濃霧關鎖，憂愁怎堪重說！就彷彿前秦的蘇蕙，將深情織入回文詩句，又好似唐朝的宮女，將幽怨題於紅葉，放入御溝的水中，流出宮牆。碧雲是用江淹「日暮碧雲合，佳人殊未來」的語典。

「情與文梭共織」是說前秦苻堅時，秦州刺史竇滔被徙流沙，其妻蘇蕙思之，織錦為回文旋圖詩以寄，錦上文字宛轉循環皆可成詩，凡八百四十字，詞甚悽惋。「怨隨宮葉同流」用唐代詩人顧況事。顧況在洛陽，趁閒與一二詩友遊於苑中。流水上得大梧葉，上題詩曰：「一入深宮裏，年年不見春。聊題一片葉，寄與有情人。」

過片「人間天上兩悠悠」，以淒斷哀涼之語另起一闋。「人間天上」不是說天人睽隔，而是說我們在人間天上，都無相見之時。故衹有在燈前憶舊，徒灑情淚而已。

于湖不由記起往昔相愛時的同遊過的「谷口園林，當時驛舍」，現在衹有夢裏纔能一往了。鑲銀的屏風逼人如壓，聽到別人的笑語聲，而自己卻是醉時迷離，醒時愁苦，無法感知歡樂。冉冉，迷離貌。「擬把菱花一半，試尋高價皇州」最是驚心動魄，因其在絕望中仍不肯放棄渺茫的希望，因其不但因愛人別離而痛，更因所求不得而苦。這兩句用的著名的破鏡重圓的故事：陳朝樂昌公主駙馬徐德言，知陳朝將亡，遂剖一鏡，與妻各執其一，約曰：他日必以正月十五賣於都市，我當在，即以是日訪我。及陳朝為隋所滅，公主被越國公楊素所得。德言流離辛苦，始能至京師，正月十五日訪於都市，果見有蒼頭老者，以高價賣半鏡，德言出半鏡以合之，又題詩曰：「鏡與人俱去，鏡歸人不歸。無復嫦娥影，空留明月輝。」公主得詩，流淚不止，不肯進食。楊素乃知道此事，愴然改容，即召德言，還其妻。

于湖還有一首同調之作：

送歸雲去雁，澹寒采，滿溪樓。正佩解湘腰，釵孤楚鬢，鸞鑒分收。凝情望、行處路，但疏煙遠樹織離憂。祇有樓前流水，伴人清淚長流。　霜華夜永逼衾裯。喚誰護衣篝。念粉館重來，芳塵未掃，爭見嬉遊。情知悶來殢酒，奈回腸不醉祇添愁。脈脈無言竟日，斷魂雙鶩南州。

辛更儒先生認為是于湖在靜江府任上思念喻氏所作，竊以為非是。此詞當與上詞同時而作，皆喻氏被出後所作。佩解湘腰用《楚辭．九歌．湘君》語：「捐余玦兮江中，遺余佩兮澧浦。」釵孤楚鬢的孤是離棄之意，謂喻氏臨行，摘釵相留，鸞鑒是對鏡子的美稱，分收，仍用破鏡成圓之典，意即姑且各執半鏡，仍冀有重圓之日。一結「斷魂雙鶩南州」，南州指豫章郡，喻氏父喻樗之先為南昌人，即古之豫章，又初唐王勃在南昌作《滕王閣序》，有「落霞與孤鶩齊飛」之句，于湖謂：南州鶩能雙飛，而我卻孤零一個。

佛說人生有八苦：生、老、病、死、怨憎會、愛別離、求不得、五盛陰，其中五盛陰又譯作五取蘊，意為五蘊生滅變化無常，盛滿各種身心痛苦。色、受、想、行、識謂之五蘊。于湖諸苦皆可澹然處之，而獨有愛別離之苦，賢如于湖，亦不能免。于湖中狀元後，到秦檜之門拜謝，秦檜說皇上不但愛狀元的策問，又且喜歡狀元的詩與書法，真可謂三絕了，又問他詩學何人，字法哪家，于湖莊重正色道：「本杜詩，法顏字。」秦檜心中生嫉，但笑曰：「天下好事，君家都佔盡。」其實一個人怎麼可能佔盡天下好事，于湖不能做太上忘情，將愛別離之痛，渲染成深情的詞作，反而更讓我們覺到親切。于湖那些豪逸絕塵的詞作，固然值得我們永遠的仰慕，但那是太過高明的理想之境，可望不可即，他的愛情詞纔真能撩撥到我們的心絃。畢竟，我們都在人生八苦中辛苦恣睢著。

布被秋宵夢覺
眼前萬里江山
实乙未冬夜於京

拚千醉，醉裏看吳鈎。江晚鷓鴣催壯別，
春深鵜鴂動新愁。分淚與黃流。

右辛青兕

可惜流年，憂愁風雨

辛棄疾

宋欽宗靖康二年（一一二七）四月，北方女真族政權金國攻破宋都汴梁，擄劫徽、欽二帝北上，同時被擄的還有皇族後宮、大臣名公、樂工巧匠、平民百姓不下十萬人，太平百年宋都所積累的財富，也被金人洗掠一空。宋徽宗於被擄路上，作有一闋《燕山亭．北行見杏花》，詞中感慨：「天遙地遠，萬水千山，知他故宮何處。怎不思量，除夢裏、有時曾去。無據。和夢也、新來不做。」發語淒斷，令人腸斷氣結。金人剝奪了他的一切，甚至包括最後的尊嚴，亡國之君，欲求一死而不可得，使人思之惻然。

金人擄走徽、欽二帝後，立太宰張邦昌為帝，成立偽政權，國號大楚。張邦昌祇做了三十二天偽皇帝，即擁戴康王趙構在應天府（今河南商丘）登極，年號建炎。康王曾在金國為人質，對金人懼若豺虎，遂決意南逃建康（今江蘇南京），主戰的李綱、宗澤均被他削權投閒。他先以揚州為行在（天子巡行駐蹕的地方），又一路南逃，陞杭州為臨安府，意為臨時安頓，其實是想長安於此。金人一路追擊，康王直逃到海上，漂泊三十餘日，始得脫險。戰爭延至宋高宗紹興十一年（一一四一），宋金雙方簽訂和議：宋向金稱臣，由金國策封趙構為皇帝，大散關至淮水以北，土地人民，不再為宋所有，宋國每年向金國進貢銀二十五萬兩，絹二十五萬匹。從此開啟了一百餘年偏安苟且的南宋。

在連年的戰爭中，無論士大夫還是普通老百姓，莫不顛沛流離，受盡苦楚。這是一段血淚交迸的歷史，而在這期間湧現出的不少詞作，都表現出強烈的民族意識、愛國情懷，感激時事、慷慨悲歌之作，成為時代的最強音。其中健者，則有朱敦儒、陳與義、葉夢得、張元幹、向子諲諸人。

如朱敦儒《水龍吟》詞感慨「回首妖氛未掃，問人間、英雄何處」，惋惜自己「奇謀報國，可憐無用，塵昏白羽」，祇得「愁敲桂棹，悲吟梁父，淚流如雨」；他眼中的這段歷史，「箇是一場春夢，長江不住東流」（《臨江仙》），他向蒼天發問「中原亂，簪纓散，幾時收」，最終卻是「試倩悲風吹淚、過揚州」（《相見歡》），歸於一場慟哭。葉夢得不忿於「邊馬怨胡笳」，胡人侵佔中原，祈盼有一位像謝安一樣的英明統帥，「談笑淨胡沙」（《水調歌頭．秋色漸將晚》）。張元幹贈胡邦衡、李綱的二首《賀新郎》，更是激越蒼涼，氣沖牛斗。

然而，這一類被文學史家稱為「豪放詞」的作品，情感過於直露，詞中的意象，都是為了烘託情感而生生拉扯過來的「造境」，令人一覽無餘，沒有可供細品的餘味，稱不上第一流的詞品。更重要的是，這類作品產生於戰亂連綿、國破家亡的時代，時代裹脅了每一個人，於是便出現了這些沒有個性、祇有共性的詞作。在乾坤板蕩的時局下，個人的自由心靈變得不再重要，詞人的哀怨憤激，都不得不附麗於時代，難以產生超越時代的藝術價值。而我們知道，真正偉大的作品，一定是超越時代的。

南宋詞壇，至張于湖而有生新的面目，自辛稼軒橫空出世，遂能壓倒古人，於唐宋諸大家外別樹一幟。

辛稼軒，名棄疾，字幼安，出生於山東歷城，他出生時，北方已淪陷於異族十三年了。稼軒的祖父辛贊，雖然在金人的統治下做著小官，卻心懷大宋，「每退食，輒引臣輩登高望遠，指畫山河，思投釁而起，以紓君父所不共戴天之憤」（辛棄疾《進美芹十論劄子》），稼軒從他的祖父那裏接受了儒家正統思想，他不僅以士大夫名節自勵，更以恢復中原、致君堯舜作為其畢生信仰。稼軒不僅有英雄情懷，更有英雄手段，他的詞是英雄之詞，與一般文人的詞作殊觀。

歷來說詞者多把蘇辛并舉，謂為「豪放派」的代表人物，且每以為辛詞學自蘇詞；祇有清代周濟《宋四家詞選》，以稼軒「斂雄心，抗高調，變溫婉，成悲涼」，為「領袖一代」之大家，反以蘇詞附於辛詞之下，崇辛抑蘇，堪稱獨具隻眼。他又在《介存齋論詞雜著》中比較蘇辛，曰：「稼軒不平之鳴，隨處輒發，有英雄語，無學問語，故往往鋒穎太露。然其才情富豔，思力果銳，南北兩朝，實無其匹，無怪流傳之廣且久也。世以蘇辛并稱，蘇之自在處，辛偶能到之；辛之當行處，蘇必不能到。二公之詞，不可同日語也。」拈出「才情富豔，思力果銳」八字，的是知音，又說「稼軒固是才人，然情至處，後人萬不能及」，更是深有味於斯道的卓見。惟稼軒之高卓，不僅在於其沈鬱悲涼耐於尋繹的詞味，更在於他是中國歷史上罕見的具有古希臘悲劇英雄氣質的詞人，他的詞中，跳躍著的是與古希臘悲劇一樣的崇高精神。

悲劇（tragedy）一詞，起源於古希臘，本意是「山羊之歌」。古希臘人祭祀酒神狄俄尼索斯，以歌隊侑神，所有歌隊中人都穿著山羊皮，戴著羊角，裝扮成酒神侍從薩提爾的樣子，歌頌酒神，後來慢慢發展為代言體的戲劇形式。古希臘悲劇多演神的故事，所謂的悲，不是悲傷之悲，而是悲憤激越之悲，悲劇中激蕩著的是強大的生命意志。

悲劇的美學旨趣是崇高。一切悲劇，最終都要帶給人以崇高感。大家可能最熟悉的是魯迅對於悲劇的定義。他說，悲劇是將人生有價值的東西毀滅給人看，喜劇是將那些無價值的撕破給人看。魯迅的這種看法，其實也不是他的發明。西哲亞里士多德就認為，悲劇要描寫比我們高尚、比我們要好的人，而喜劇則是要描寫比我們卑賤，比我們要差的那些人。這一說法，并沒有把握住悲劇的本質。

我個人最欣賞德國哲學家黑格爾對悲劇的定義。黑格爾說：「在悲劇裏，個人通過自己的真誠願望和性格的片面性來毀滅自己。」悲劇主人公性格的片面性與他的真誠願望產生衝突之時，他沒有選擇放棄、逃避、妥協，而是選擇了猛銳抗爭，殞身不恤，最終，主人公毀滅了自己，卻張揚了他的生命意志，在毀滅之火中放出絢爛的光芒。

西方傳統上把悲劇區劃為命運悲劇與性格悲劇，如古希臘索福克勒斯的《俄狄浦斯王》是命運悲劇，而莎士比亞的名劇《奧賽羅》則是典型的性格悲劇。但天命之謂性，天之所賦，不可改，不可易，性格也是一種命運。面對天命，人不再衹是順從，而是以其強有力的生命意志，勇於抗拒天命，不畏犧牲，展露出人性的高貴莊嚴，這正是悲劇精神的價值所在。稼軒就正是這樣一位悲劇英雄。

古希臘悲劇主人公起先都是神，後來也開始表現有神的血統的英雄人物，通常他們都是勇武過人、才智出眾之士。稼軒武藝超群，膽略過人，一生力圖恢復中原故地，卻不能一騁其志，反而累遭投閒置散。他的人生荒廢了將近二十年，原因在於，當時南宋的基本國策是向金國屈膝求容，而非掃平胡氛。「使李將軍，遇高皇帝，萬戶侯何足道哉」（劉克莊《沁園春．夢孚若》），稼軒不幸未生在需要開疆拓土的時代，風雲才略，無可措用，終其一生，都在與無奈的命運抗爭，他的詞作，就是他不屈抗爭的心靈寫照，也因此呈現出他人無法效倣的崇高之美。

當然，稼軒與西方悲劇主人公不一樣的是，他沒有像西方的悲劇主人公那樣，最終走向毀滅。但實際上，他通過燃燒自己的生命，讓生命的餘燼化成傳之不朽的詞作，這是另一種形式的生命毀滅。也正因此，他的詞作纔尤其動人。

我們對比蘇詞與辛詞，對稼軒詞中的悲劇意識就會有更深切的感受。他們之間的分別，不是前人所謂的蘇才高而辛力大，實以蘇之生命精神偏於沖澹，不若辛之生命，如大火烈焰，有悲劇感，有崇高感而已。譬如同是讀老、莊，蘇、辛二家，亦絕不雷同。東坡是儒釋道三教俱完足於心，讀莊子，尤深洽於心；稼軒卻一生恪守儒學，對道禪雖未明斥，內心終是格格不入。而儒學本就是偏於悲劇情懷的一門學說，孔子被石門晨門稱作「知其不可而為之者」，曾子曰「自反而縮，雖千萬人吾往矣」，孟子曰捨生取義，都是偉大的悲劇精神。歷代儒生，每多殺身成仁、捨生取義之士，他們能在乾坤板蕩之際做出猛銳的選擇，其實都是從孔子那裏繼承了悲劇的性格基因。

感皇恩．讀莊子聞朱晦庵即世

案上數編書，非莊即老。會說忘言始知道。萬言千句，不自能忘堪笑。今朝梅雨霽，青天好。」一壑一丘，輕衫短帽。白髮多時故人少。子雲何在，應有玄經遺草。江河流日夜，何時了。

朱晦庵是南宋理學家朱熹。當時他的學問已被朝廷宣佈為偽學，嚴禁士子傳習，朱熹既歿，門生故舊都不敢去送葬，稼軒卻不計個人安危，寫了這首詞以為弔唁。選擇《感皇恩》這個詞牌，其實是對皇帝的諷刺。表面看，這首詞用到了一些老莊的哲學思想，顯得頗有曠達之思，但是詞人又說，老莊之學，是要人忘言、忘情，自己卻是「不自能忘」，他眷情於故人多已下世（白髮多時故人少），他心中的怨苦，便如江河日夜奔流，無有已時。由此可見，稼軒與老莊之學，本質上是格格不入的。

人們往往把蘇、辛并稱為豪放詞人，其實《東坡樂府》中豪放之作滿打滿算也超不過十首，辛詞固不乏粗豪之作，但是與豪放的精神——豪情高縱，滿不在乎——并不特別契合。無論對哪一位詞人來說，粗豪都不是一個優點，而是一種毛病，衹是稼軒才大，使人不覺粗豪為病耳。比如京劇中的麒派，是啞著嗓子唱戲，固然有其濃墨重筆的潑畫之美，但啞嗓子終究是毛病，不如高亮窄的老生嗓子受聽。如《南鄉子．登京口北固亭有懷》：

何處望神州。滿眼風光北固樓。千古興亡多少事，悠悠。不盡長江滾滾流。　年少萬兜鍪。坐斷東南戰未休。天下英雄誰敵手，曹劉。生子當如孫仲謀。

衹好算是一篇合韻的史論，卻離詞心、詞味相距遼遠。

又如《破陣子‧為陳同甫賦壯詞以寄之》：

醉裏挑燈看劍，夢回吹角連營。八百里分麾下炙，五十絃翻塞外聲。沙場秋點兵。　馬作的盧飛快，弓如霹靂弦驚。了卻君王天下事，贏得生前身後名。可憐白髮生。

雖然虎虎生氣，終嫌一泄無餘，缺乏詞味。衹是他情感熾熱，真力彌漫，方能救粗豪之失，不墮於叫嘯一路。

與其說辛詞的風格是豪放的，倒不如說辛詞是包羅萬象的。在稼軒那兒，無一事不可入諸詞，生活中猥瑣平庸的小事，他都可以寫入詞裏面，且別饒天趣。他又豈但是以詩為詞而已，文、賦各體，莫不可入諸詞。在他投閒置散將近二十年的漫長歲月裏，他更是把詞當成排憂遣悶的遊戲，以近似於俄羅斯學者巴赫金所謂的「狂歡化」精神去寫作。如下面這一首《水龍吟》：

聽兮清珮瓊瑤些。明兮鏡秋毫些。君無去此，流昏漲膩，生蓬蒿些。虎豹甘人，渴而飲汝，寧猿猱些。大而流江海，覆舟如芥，君無助、狂濤些。　路險兮、山高些。愧余獨處無聊些。冬槽春盎，歸來為我，製松醪些。其外芳芬，團龍片鳳，煮雲膏些。古人兮既往，嗟余之樂，樂簞瓢些。

此詞是稼軒第二次被貶，在江西瓢泉蟄居八年之時所寫。詞前有小序，曰：「用些語再題瓢泉，歌以飲客，聲韻甚諧，客為之釂。」所謂「些語」，就是每一句的句末，都用「些」字作為語助詞。「些」字是楚方言，楚辭的名篇《招魂》中，就以此字作為句末語助詞。這首詞的真正的韻腳，是「些」字前面的那些字：瑤、毫、蒿、猱、濤……這樣的詞，既不是言志之作，也非緣情而發，它衹是在表達一種諧趣，大約從俳諧文發展而來，是十足十的遊戲筆墨。

復如《沁園春．將止酒，戒酒杯使勿近》：

杯汝來前，老子今朝，點檢形骸。甚長年抱渴，咽如焦釜；於今喜睡，氣似奔雷。汝說劉伶，古今達者，醉後何妨死便埋。渾如此，歎汝於知己，真少恩哉。　更憑歌舞為媒。算合作平居鴆毒猜。況怨無大小，生於所愛；物無美惡，過則為災。與汝成言，勿留亟退，吾力猶能肆汝杯。杯再拜，道麾之即去，招則須來。

這首詞把酒杯給擬人化了，詞人絮絮叨叨，列數對酒杯的不滿，疏狂之態可掬，詼諧之致可喜。雖然它絕非文學，缺乏文學應有的感人的力量，但也算拓宇開疆，為詞之一體的發展做出了貢獻。稼軒寫這類詞是因為他滿腔的精力無法宣洩，無聊到極點，衹好把文字當作遊戲。

幸好稼軒不是衹有這樣的作品。辛詞之佳妙，不在其「橫放傑出」（晁無咎評蘇軾詞之語），粗豪跌宕，不在其「橫豎爛漫」（劉辰翁《辛稼軒詞序》），無一事不可入詞，而在其常能婉麗嫵媚，卻又風骨凜然。他集中佳作，總是那樣冷豔而淒厲，如子歸啼血，嫠婦夜起。他是在沈鬱的況味中蘊藏著悲劇性的崇高。

青玉案．元夕

東風夜放花千樹。更吹落、星如雨。寶馬雕車香滿路。鳳簫聲動，玉壺光轉，一夜魚龍舞。」

蛾兒雪柳黃金縷。笑語盈盈暗香去。眾裏尋他千百度。驀然回首，那人卻在，燈火闌珊處。

元夕即元宵，農曆的正月十五，是中國古代城市不行宵禁，男女自由約會的日子。這首詞上片先以「東風」三句，寫出元宵燈市迷離惝恍之美，再承以「寶馬雕車香滿路」，極寫人流繁密。「鳳簫聲動」是說春色漸近，古人詩句中，凡涉「鳳簫」一詞，多在春日；「玉壺」則是用以滴水計時的滴漏壺，「玉壺光轉」，是說時光在玉壺滴瀝的水聲中悄悄流逝。一夜之中，各種形製的花燈紛紛披呈，彷彿魚龍戲舞，千奇百怪。上片的風格，是十分峭直的。

過片承元夕之題，寫詞人遇見一位絕色佳人，她的頭上插著美麗的頭飾，笑語盈盈，從身邊走過，空氣中還留著她身體的幽香。詞人很想與之交言，卻到處覓不著她的蹤影，不期然地回首一瞥，卻見到她正在燈火零落將盡的所在，悄然站立。「眾裏尋他千百度」的「度」，是宋時方言，今天廣東話依然保留，意即「處所」。相對於上片的峭直，下片風格轉為婉麗深沈。

這是一首有寄託的作品。稼軒把自己與這位佳人的關係，比喻與皇帝的君臣遇合。他渴望獲得朝廷的信任，好讓他披甲沙場，恢復中原。然而，心中的「她」卻終是可望而不可即。但在讀者讀來，并不覺淒婉，便因詞人有著「眾裏尋他千百度」的執著情懷，這是與命運抗爭的悲劇精神，詞的風骨也正因此而得以呈現。

菩薩蠻．書江西造口壁

鬱孤臺下清江水。中間多少行人淚。西北望長安。可憐無數山。　青山遮不住。畢竟東流去。江晚正愁予。山深聞鷓鴣。

這是一首借登山臨水而弔古傷今的名作。鬱孤臺建在贛州以北賀蘭山頂，以山勢高阜、鬱然孤峙而得名。據羅大經《鶴林玉露》卷三：「吉州吉水縣，江濱有石材廟。隆佑太后避虜，御舟泊廟下，一夕，夢神告曰：『速行，虜至矣！』太后驚寤，即命發舟指章貢。虜果躡其後，追至造口，不及而還。」稼軒即因此史實而生感慨。

詞的上片，先寫往來登臨鬱孤臺之人，心懷忠憤，感慨當日金人險些追及隆佑太后的奇恥大辱，不由得淚水濺入清碧的江水之中。江水奔流不盡，而行人的傷心之淚，也橫流無盡。登臺向西北望去，哪裏能見到故都汴梁？衹見重重疊疊的山，遮住了望眼。隱喻故都已淪於金人之手。過片承上

「可憐無數山」頂針寫下去，「青山遮不住，畢竟東流去」二句，表面上是講贛江之水，不為青山所阻，滔滔不息，奔流到海，實際上是說，神州貴冑，雖遭一時折辱，終當重新奮起。然而，朝廷終無恢復中原之志，詞人心中本已積鬱難開，更何況聽到深山中鷓鴣的哀叫？無限哀涼心事，自然盡在不言中了。鷓鴣似山雞而體型較小，其叫聲像是在說「行不得也哥哥」，山中何鳥不鳴？詞人偏說聽著鷓鴣啼，是說恢復之事行不得，意蘊極為深長。

清平樂．獨宿博山王氏庵

繞床飢鼠。蝙蝠翻燈舞。屋上松風吹急雨。破紙窗間自語。　平生塞北江南。歸來華髮蒼顏。布被秋宵夢覺，眼前萬里江山。

此詞音節繁密，急如擂鼓，沈鬱之至，而又崇高之至。詞人行經博山（今江西省上饒市廣豐縣洋口鎮博山村）一帶，在一戶王姓人家投宿；庵，是圓形的草屋。詞的上片，描寫宿所的簡敝：老鼠覓不著食物，夜中繞著床鋪活動，門窗殘破，蝙蝠飛入屋中，圍著燈火翻飛。大風吹著屋頂上的松樹，松葉搖得沙沙響，彷彿是一陣驟雨；糊在窗櫺上的窗紙，也已殘破不堪，發出低喃的聲響，如同有人在絮絮自語。在這樣的環境下，詞人的心境是沈鬱的、哀涼的，他自然地點檢平生心事，想起自己一生志在恢復中原，少年時受祖父所命，入燕京應舉，以刺探敵人虛實，後來南渡投宋，終不能一騁其志，年華虛度，祇落得頭髮花白，容顏蒼老。但結二句陡然振起，謂秋夜夢回，仍時時以天下江山為念。這種造次顛沛，不離於仁的悲劇情懷，與詞人的生命相始終，展現出崇高之壯美，也是稼軒詞最能動搖人心的地方。

稼軒是在淪陷區起義投奔大宋的。宋高宗紹興辛巳（一一六一），金主完顏亮讀了柳永的《望海潮》詞，欣然有慕於江南之三秋桂子，十里荷花，遂興立馬吳山之志。他舉大軍南侵，卻在采石磯被宋軍擊敗。其時完顏雍又在後方政變，登基為帝，侵宋的金人軍心不穩，遂發起兵變，殺死了完顏亮。金國內亂讓稼軒看到了恢復故土的希望，他結合了二千兵馬，舉義旗起義，投奔當時有二萬兵馬，號稱天下節度使的耿京，被封為掌書記。稼軒還說服了另一支義軍的首領義端和尚歸順耿京。孰料義端首鼠兩端，趁著一天晚上，偷走了耿京的軍印逃走，準備投降金人。耿京發現此事大怒，要以軍法處置稼軒，稼軒卻并不慌張，向耿京要求給他三天時間，必將義端拿獲，如事不遂，再來就死未晚，遂一路向金營追將過去，終於在半途追獲了義端和尚。義端自知性命不保，忙對稼軒說：「我識君真相，乃青兕也。力能殺人，幸勿殺我。」義端大概善相術，他想挾此祕術乞得不死，稼軒當然沒有理他，徑斬其首，歸報耿京。這一年他纔二十二歲。

稼軒被後人稱作「辛青兕」，就是因義端說破他的「真相」這件事。他的好友陳亮這樣形容他的相貌：「眼光有棱，足以照映一世之豪；背胛有負，足以荷載四國之重。」所謂背胛有負，就是說他肩部肌肉發達。稼軒的身材一定非常魁梧壯碩，他更像一位赳赳武夫，而不是文人。他讓我想起了清末臺灣詩人丘逢甲。逢甲於清廷決定割讓臺灣後，舉黑虎義旗抗日，號臺灣民主國，尊巡撫唐景崧為大總統，自任副總統兼大元帥，抗日失敗後逃回內地，住在梅州蕉嶺。其《嶺雲海日樓詩鈔》力大無倫，其人外形也勇武非常，曾被人誤會是武進士。實際上丘逢甲自幼文采出眾，有神童之譽，是正途進士出身。這樣兼資文武的人才，在中國歷史是十分罕見的，他們更像是古希臘的悲劇英雄。

鷓鴣天

有客慨然談功名，因追念少年時事，戲作。

壯歲旌旗擁萬夫。錦襜突騎渡江初。燕兵夜娖銀胡䩮，漢箭朝飛金僕姑。　追往事，歎今吾。春風不染白髭鬚。都將萬字平戎策，換得東家種樹書。

此詞紀稼軒二十三歲時事。這一年，稼軒勸耿京奉表歸宋，既得首肯，遂與另一起義領袖賈瑞同去行在建康詣聖，帶回了南宋朝廷的任命書。其時耿京竟為叛將張安國所殺，獻於金人。辛棄疾親將五十騎，夜襲金營，活捉張安國，馬不停蹄，晝夜不食，終於押解著叛徒趕到新的行在臨安，交給朝廷，斬首於市。

稼軒的韜略智謀勇武，無一非上上之選，實在可以說是有改天換地之能，可是他終於不能一騁其志，這樣，他心頭的抑鬱憤激也就尤其過人。

稼軒歸宋以後，一心為天下蒼生計，以恢復中原為念，但朝廷衹給他通判建康府、司農簿、知滁州、江東安撫司參議官、倉部郎官等內外官職，到前線與金人作戰，遙遙無期。這中間，他給宋孝宗上過《美芹十論》，分析敵我情況，提出中肯建議，又曾給丞相虞允文上《九議》，更具體地談恢復大計，這些主張，都是十分切實可行的，也體現出稼軒對兵事的深刻理解。怎奈有志恢復的宋孝宗和虞允文儘管很重視稼軒，宋孝宗還曾親自召見他，卻終於因各方面的阻力，未能把他的主張付諸實踐。後來劉克莊、周密這些人都感慨，倘使稼軒的主張能為朝廷所用，歷史也許就會改寫了。劉克莊、周密的感慨不是無的放矢。稼軒既有卓絕的軍事天分，同時又是從淪陷區過來，深稔敵情，他的主張都是切實可行的。

水龍吟·登建康賞心亭

楚天千里清秋，水隨天去秋無際。遙岑遠目，獻愁供恨，玉簪螺髻。落日樓頭，斷鴻聲裏，江南遊子。把吳鉤看了，欄杆拍遍，無人會，登臨意。　休說鱸魚堪鱠，盡西風、季鷹歸未。求田問舍，怕應羞見，劉郎才氣。可惜流年，憂愁風雨，樹猶如此。倩何人喚取，紅巾翠袖，揾英雄淚。

這首詞是稼軒通判建康府時所作。歸宋已經有一些年頭了，英雄卻無用武之地，登高騁目，無非傷懷，清秋景致，益增哀涼。「楚天」二句，如畫潑墨山水，衹用澹素的色澤，即刻畫出江南的凜然秋意。「遙岑」三句，說的是眼中遠處的丘陵，彷彿是歌伎插著玉簪、盤著梳起的髮髻，她們唱著無聲的歌曲，傳遞著幽愁暗恨。「落日」三句，以夕陽西下、孤雁唳叫的淒婉，映襯詞人客居江南，不得見用的淒涼心緒。自「把吳鉤看了」以下，情緒由淒婉頓轉激越。吳鉤是古代一種彎刀，唐代詩人李賀有詩云：「男兒何不帶吳鉤。收取關山五十州。」稼軒即暗用此典。意謂，我一心要率兵北伐，收復失地，卻無法得到朝廷的支持，祇能拍遍欄杆，縱情高唱，以一泄胸中塊磊，我的心事，又有誰真的懂得呢？過片情感又是一轉。詞人投宋後，不能效命沙場，祇是做著地方官，不免偶興歸老之志，但他馬上自我否定了這種想法。晉代張翰字季鷹，當西風起時，想到家鄉松江的鱸魚蓴羹，於是掛冠歸隱。稼軒此處是反用典故，意思是，不要說家鄉的鱸魚有多美味，西風起時，有幾人能如張翰一樣決然歸隱呢？方當天下擾攘之際，倘使像許汜一樣買地買房，我該被劉備那樣的英雄所恥笑吧！然而，壯志難酬，年華虛度，人生如在風雨之中，憂愁逼人。晉代大司馬桓溫，經過金城，看到從前自己做琅琊內史時所種的柳樹已有十圍（兩手合拱）之粗，感慨「木猶如此，人何以堪」，稼軒也是深致慨於歲月如流、人情易老，纔問道，到哪裏去找貼心知己的佳人，為我揩拭英雄之淚呢？紅巾翠袖陰柔優美的意象，與英雄悲淚的壯美，形成了很高明的藝術張力，這就是沈鬱之境。

稼軒歸宋後第一次施展軍事才能，是在江西提點刑獄任上「節制諸軍，討捕茶寇」。茶寇是武裝暴動的茶商武裝。雖能統兵打仗，卻不是去打金人，稼軒心中，鬱積著不平，前引《菩薩蠻・書江西造口壁》，即作於這一時期。

平定茶寇後，辛由江西提點獄差知江陵府，兼湖北安撫，遷知隆興府（今南昌），兼江西安撫，召為大理少卿，出為湖北轉運副使，改湖南轉運副使，仕途一帆風順，但稼軒要的是開赴前線，與金人交戰，他心中的怨懟也就越來越深。在由湖北轉官湖南時，他寫下了這一首不朽名篇：

摸魚兒

淳熙己亥，自湖北漕移湖南，同官王正之置酒小山亭，為賦。

更能消、幾番風雨。匆匆春又歸去。惜春長恨花開早，何況落紅無數。春且住。見說道、天涯芳草迷歸路。怨春不語。算祇有殷勤，畫簷蛛網，盡日惹飛絮。　長門事，準擬佳期又誤。蛾眉曾有人妒。千金縱買相如賦，脈脈此情誰訴。君莫舞。君不見、玉環飛燕皆塵土。閒愁最苦。休去倚危樓，斜陽正在，煙柳斷腸處。

詞借傷春著筆，而實蘊政治寄託。他用美好的春光比喻宋孝宗上臺後一段短暫的力謀恢復、勵精圖治的政治景象，「畫簷蛛網」，喻指主和的朝臣。過片由「長門事」直至「脈脈此情誰訴」，都是用漢武帝的皇后陳阿嬌故事。傳說她失寵後，以千金請得司馬相如寫成了《長門賦》，冀以重返君心。詞人以陳阿嬌自況，「準擬佳期又誤」，是說皇帝本來是要支持恢復事業的，最終卻又變卦了。「君莫舞。君不見、玉環飛燕皆塵土」，是劈空而來的議論。君，指的是席間唱詞的歌伎。這三句的意思是，你這位在筵前歌舞的佳人，難道沒有看見，即使是楊玉環、趙飛燕那樣的傾國之色，也被人視為塵土？詞人這話似是對歌伎言，實際是在感慨自己，徒有千里之才，卻不得一騁其用。結尾的斜陽，卻是喻指皇帝，意謂：不要到高樓上徙倚，皇帝正在那煙柳銷魂蕩魄的地方宴安享樂呢！

此詞梁啟超評為「迴腸盪氣，至於此極。前無古人，後無來者」，諒非虛誇之詞。稼軒婉麗的詞藻背後，是一股沛然莫之能御的真氣，這正是稼軒詞悲劇精神的體現。

據羅大經《鶴林玉露》所載，宋孝宗讀到了稼軒的這首詞，也讀懂了「斜陽煙柳」背後的怨望，卻終於沒有降罪於他。這以後，稼軒又從湖南轉運副使改知潭州（長沙），兼湖南安撫使。到湖南後，稼軒得到朝廷許可，即發展地方武裝「飛虎軍」，費度鉅萬。他的作風雷厲風行，事皆力辦，有人跟皇帝進言，說辛聚斂，發御前金字牌召他還京，稼軒竟然敢冒天下之大不韙，把金字牌藏起，等飛虎軍建成，纔把事情原委上覆皇帝。此事雖未被孝宗怪罪，但還是引起朝廷的猜忌，不久就調他為兩浙西路提點刑獄。

稼軒不但做事雷厲風行，還敢於殺人，在湖北治盜賊，得賊即殺，不復窮究，一時奸盜盡皆屏跡。他的這種殺伐專斷的作風，不為當時的士大夫所容，所以很快被監察御史王藺彈劾，罪狀是「用錢為泥沙，殺人如草芥。」因為這個緣故，他在上饒帶湖所築「稼軒」投閒了十年，不被徵用。

光宗紹熙三年（一一九二），稼軒被重新起復，任福建提點刑獄，次年改知福州兼福建安撫使。不到兩年，又被諫官劾為「殘酷貪饕，奸贓狼藉」，從上饒遷往鉛山，再一次失意。這一回，他度過了痛苦無聊的八年時光。前後十八年，恰恰是一個人最能建功立業的壯盛歲月，卻被迫虛擲，稼軒內心的憤忿激越，不難想見。正因此，他的詞纔尤其顯得真力彌滿、元氣包舉。

賀新郎・別茂嘉十二弟

綠樹聽鵜鴂。更那堪、鷓鴣聲住，杜鵑聲切。啼到春歸無尋處，苦恨芳菲都歇。算未抵、人間離別。馬上琵琶關塞黑，更長門、翠輦辭金闕。看燕燕，送歸妾。　將軍百戰身名裂。向河梁、回頭萬里，故人長絕。易水蕭蕭西風冷，滿座衣冠似雪。正壯士、悲歌未徹。啼鳥還知如許恨，料不啼、清淚長啼血。誰共我，醉明月。

這首詞倣照的是南朝江淹《別賦》的寫法，羅列了一堆古人離別之事。上片寫昭君出塞、漢武帝皇后陳阿嬌失寵辭別漢闕而幽閉長門宮、春秋時衛國夫人莊姜辭別戴媯并賦《燕燕》詩，是怨別；下片寫蘇武別李陵、燕太子等人送別荊軻秦舞陽，是壯別。上片的怨別，用以烘託下片的壯別，更見壯別的悲壯崇高。如此羅列獺祭，卻不使人覺得雜亂無章，便因詞中激蕩著充沛的悲劇精神，遂能大氣包舉，到海無盡。

漢宮春．立春日

春已歸來，看美人頭上，嫋嫋春幡。無端風雨，未肯收盡餘寒。年時燕子，料今宵、夢到西園。渾未辦、黃柑薦酒，更傳青韭堆盤。　卻笑東風從此，便薰梅染柳，更沒些閒。閒時又來鏡裏，轉變朱顏。清愁不斷，問何人、會解連環。生怕見、花開花落，朝來塞雁先還。

「春已歸來」三句，是諷刺和議既成，一幫小人以為天下太平，從此無事，一個個打扮得妖妖嬈嬈地，在頭上插上彩紙製成的春幡。（唐宋時人們會在立春之日，用彩色的紙或金箔製成小旗子，插在頭上，謂之春幡。）可是敵人豈會就此甘休？「無端風雨，未肯收盡餘寒」。去年（年時）的燕子尚未歸來，今夜應該夢到西園吧？在古詩中，西園多指皇家園林，這裏是說，連燕子都在懷念故都的園林，朝廷上下，卻盡是一幫無心肝之輩。「渾未辨、黃柑薦酒，更傳青韭堆盤」三句，是說和議定得倉促，很多事務朝廷來不及處置。青韭堆盤，是立春時的風俗，把蔥韭等五種辛辣的蔬菜，生切了放在一盤中進食，用以發五臟之氣。

下片講這個小朝廷卻從此忘記了國仇家恨，開始粉飾太平。可是這種太平，是以忘記君父之辱、遺民血淚為代價的，它讓主戰派心中充滿難以言表的痛苦。我們的生命在閒中流逝，容顏也漸漸變得蒼老。我們心中的愁怨，便如九連環一樣，少有人懂得開解，更怕見春來春去，花開花落，一年年過去，從北方塞外之地飛來的大雁，捎帶來被囚在五國城的宋徽宗、宋欽宗的遺恨。周濟曰：「『春幡』九字，情景已極不堪。燕子猶記年時好夢，『黃柑』『青韭』，極寫燕安鴆毒。換頭又提動黨禍；結用『雁』與『燕』激射，卻捎帶五國城舊恨。辛詞之怨，未有甚於此者。」古人作詩，講究「怨而不怒」，稼軒此詞，卻是怨而且怒，他的心中積壓了太多的不平，憤然而鳴，當然不同凡響。

祝英臺近・晚春

寶釵分，桃葉渡。煙柳暗南浦。怕上層樓，十日九風雨。斷腸片片飛紅，都無人管，倩誰喚、流鶯聲住。　鬢邊覷。試把花卜心期，纔簪又重數。羅帳燈昏，嗚咽夢中語。是他春帶愁來，春歸何處。卻不解、將愁歸去。

朱庸齋先生《分春館詞話》云：「《祝英臺近》句語長短錯落，必須直行之以氣，并用重筆，貫注回蕩，始稱佳構。試讀前人名作，莫不如此。如氣勢稍弱，則易破碎。稼軒『寶釵分』一詞，六百年間，無人嗣響，至彊村『掩峰屏』始堪抗手也。」彊村即清末詞人朱祖謀，他的《祝英臺近》題作「欽州天涯亭梅」，詞曰：「掩峰屏，喧石瀨，沙外晚陽斂。出意疏香，還鬭歲華豔。喧禽啼破清愁，東風不到，早無數、繁枝吹澹。　已淒感。和酒飄上征衣，苺鬢淚千點。老去難攀，黃昏瘴雲黯。故山不是無春，荒波哀角，卻來憑、天涯闌檻。」彊村忠於清室，睹清之亡，以孤臣孽子之心，寫成此詞，方能與稼軒并駕。稼軒此詞，幾成絕調，便因他能運渾瀚之氣，驅沈鬱之情。

詞寫傷春之懷，卻以情人分釵、桃葉渡江、南浦送別三個意象興起。釵，是兩股簪子合在一起的頭飾，分釵，喻指情人分離。桃葉是晉代王獻之的小妾，嘗渡江，獻之為作《桃葉歌》。南浦則典出《楚辭．九歌．河伯》：「子交手兮東行，送美人兮南浦。」以別恨興起，使全篇都籠罩在一種幽怨的氣息中。時當暮春，正是雨橫風狂的時節，「怕上層樓，十日九風雨」，則心中之哀怨無聊可知。「斷腸片片飛紅」是說，每一片飛花的凋零，都增我斷腸，下一句則說，誰能叫那流鶯討厭的叫聲止住？它衹是在聲聲地催促著春天遠離我們。

詞的下片，作者以深閨中思婦自比。她心緒不寧，時時把鬢邊的花摘下來，一瓣一瓣地數著：他會回來，他不回來，他會回來，他不回來……數了又數，戴上又摘下。夜已深了，燈火已暗，她睡在羅帳之內，囈囈地說著夢話：春天啊，你把希望帶給了我，讓我終日愁苦，你現在去到哪裏了呢，幹嘛不把我的希望一起帶走，好讓我再也不要有憂愁？

稼軒自託於香草美人，春天喻指本來頗有恢復之雄心，卻終於意氣消沈的宋孝宗。人生有痛苦，是因為人有希望，絕望并不會讓人痛苦，最讓人痛苦的則是，明知是絕望卻依然抱有微茫的希望。這首詞，沈鬱已極，淒厲已極，便因稼軒始終不肯放棄希望的緣故。

稼軒晚年，外戚韓侂（ㄊㄨㄛ）冑掌權，此人一心想建功立業，卻又沒有經世治國之才。他想借起用稼軒樹立個人威望，於是稼軒得以起復，嘉泰三年（一二〇三）起知紹興府兼浙東安撫使，四年，知鎮江，這一年，稼軒已是六十五歲的老人了。他雖然一心想恢復故土，但深明軍事的他，知道以數十年來缺乏訓練、裝備不足之師，不足以躁進。他打算做長期作戰的準備，不料又因舉薦不當的細故被調離前線，不久再被加以「好色貪財，淫刑斂聚」的罪名而罷官。

在鎮江時，稼軒想到南朝劉宋時，宋文帝劉義隆三次北伐均告失利的史實，於是寫了下面這首詞，希望韓侂冑不要輕舉妄動：

永遇樂．京口北固亭懷古

千古江山，英雄無覓，孫仲謀處。舞榭歌臺，風流總被，雨打風吹去。斜陽草樹，尋常巷陌，人道寄奴曾住。想當年、金戈鐵馬，氣吞萬里如虎。　元嘉草草，封狼居胥，贏得倉皇北顧。四十三年，望中猶記，烽火揚州路。可堪回首，佛狸祠下，一片神鴉社鼓。憑誰問、廉頗老矣，尚能飯否。

這是一篇詞體的諫疏（ㄕㄨˋ），雖然不是好詞，但很符合古人「主文而譎諫」的傳統。可惜，韓侂胄并未能聽從他的意見。開禧二年（一二〇六），韓侂胄倉促北伐，先小勝而後大敗，最終為史彌遠所害，割了他的腦袋向金人求和。

開禧三年（一二〇七），朝廷對稼軒授以兵部侍郎之職，然而他的生命已經快要走到盡頭了。他以身體的原因力辭起復，回到鉛山瓢泉別墅，不久病故。

稼軒一生，并沒有經歷特別的苦難，但悲劇的本質不是苦難——那是慘劇的本質，而是人生願望與命運的激烈衝突，從這個意義上講，稼軒的人生是典型的悲劇人生。其人生願望越強烈，表現在詞中的悲劇情懷、崇高境界，也就越宏大，這是稼軒雄視兩宋、震耀百世的根源所在。

淮南皓月冷千山 冥々歸去無人管

天隨後，高躅到詞宗。皓月千山春未綠，
寒花一紙墨添紅。何似莫相逢。

右白石道人

姜夔

此地宜有詞仙

杭州城北，古有東西馬塍，居民以蒔花為業，南宋名人，多葬於西馬塍。今天東西馬塍俱無陳跡以供多情人憑弔，祇有一條馬塍路，繁忙熙攘，兩側高樓林立，儼如森林。自上世紀九〇年代起，詞人魏新河就每年躑躅在馬塍路上，想尋覓一位南宋大詞人的墓塋。他要找的這位大詞人，姓姜名夔字堯章，號白石道人，是詞史上極為重要的人物，開創了幽勁清剛的詞風，在婉約、豪放之外，別樹宗派，對後世詞壇產生了深遠的影響。

白石是江西鄱陽人，他的先祖，本來系出甘肅天水，十三世祖姜公輔，已經著籍嶺南道愛州日南縣（今屬越南），曾在唐德宗朝為宰相。七世祖姜泮因任饒州教授，遂遷江西。白石的父親姜噩，中了紹興三十年（一一六〇）進士，以新喻丞知漢陽縣，漢陽，即白石詞中的古沔之地。

白石的人生經歷很簡單，他沒有經歷過乾坤板蕩、宦海浮沈，終其一生，他過的是被無產階級學者罵為「寄生蟲」的清客生活。其作品或登臨弔古，或睹物懷人，不依門戶，自寫其心，瀟灑中帶著孤高；他的感慨、他的情志，都被巧妙地隱藏在那些氣息醇雅的詞句背後；他的作品的藝術性，無疑比其思想性更突出。這在中國古典作家中，實在是非常異類的。他的詞多以意象組織成篇，不像其他詞人那樣有明顯的理路或情感脈絡，他又通音律，能自度曲，作品遂能超越現世，進入更純粹、更不朽的宇宙，正如南宋末年的大詞人張炎所稱許的那樣：「野雲孤飛，去留無跡。」（《詞源》）

朱庸齋先生指出，白石詞「以清逸幽豔之筆調，寫一己身世之情」，於豪放婉約之外，別開「幽勁」一路。又說：「詞至白石遂不能總括為婉約與豪放兩派耳。」認為「白石雖脫胎於稼軒，然具南宋詞之特點，一洗綺羅香澤、脂粉氣息，而成落拓江湖、孤芳自賞之風格。此乃揉合北宋詩風於詞中，故骨格挺健，縱有豔詞，亦無濃烈脂粉氣息，而以清幽出之；至傷時弔古一類，又無粗豪與理究氣味，而以峭勁出之。」（《分春館詞話》卷四）這是對白石詞的風格及其在詞史上的地位做出的精當評價。但朱先生和清末詞人周濟、陳洵一樣，認為白石脫胎於稼軒，茲說我不能贊同。

周濟的《宋四家詞選》以白石為稼軒附庸，謂「白石脫胎稼軒，變雄健為清剛，變馳驟為疏宕，蓋二公皆極熱中，故氣味吻合」（《宋四家詞選序》），指出白石詞風有清剛疏宕之姿，誠為卓識，但謂白石像稼軒一樣極熱中（躁急心熱），未免失之已甚。不同於稼軒的霸儒氣質，白石更醉心於營造純粹的靈魂安居所，他對美的追求是超越了道德追求的，這纔是白石詞最值得注意的地方。

我們且看白石的一篇和稼軒之作《永遇樂．次稼軒北固樓韻》：

雲隔迷樓，苔封很石，人向何處。數騎秋煙，一篙寒汐，千古空來去。使君心在，蒼崖綠嶂，苦被北門留住。有尊中、酒差可飲，大旗盡繡熊虎。　前身諸葛，來遊此地，數語便酬三顧。樓外冥冥，江皋隱隱，認得征西路。中原生聚，神京耆老，南望長淮金鼓。問當時、依依種柳，至今在否。

迷樓在揚州，為隋煬帝所築，很石在鎮江北固山甘露寺，因其形如羊，故而得名。（很是執扭、不聽從的意思，羊性執扭，故有「很如羊」的說法。）首三句謂維揚鎮江之地，俱被雲隔苔封，中興名將如稼軒者，久不得到此練兵。「數騎秋煙，一篙寒汐，千古空來去」三句，是說憑樓登眺，望見騎馬的健兒揚起秋塵，趁著秋日晚潮的船隻，他們的奔忙在歷史中不會留下一點印跡。由此引出「使君心在，蒼崖綠嶂」，意謂稼軒該對十丈紅塵，久已生厭，當心懷隱逸之志了。我們知道，稼軒是被迫歸隱的，他一直希望能被起用，好到前線指揮恢復中原的事業，何以白石要這樣說他呢？原來，古人的傳統，是以隱逸為高，這是對稼軒的恭維。「苦被北門留住」用《左傳．僖公三十二年》典：「杞子自鄭使告於秦，曰：『鄭人使我掌其北門之管，若潛師以來，國可得也。』」北門，軍事重地的代稱。

過片三句，以諸葛亮比喻稼軒，謂稼軒能致身報國。「樓外冥冥，江皋隱隱，認得征西路」，是說樓外冥冥的飛鴻，認得那隱隱可見的江岸，正是東晉征西大將軍桓溫經行過的道路，是以桓溫喻稼軒。「中原」三句，謂淪陷區人民士氣未喪，天天盼著大宋的軍隊自淮水南邊打來。結三句則宕開一筆，用桓溫「木猶如此，人何以堪」的著名典故，隱隱感慨稼軒直至晚年，纔得見用。

此詞心眷直北遺民，祈望朝廷恢復神州故土之情，固當被稼軒引為同志，但論其氣質，卻與稼軒截然殊途。稼軒原詞的氣質是豪宕不羈的，譬如書法，以佈局氣勢見勝，而點畫或略嫌粗疏，白石卻是法度謹嚴，清剛韶秀，令人觀之忘倦。

再如《漢宮春．次韻稼軒會稽秋風亭觀雨》：

雲曰歸歟。縱垂天曳曳，終反衡廬。揚州十年一夢，俯仰差殊。秦碑越殿，悔舊遊、作計全疏。分付與、高懷老尹，管絃絲竹寧無。　知公愛山入剡，若南尋李白，問訊何如。年年雁飛波上，愁亦關予。臨皐領客，向月邊、攜酒攜鱸。今但借、秋風一榻，公歌我亦能書。

稼軒原詞如下：

亭上秋風，記去年嫋嫋，曾到吾廬。山河舉目雖異，風景非殊。功成者去，覺團扇、便與人疏。吹不斷、斜陽依舊，茫茫禹跡都無。　千古茂陵詞在，甚風流章句，解擬相如。祇今木落江冷，眇眇愁予。故人書報，莫因循、忘卻蓴鱸。誰念我、新涼燈火，一編太史公書。

白石的和作比稼軒多一韻，是《漢宮春》的又一體。不同於稼軒的慷慨沈鬱，白石詞的品格是蕭閒振舉的，他們有著不同的人生態度，自然也有著不同的境界與風格。

又如他少年時得到前輩詩人蕭德藻（號千巖老人）青賞的這首《揚州慢》：

揚州慢

淳熙丙申至日，予過維揚。夜雪初霽，薺麥彌望。入其城，則四顧蕭條，寒水自碧，暮色漸起，戍角悲吟。予懷愴然，感慨今昔，因自度此曲。千巖老人以為有黍離之悲也。

淮左名都，竹西佳處，解鞍少駐初程。過春風十里，盡薺麥青青。自胡馬、窺江去後，廢池喬木，猶厭言兵。漸黃昏清角，吹寒都在空城。　杜郎俊賞，算而今、重到須驚。縱豆蔻詞工，青樓夢好，難賦深情。二十四橋仍在，波心蕩、冷月無聲。念橋邊紅藥，年年知為誰生。

朱庸齋先生以為「自胡馬、窺江去後，廢池喬木，猶厭言兵」頗似稼軒，實則此詞并無稼軒那樣執著現世、矢志恢復的激越之情，白石精神世界是超拔的，他不是新中國文學史所推崇的那種現實主義作家。稼軒是儒將本色，出其緒餘為詞，詞是他人生理想的附庸；白石此詞，卻更多的是表達自己內心的直感，傳遞的是心頭淒涼的況味，因此他的詞也就更具獨立價值，更加自由。

白石集中此類作品不多，我推測其原因是，他是一個天生的隱士，對於現實政治并無特別興趣，故他的偶像是唐末隱士陸龜蒙。《點絳唇．丁未冬過吳松作》云：

燕雁無心，太湖西畔隨雲去。數峰清苦。商略黃昏雨。　第四橋邊，擬共天隨住。今何許。憑闌懷古。殘柳參差舞。

陸龜蒙號天隨子，「擬共天隨住」就是想追躡陸龜蒙的腳步，歸隱於茲。白石大抵完全無法融入營營汲汲的現實世界，他的理想是追隨天隨子，做一個真的隱士，在山林中逃遁紅塵。

北宋以來的詞家，或以詞為小道，衹當作是綺筵繡幌、侑歌遣興的玩藝兒，或借之以言志，不暇審律修辭，白石於詞，卻苦心經營，遣詞造語，綦重騷雅，更參以江西詩派的筆法，形成了清剛幽勁的獨特風格。他創造了全新的美學境界，衹此即已足不朽，更不必說這種美是超越現世、超越時空的，展現出他靈魂的自由與清高。

白石一生未嘗出仕。他除了賣字以外，就大都靠別人接濟。

白石自幼隨宦漢陽，父親很早過世，他長期依長姊生活於漢川縣。淳熙年間，青年白石在湖南遊歷，結識了福建人蕭德藻。蕭德藻在當時詩名藉甚，一遇白石，即大生知遇之感，感慨說我作詩四十年，纔遇到一個可以與之談詩之人，遂攜白石至湖州生活，并把自己的侄女嫁給了白石，白石一家的經濟，也完全由他提供。

後來千巖翁又把白石推薦給了名詩人楊萬里，楊萬里更介紹他去拜謁另一位大詩人范成大（號石湖）。石湖是做過大官的，致仕（退休）後經濟仍非常豐裕，對白石也有厚貺。這期間，白石為作詠梅詞二闋，用仙呂宮定譜，曰《暗香》、《疏影》。詞曰：

舊時月色。算幾番照我，梅邊吹笛。喚起玉人，不管清寒與攀摘。何遜而今漸老，都忘卻、春風詞筆。但怪得、竹外疏花，香冷入瑤席。　江國。正寂寂。歎寄與路遙，夜雪初積。翠尊易泣。紅萼無言耿相憶。長記曾攜手處，千樹壓、西湖寒碧。又片片、吹盡也，幾時見得。（《暗香》）

苔枝綴玉。有翠禽小小，枝上同宿。客裏相逢，籬角黃昏，無言自倚修竹。昭君不慣胡沙遠，但暗憶、江南江北。想佩環、月夜歸來，化作此花幽獨。　猶記深宮舊事，那人正睡裏，飛近蛾綠。莫似春風，不管盈盈，早與安排金屋。還教一片隨波去，又卻怨、玉龍哀曲。等恁時、重覓幽香，已入小窗橫幅。（《疏影》）

二詞作於宋光宗紹熙二年辛亥（一一九一）之冬，作曲填詞，白石一身任之。這兩首詞，自清代以來，有很多學者認為是有寄託的作品，周濟至謂白石「惟《暗香》、《疏影》二詞，寄意題外，包蘊無窮，可與稼軒伯仲」（《介存齋論詞雜著》），其《宋四家詞選》評《暗香》，謂有一朝盛衰之慨，又謂《疏影》以「相逢」「化作」「莫似」為骨，於國是「不能挽留，聽其自為盛衰」；龍榆生先生認為《暗香》是詞人希望石湖能愛惜人才，設法對自己加以引薦（《詞學十講》）；《疏影》一詞，張惠言謂是「以二帝之憤發之」（《詞選》），鄧廷楨《雙硯齋詞話》、鄭文焯《鄭校白石道人歌曲》均認為，是抒寫對相從徽、欽二帝被擄北上的後妃的同情。

我以前亦相信這兩首詞是寄託之作，拙著《大學詩詞寫作教程》前三版均依此解說，但近年已盡拋成說。因細按詞前小序，有「石湖把翫不已，使工妓隸習之，音節諧婉」之語，音樂風格不像是有寄託的，如果真是寄託之作，以白石之邃於音律，音節應該淒婉哀涼纔對。

我認為，這兩首詞是單純的詠物之作，是兩件純粹的藝術品，它們的用意衹是為了禮讚梅花，傳遞美、再造美，沒有除此以外的別的目的。詞人把與梅花相關的典故、詩句臚列編排，串珠成鏈，再加以適當的想像，顯得詞的全首像是有完整的敘事脈絡，實則不過是詞人的技法高明，令人不覺其湊泊而已。

白石的金閶（蘇州的古稱）之行，除了獲得范成大的資助，還獲贈一慧婢名曰小紅。這一年的除夕，白石意氣風發，帶著小紅回湖州，船過垂虹橋，作有一絕：「自作新詞韻最嬌。小紅低唱我吹簫。曲終過盡松陵路，回首煙波十四橋。」小紅有著不俗的藝術造詣，與白石主僕情深，甚是相得，後來年長嫁人。白石身歿後，友人蘇泂挽之以詩，有「幸是小紅方嫁了，不然啼損馬塍花」之語，可以想像，小紅是一位與之精神高度契合的膩友。

當時如石湖這樣賞識白石的鉅公名宦不在少數。宋末周密曾偶得白石手跡一份，是白石自道其身世的書信。信中列數說，「內翰梁公，於某為鄉曲，愛其詩似唐人，謂長短句妙天下。樞使鄭公，愛其文，使坐上為之，因擊節稱賞。參政范公，以為翰墨人品皆似晉宋之雅士。待制楊公，以為子文無所不工，甚似陸天隨，於是為忘年友。復州蕭公，世所謂千巖先生者也，以為四十年作詩，始得此友。待制朱公，既愛其文，又愛其深於禮樂。丞相京公，不獨稱其禮樂之書，又愛其駢儷之文。丞相謝公，愛其樂書，使次子來謁焉。稼軒辛公，深服其長短句。如二卿孫公從之、胡氏應期，江陵楊公、南州張公、金陵吳公及吳德夫、項平甫、徐子淵、曾幼度、商翬仲、王晦叔、易彥章之徒，皆當世俊士，不可悉數。或愛其人，或愛其詩，或愛其文，或愛其字，或折節交之。若東州之士，則樓公大防、葉公正則，則尤所賞激者。」白石的藝術才華是多方面的，他既長於詩詞，又擅駢散文章，同時又對禮樂有深湛之研究，著有專書，書法得人愛賞，其人品氣質更是清雅脫俗，似晉宋（南朝劉宋）之間的雅士，他的廣受歡迎，也就可以理解了。

不過，被那麼多的權貴名公賞識，并沒有改變白石「窶困無聊」的境遇，這大抵是因為白石心性清高，絕不會主動說出干謁求進的話來。惟有南宋大將張俊的曾孫張鑑字平甫者，主動資助白石，歷十年之久，與白石情甚骨肉。

張平甫因白石累試不第，擬出資為白石捐官，以白石的清高，當然辭謝不敏。白石曾力圖自正途謀求朝廷出身：寧宗慶元三年，向朝廷進大樂議及琴瑟考古圖，時太常嫉其能，不獲盡其所議，五年，又上聖宋鐃歌十二章，皇帝下詔讓他不必經過地方的初試，直接參加禮部試，又不第，遂以布衣終。

平甫又欲割無錫的良田贈給白石，白石也一樣拒絕了。何以白石寧願一直接受平甫的資助，卻不肯接受永久的產業呢？原來，南宋之時，大官僚養士之風盛行，稼軒亦嘗因劉過的一首詞，而厚貺之二十萬錢之鉅。蓋當時風氣如此，貺者不以為惠，受者不以為異。白石接受蕭千巖、范石湖、張平甫的資助，和一些特殊的饋贈，這都不是問題，白石亦報之以「竭誠盡力，憂樂關念」，但接受良田，性質便完全不同了，那是接受了產業，所謂無功不受祿，白石要做的是清高的卿客，而不是受祿的家臣，他的選擇決定了他能終身葆有心靈的自由。

張平甫去世後，白石的十年門客生涯也走到了盡頭，他在經濟上開始陷入困頓，衹能在浙東、嘉興、金陵間旅食。旅食這個詞說得是比較文雅的了，不太好聽的說法則是打秋風。白石先有三子早夭，歿時兒子姜瓌纔十七歲，無力營葬，幸得友人吳潛等人謀，為營葬於杭州之西馬塍。倘若有誰為白石撰寫墓誌銘，應該用上與他同在蕭千巖門下學詩的另一位白石黃白石（黃景說，字巖老）的話：「造物者不欲以富貴浼堯章，使之聲名焜燿於無窮也！」

白石墓至清代尚存。時至今日，東西馬塍早已全無蹤影，更不必說白石的墓塋了。據《湖墅小志》：「東西馬塍在溜水橋以北，以河為界，河東抵北關外東馬塍，河西自上下泥橋至西隱橋為西馬塍。錢王時蓄馬於此，故以名塍。」然則今天我們的馬塍路，不過借古地名而命名，與宋時恍如花海的東西馬塍，沒一點關係。詩人王翼奇，就居住在馬塍路附近，他多年尋訪白石墓不得，衹好把他居住的小區中心花園聊當白石的厝室，恭默祭拜。那一年，杜鵑開得正盛，同樣久覓白石厝室不得的詞人魏新河過訪，填了一首《竹枝》贈之：「欲把詞心託杜鵑。群花不語樹無言。翠禽小小來還去，過了梅花八百年。」不久，魏新河便在《白石詩集》中讀到「山色最憐秦望綠，野花祇作晉時紅」之句，詩後有白石自注：「右軍祠堂有杜鵑花兩株，極照灼。」他想到，與王羲之（曾為會稽內史領右將軍，故稱王右軍）心靈異代相通的白石，也許會選擇同樣長眠於杜鵑花下，衹要誠爇心香，又何妨今之馬塍路不是古之東西馬塍，今之杜鵑，不是八百年前的杜鵑呢？

宋代陳郁《藏一話腴》載：白石氣質相貌十分溫弱，彷彿連衣服的重量都承受不住，沒有立錐之地的田產，自己過的是清客生涯，卻還每天養著食客，收藏的圖書字畫，更是一筆不菲的財富。這樣的奇跡，祇能出現在經濟高度發達、文化發展到極致的南宋。

在世俗的眼中，白石所擅長的文章詩詞、書法音樂，沒有一樣是「有用的」，都是徹底的「為己」之學。正常情況下，一個像白石一樣的人，如果不肯犧牲自己的獨立精神、自由意志，這些才華幾乎不能為他換取任何現實利益，白石幸運地生活在中國文化的巔峰時代，有蕭德藻、范成大、張鑒這些既有經濟實力又有極高鑒賞力的人賞識他，因此不需要諂媚取容、降志辱身，就能維持著有尊嚴的生活。

白石詞，沒有一絲一毫的世俗味，是雅詞的極則，這與他不汲汲於功名利祿，而終身追求心靈的逍遙自適有莫大關係。他的白石道人之號，是友人潘檉所贈，大概潘檉早就發現了他超拔出塵的精神特質。明以後的學者，誤把宋末元初杭州人姜石帚當作白石的別號，故常稱白石為石帚老仙，其事雖誤，但以「仙」字冠在白石頭上，還是有一定道理的。他的《翠樓吟》詞有「此地。宜有詞仙，擁素雲黃鶴，與君遊戲」之語，詞仙正是他的心靈自許。

當時的文化環境保證了白石可以在較長時間內不必營營汲汲地生活，保證了他可以不縈心俗務，而專力於純粹藝術的創造，這纔有了這位卓然於文化史上的詞仙，這纔有了他「野雲孤飛，去留無跡」的高卓詞品。那些資助白石的大官僚，如果他們做的是一項投資，得說這是一項回報率極高的投資，因為他們用有限的金錢，換來的是高聳入雲萬古屹立的文化奇峰。

在儒家而言，人生的終極價值，固然在於立德、立功、立言的三不朽事業；而自莊子觀之，則逍遙之境，纔是人生的終極理想。然而人生在世，衣食住行，莫不需要經濟的支撐。原始人的幾乎全部生命，都用來尋找食物，當然沒有逍遙可言，今天科學昌明，物質進步，而人類俯仰於世，熙來攘往，無不為房子、車子、票子而苦惱，心靈的不自由，與原始人也沒有多大分別。文化的傳承卻需要有一批脫心俗諦、專心研習的人。中國古代因孔子之教，士大夫戮力王事，獲取朝廷俸祿，一面傳承文化，而像白石這樣，未得因科舉入仕而解決衣食問題，但能靠知音者的周濟，得以專力藝術創造，也是一種不壞的選擇。也正因有當時的養士之風，南宋文化纔能取得臻於極致的成就。

其實，養士之風不獨中國為然，歐洲的情形也是一樣。啟蒙運動時期歐洲很多的文學家、藝術家，都曾受過貴族尤其是貴婦人的供養。比如俄羅斯作曲家柴可夫斯基，就有一位梅克夫人定期給他寄去數額不小的生活補貼，而他們一輩子惟一的一次見面是在意大利，梅克夫人偶然散步經過了柴可夫斯基的旅館，而後者正好走到陽臺上，他們的目光互相注視了一下，此後再未見面。

同柴可夫斯基或其他被貴族資助的歐洲文學家、藝術家一樣，白石雖然靠友人的接濟生活，但他的人格是偉岸的，精神是自由的，所以纔能寫出那些超拔的、穿透歷史的詞作。

最後談一談白石的愛情詞。

我的太老師夏承燾先生推斷，白石在青年時，曾經愛眷合肥勾欄中的一對姊妹，這對姊妹妙解音律，一擅琵琶，一擅彈箏，這一段感情，維繫時間既久，早就昇華為一種柏拉圖之戀，時過二十年，白石還常時時魂牽夢縈，詞集中與合肥情史有關的竟達二十首，佔他全部作品的四分之一。

一萼紅

丙午人日，予客長沙別駕之觀政堂。堂下曲沼，沼西負古垣，有盧橘幽篁，一徑深曲。穿徑而南，官梅數十株，如椒、如菽，或紅破白露，枝影扶疏。著屐蒼苔細石間，野興橫生，亟命駕登定王臺。亂湘流、入麓山，湘雲低昂，湘波容與。興盡悲來，醉吟成調。

古城陰。有官梅幾許，紅萼未宜簪。池面冰膠，牆腰雪老，雲意還又沈沈。翠藤共、閒穿徑竹，漸笑語、驚起臥沙禽。野老林泉，故王臺榭，呼喚登臨。　南去北來何事，蕩湘雲楚水，目極傷心。朱戶黏雞，金盤簇燕，空歎時序侵尋。記曾共、西樓雅集，想垂楊、還嫋萬絲金。待得歸鞍到時，祇怕春深。

此詞作年，約當白石三十二歲時，夏承燾先生認為，當是白石集中關涉合肥情史最早的一篇。首三句，是說官梅（政府所種的梅）扶疏於古城之陰，紅萼將放，還不適宜簪在鬢上，寫出了梅的孤高之態。「池面」三句，則謂觀政堂下曲沼冰凍未化，古城垣的牆腰之上，黏著一些將化未化的殘雪，天氣沈陰，不知何時雲開日出。「翠籐共」以下，直至上片結束，則寫詞人拉著人一起探幽尋勝的興致。

過片直抒胸臆，謂羈旅生涯，未知何時是了局。「朱戶黏雞，金盤簇燕」點明人日風俗，古人在人日這一天，會用彩色的紙或金箔剪成人和動物的形狀，有的插在頭上，有的是放在盤子裏，有的黏在窗戶上、屏風上。「空歎時序侵尋」是說時光荏苒，依舊天涯孤旅。「記曾共、西樓雅集，想垂楊、還嫋萬絲金」連用兩句尖頭句，句法參差跌宕，寫出對佳人的深切思戀。夏先生認為，凡是白石詞中出現梅、柳意象的，多與合肥情事有關。柳枝初芽未綻，是金黃色的，故謂之金縷，這兩句的意思是，還記得上次我們在西樓雅集，而這個時候正好是垂楊初芽，彷彿是萬絲金縷隨風嫋娜的初春啊！結句則是說，等我們再次相見，不知要到什麼時候。由初春到春深，本來祇有兩個月的時間，但詞的獨特體性決定了它不能像詩一樣，用「百年」「萬里」等宏大意象，而以「祇怕春深」作結，便已見相思之酷了。

白石在《解連環》一詞中，紀述了與這對姊妹一見傾心的感覺。她們有著高超的藝術：「大喬能撥春風，小喬妙移箏，雁啼秋水」；初會面時，祇是隨意地打扮了一下，卻不掩其動人的顏色：「柳怯雲松，更何必、十分梳洗」；祇一句話就勾住了詞人的心：「道『郎攜羽扇，那日隔簾，半面曾記』」。勾欄女子，深深明白男性的心理，也就難怪白石會眷眷不忘了。

小重山令・賦潭州紅梅

人繞湘皋月墜時。斜橫花樹小、浸愁漪。一春幽事有誰知。東風冷，香遠茜裙歸。　鷗去昔遊非。遙憐花可可、夢依依。九疑雲杳斷魂啼。相思血，都沁綠筠枝。

潭州就是今天的長沙。詞人深諳詠物詞的作法，他要詠的，不但是紅梅，還是湘中潭州的紅梅，故先以「茜裙歸」比喻紅梅的開放，又以大舜崩於瀟湘蒼梧之野、葬於九疑山上，其二妃娥皇女英終日悲啼，淚濺竹枝，沁成竹斑，遂名湘妃竹的故事，把紅梅在枝頭綻放比喻成是相思血沁入竹枝。但細翫詞意，懷人之意還是十分顯豁的，詞中明顯有一個「我」在，與一般詠物之作不同。

首句「人繞湘皋月墜時」，畫面感濃烈，意謂詞人繞著湘水岸邊徘徊，不覺月亮將沈，又將黎明。詞人還怕讀者不明他的心跡，以「斜橫花樹小、浸愁漪」表明，這不是一篇單純的詠物之作。這兩句是說斜生橫出的梅樹，長得很玲瓏，月光下花樹的影子映在湘水之上，泛著令人愁苦的漣漪。「一春幽事有誰知」是說整個春天過去，在湘江岸邊曾發生了什麼幽情別恨，沒有人知道。「東風冷，香遠茜裙歸」是說春寒尚自料峭，空氣中已經有了梅花澹遠的清香，彷彿是身著茜紅色裙子的佳人歸來。

「鷗去昔遊非」本是用《列子》中的典故：從前海邊有個人喜歡鷗鳥，每天清晨到海邊和鷗鳥翫，那些翔而後集陪他翫耍的鷗鳥何止百數！他的父親知道後，就跟他說，下次你捉一隻鷗鳥給我翫吧。第二天他再去海邊，因為心中有了機心，鷗鳥就在天上飛舞，不再下來了。這裏，詞人是懺悔未能勇敢地決定與愛侶長相廝守，衹能在思念中咀嚼痛苦。「九疑」以下，是說潭州紅梅就像娥皇、女英的相思淚滴盡，眼枯見血，沁在綠竹枝上。很顯然，娥皇、女英正是指合肥姊妹。

丙辰之冬，予留梁溪，將詣淮南不得，因夢思以述志。

人間離別易多時。見梅枝。忽相思。幾度小窗，幽夢手同攜。今夜夢中無覓處，漫徘徊。寒侵被、尚未知。

濕紅恨墨淺封題。寶箏空，無雁飛。俊遊巷陌，算空有、古木斜暉。舊約扁舟，心事已成非。歌罷淮南春草賦，又萋萋。漂零客、淚滿衣。

梁溪是江蘇無錫，詞人羈留無錫，不得赴合肥與愛侶相會，遂作此詞見意。此詞劈頭一句「人間離別易多時」，悵婉之情，明白說出，承以「見梅枝。忽相思」，更覺神完氣足。接下來是記述夢中情景：「幾度小窗，幽夢手同攜。」然而夢中情事，不是人想要有便有的，今夜夢中就全然無法與她相會，衹好在夢境裏隨意徘徊，夜深寒重，尚不肯醒來。

「濕紅恨墨淺封題」一句轉為寫對方。濕紅，指女子的情淚；淺封題，是說漫然地把書信封好并題款，「淺」字寫出女子思人慵懶無聊的情態。「寶箏空，無雁飛」是說擅於彈箏的那位愛侶，連奏曲的心情也沒有了。箏上的柱子如雁斜行，故名雁柱，「無雁飛」就是沒有人彈奏它，這是一種拈連的修辭寫法。詞人追想少年時給自己留下無限快樂和溫馨的淮南巷陌，而今衹有參天的古木映照著斜陽。「舊約扁舟，心事已成非」用越大夫范蠡功成身退，帶著西施泛舟五湖（太湖的別稱）之典，意思是他跟這一對姐妹，當年有婚嫁之約、偕隱之志，可是由於種種原因，未能如願。「歌罷淮南春草賦」一語帶雙關，既是指漢代淮南小山的《招隱士》，也實指合肥之地。《招隱士》是一篇辭賦，中有「王孫遊兮不歸，春草生兮萋萋」這一名句，後來但凡作詩填詞，衹要用到王孫、春草、萋萋等字，皆謂離別。結句「漂零客、淚滿衣」，同樣濃墨重筆，可以想像，倘使小紅歌之，必當發音淒斷，令聽者霑衣了。

白石詞數度睹梅而思其人，以至於我懷疑這對姐妹其中一位名字裏有個梅字。

白石的很多詞都有小序，此舉頗遭周濟指摘。《介存齋論詞雜著》以為，「白石好為小序，序即是詞，詞仍是序，反復再觀，如同嚼蠟矣。詞序，序作詞緣起以此意詞中未備也。今人論院本，尚知曲白相生，不許複遝，而獨津津於白石詞序，一何可笑。」但夏承燾先生認為，白石的很多情詞之所以要加題序，是因為他要在題序中亂以他辭，故為迷離，「此見其孤往之懷有不見諒於人而宛轉不能自已者」。當時的婚姻所憑是父母之言、媒妁之命，白石銜千巖翁賞遇之恩，娶了其侄女，對妻子有一份道義之責，但對於少年時自由戀愛上的女子，則久懷不忘，其情必不能見容於其妻，這纔有了小序的「亂以他辭」。

浣溪沙

予女須家沔之山陽，左白湖，右雲夢，春水方生，浸數千里，冬寒沙露，衰草入雲。丙午之秋，予與安甥或蕩舟采菱，或舉火罝兔，或觀魚簺下，山行野吟，自適其適，憑虛悵望，因賦是闋。

著酒行行滿袂風。草枯霜鶻落晴空。銷魂都在夕陽中。　恨入四絃人欲老，夢尋千驛意難通。當時何似莫匆匆。

女須本來是屈原的姐姐的名字，這裏是指白石的長姊。小序的大意，是說長姊家所居的漢陽地區山陽縣，處於白湖雲夢二澤之間，四時風景佳勝，白石和長姊的兒子「安」徜徉山水之中，非常逍遙適意，詞人卻「憑虛悵望」，一個「悵」字微露心跡。

詞的上片，寫詞人帶著些微酒意，在秋野中走啊走，秋風吹來，兩袖鼓蕩。野草枯黃，野兔之類的小動物難以隱藏形跡，霜天之上的蒼鶻就猛地直沖而下，意圖攫取。這一句是化用了右丞「草枯鷹眼疾」的詩意，但煉一「落」字，非常傳神。夕陽西下，詞人不禁感慨時光流逝，居然與愛人分別了那麼久，心頭自有一種說不出的帶有憂傷，又帶有甜蜜的感覺，那便是銷魂的滋味。清代詞人納蘭性德，其《浣溪沙．西郊馮氏園看海棠因憶香嚴詞有感》：「誰道飄零不可憐。舊遊時節好花天。斷腸人去自經年。　一片暈紅纔著雨，幾絲柔綠乍和煙。倩魂銷盡夕陽前。」結句渾學白石的「銷魂都在夕陽中」，而并未擅出藍之勝。

過片詞人想起了擅彈琵琶的那個她（琵琶是四絃），相信別後她也是一般的幽愁別恨，彈奏琵琶時，一定在惋歎聚日無多，人卻漸漸地老去，詞人在夢裏歷遍萬層山、千重驛，卻無法真的把自己的相思傳遞過去。結句「當時何似莫匆匆」，情感不再婉曲含蘊，而是直截凝重：早知今日恁般相思，當初何必要那麼匆忙離去呢？這種直截凝重的寫法，需要極其濃摯的情感，白石的詞一向是春容和雅的，但偶一用重拙之筆，便尤其驚心動魄。

這一句民國女詞人呂碧城深愛賞之，直接用到了自己的詞裏：「殘雪皚皚曉日紅。寒山顏色舊時同。斷魂何處問飛蓬。　地轉天旋千萬劫，人間祇此一回逢。當時何似莫匆匆。」相對於原作的深婉清華，呂碧城的倣作未免有些一泄無遺，了無餘致了。

白石追念合肥情事的作品，我最喜歡的是以下二首：

踏莎行

自沔東來，丁未元日至金陵，江上感夢而作。

燕燕輕盈，鶯鶯嬌軟。分明又向華胥見。夜長爭得薄情知，春初早被相思染。　別後書辭，別時針線。離魂暗逐郎行遠。淮南皓月冷千山，冥冥歸去無人管。

鷓鴣天．元夕有所夢

肥水東流無盡期。當初不合種相思。夢中未比丹青見，暗裏忽驚山鳥啼。　春未綠，鬢先絲。人間別久不成悲。誰教歲歲紅蓮夜，兩處沈吟各自知。

第一首詞作於宋孝宗淳熙十四年（一一八七），詞人自漢陽順江流而東，諒曾在合肥盤桓，江上感夢，當係遁辭，所謂的夢境，應該是實有其事。

詞的開頭二句，是說合肥姊妹體態輕盈，情態嬌軟，二句是互文的手法。（所謂互文，就是要表達燕燕鶯鶯輕盈嬌軟，卻因為對仗的關係寫成「燕燕輕盈，鶯鶯嬌軟」。又如秦時明月漢時關，實際意思是秦漢時明月秦漢時關，也是互文。）「分明又向華胥見」，華胥國是夢境的別稱，但這裏其實是說，再次重逢，彷彿就像夢裏一樣。「夜長爭得薄情知」是詞人的懺悔，意思是，我真是負心薄倖，你們長夜不眠地思念我，我竟然不知道；「春初早被相思染」是情深之極的奇語，本來春深之時，花繁葉綠，色彩絢爛，纔更像是相思的濃郁，可是詞人卻說「春初早被相思染」，初春的一脈新綠，一點鵝黃，都早被相思染就，那麼整個春天的色彩，都凝結著濃重的相思，還需要說嗎？

過片三句極寫合肥姊妹的深情。別後不斷書信傾訴相思，別時為詞人密密縫製了春衣，這還不算，更要學唐傳奇中的張倩娘，魂魄離體，跟隨愛郎王宙上京。然而，詞人自有妻室，合肥姊妹不能長自相隨，她們的倩魂，也祇好乘著月色冥冥歸去淮南。這樣的結尾，寫盡了詞人悵惘不甘之情，故而成為名雋。

不同於第一首詞的迷離倘恍，閃爍其辭，第二首詞的情感顯得直率奔放，濃烈熾熱。按照夏承燾先生的考證，白石寫這首詞時，已經四十餘歲，距與合肥姊妹初見，已過去二十多年。想來白石的妻子已經在一定程度上理解了白石對這一對姊妹的愛情，而更重要的原因恐怕是這一對姊妹早已離開合肥嫁人，白石再也沒有機會與她們相見了，這纔令白石填詞時，少了以前的顧忌。

「肥水東流無盡期。當初不合種相思」，開頭兩句情感就充沛已極，意謂肥水東流無盡時，詞人對愛侶的相思也沒有盡時。不合，是不該、不應當的意思，詞人是在懺悔自己的多情嗎？否。詞人不是在懺悔，而是在默然承受失去愛侶的痛苦。「夢中未比丹青見，暗裏忽驚山鳥啼」，是說今夜終於和她們在夢中相見，可是夢中見到她們的形容，一點也不似畫像那樣真切明晰，不知從哪裏傳來山鳥的啼叫，把詞人從夢中驚醒了。

過片「春未綠，鬢先絲」六字沈鬱有力，承元夕（正月十五）的時令寫來，謂時方早春，草樹都未出芽，但兩鬢卻因相思慮煎，早已有了白絲。「人間別久不成悲」一句，更是驚心動魄之語。衹有經歷過相思失意之人，纔會真正理解這句話。時光看上去會療治痛苦悲傷，但其實衹是把痛苦悲傷給包藏起來，讓人變得痲木了，痛苦悲傷依然還在，衹是換了一種方式存在罷了。結二句寫得神光離合，堪稱白石的詞中至境。「紅蓮夜」是指點綴著紅蓮狀彩燈的元夕之夜，白石必定曾與合肥姊妹有過同遊燈海的共同記憶。是誰讓我們在每年的元夕花燈之夜，衹能兩處思念，卻終於無法廝守？難道是造物主嗎？沈吟，是自有無限心事，卻什麼話也不說出來，短暫的歡娛、恒久的相思，在元夕紅蓮燈點燃的那一剎那，都化成了三人心頭的悸動。

夏承燾先生談到他考證白石的合肥情史，說了這樣的話：「不以予說為然者，謂予說將貶低姜詞之思想內容。然情實具在，欲全面瞭解姜詞，何可忽此？況白石誠摯之態度，純似友情，不類狎妓，在唐宋情詞中最為突出，又何必諱耶？」白石對合肥姊妹的情感，早就昇華為精神的愛戀，這是我們讀了他的一系列情詞，不得不為之感動的根源。

恨人間 情是何物
雁丘

幽蘭怨，小草舊滄桑。痛飲狂歌收涕泗，
短衣孤劍訪興亡。北秀薄南強。

右元遺山

元好問

元是中原一布衣

金庸先生的言情名作《神雕俠侶》由歐陽修的《蝶戀花》開篇：

越女采蓮秋水畔。窄袖輕羅，暗露雙金釧。照影摘花花似面。芳心祇共絲爭亂。　鸂鶒灘頭風浪晚。霧重煙輕，不見來時伴。隱隱歌聲歸棹遠。離愁引著江南岸。

書中寫道：「這一陣歌聲傳入湖邊一個道姑耳中。她在一排柳樹下悄立已久，晚風拂動她杏黃色道袍的下擺，拂動她頸中所插拂塵的萬縷柔絲，心頭思潮起伏，當真亦是『芳心祇共絲爭亂』。祇聽得歌聲漸漸遠去，唱的是歐陽修另一首《蝶戀花》詞，一陣風吹來，隱隱送來兩句：『風月無情人暗換，舊遊如夢空腸斷……』歌聲甫歇，便是一陣格格嬌笑。那道姑一聲長歎，提起左手，瞧著染滿了鮮血的手掌，喃喃自語：『那又有甚麼好笑？小妮子衹是瞎唱，渾不解詞中相思之苦、惆悵之意。』」

不瞞您說，初讀此書時，我是個十六歲的懵懂少年，也全然理解不了歐詞的佳妙，衹好一瞥滑過。但讀至下文，這道姑「赤練仙子」李莫愁到陸家莊殺人，人未到，聲先至，所唱的「問世間、情是何物，直教生死相許」二句，卻令我心頭驀地一動。

李莫愁性情至偏激，竟以情場失意，在沅江之上連毀六十三家貨棧船行，衹因他們招牌上有情敵何沅君的「沅」字。她一意要將與已死的情郎陸展元有關係的人趕盡殺絕，李莫愁第二次歌此詞，是她追殺陸無雙、程英、楊過之時。程英自分必死，吹一曲《流波》以舒積鬱，楊過低吟相和。李莫愁不欲見他們臨終時心情愉樂，遂又再歌道：「問世間、情是何物，直教生死相許。天南地北雙飛客，老翅幾回寒暑。歡樂趣，離別苦，就中更有癡兒女。君應有語。渺萬里層雲，千山暮雪，隻影向誰去。」想以悲切的詞意，哀怨的音聲傷人之心。李莫愁三度歌此曲，是見楊過決意與陸無雙、程英同死，心下嫉惡，衹待三人同時掉淚，便要取他們的性命，其聲「猶似棄婦吞聲，冤鬼夜哭」。最後歌此詞，李莫愁已身中情花劇毒，萬念俱灰，跌入火叢自焚而死，臨終尚歌曰：「問世間、情是何物，直教生死相許。天南地北……」

李莫愁四度歌此詞，由第一次的「吐字清亮，歌聲輕柔」，到第二次的「音調淒婉」，第三次的「若斷若續，音調悽楚」，再到臨終時的「淒厲」，乃至「聲若遊絲，悄然而絕」，讓我在為男女主人公楊過、小龍女的遭際緊張之隙，也不由為李莫愁的命運而唏噓。

李莫愁既逝十六年，陸無雙目睹雌雕為雄雕殉情，耳邊似乎忽又響起了師父李莫愁細若遊絲的歌聲。金庸寫道：「她幼時隨著李莫愁學藝，午夜夢回，常聽到師父唱著這首曲子，當日未歷世情，不明曲中深意，此時眼見雄雕斃命後雌雕殉情，心想：『這頭雌雕假若不死，此後萬里層雲，千山暮雪，叫它孤單隻影，如何排遣？』觸動心懷，眼眶兒竟也紅了。」我在《神雕》一書中，最愛陸無雙，讀到此處，心中也積鬱難平。

書中交待，這詞是金人元好問所作，然而這首詞書中其實祇引用了上片。不久我在王昕若先生的《詩詞格律手冊》中讀到全篇，愛賞不已，每在校園中踽踽獨行，悄然默誦。後來入清華中文系讀書，我卻覺此詞起調極高而實甚空洞，已不能為「問世間、情是何物，直教生死相許」這樣直率無餘的表達而感動，相反，數年前渾然不覺其佳的歐公詞，我倒能心領神會。這既是閱歷淺深之異，也因學養薄厚之殊。

元好問，字裕之，取義於《尚書．商書．仲虺之誥》「好問則裕，自用則小」，號遺山。山西忻州人。遺山是金代最傑出的文學家。我嘗與友人言，江西詩派推尊一祖三宗，一祖是杜甫，三宗是黃庭堅、陳師道、陳與義，而真能得老杜之精神的，非遺山莫屬。清潘德輿《養一齋詩話》云：「遺山詩在金、元間無敵手，其高者，即南宋誠齋（楊萬里）、至能（范成大）、放翁（陸游）諸名家，均非其敵。」誠非過譽。其詞亦在北人中獨步。龍榆生《唐宋名家詞選》（開明書店一九三四年版）於篇末特附遺山詞十九首，編目云：「右附金詞一家十九首。」備見推崇。遺山的這首《摸魚兒》（又稱《邁陂塘》），也是金詞中最著名的一首：

摸魚兒

乙丑歲赴試并州，道逢捕雁者云：「今日獲一雁，殺之矣。其脫網者悲鳴不能去，竟自投於地而死。」予因買得之，葬之汾水之上，壘石為識，號曰「雁丘」。同行者多為賦詩，予亦有《雁丘辭》。舊所作無宮商，今改定之。

恨人間、情是何物，直教生死相許。天南地北雙飛客，老翅幾回寒暑。歡樂趣。離別苦。是中更有癡兒女。君應有語。渺萬里層雲，千山暮景，隻影為誰去。　橫汾路。寂寞當年簫鼓。荒煙依舊平楚。招魂楚些何嗟及，山鬼自啼風雨。天也妒。未信與、鶯兒燕子俱黃土。千秋萬古。為留待騷人，狂歌痛飲，來訪雁丘處。

乙丑是金章宗泰和五年（一二〇五），遺山十六歲。當時因雙雁故事而作《雁丘辭》，應是歌行一類作品，并不是協律的詞。他後來將《雁丘辭》改訂為「雁丘詞」，恐怕不止是為了叶宮商，而可能別具一種懷抱。與流行之版本不同，原詞作「恨人間」而非「問世間」，「千山暮景」也不是「千山暮雪」，流行本前處是因不知詞之格律致誤，「暮景」之「景」，是日光之意，也比流行本的「暮雪」用詞準確。

我十六歲時讀遺山這首詞，感動到不行，但我現在卻認為，遺山詠大名府殉情小兒女的同調之作遠在這首詞之上：

摸魚兒

問蓮根、有絲多少，蓮心知為誰苦。雙花脈脈嬌相向，祇是舊家兒女。天已許。甚不教、白頭生死鴛鴦浦。夕陽無語。算謝客煙中，湘妃江上，未是斷腸處。　香奩夢，好在靈芝瑞露。人間俯仰今古。海枯石爛情緣在，幽恨不埋黃土。相思樹。流年度。無端又被西風誤。蘭舟少住。怕載酒重來，紅衣半落，狼藉臥風雨。

這首詞創作的時間晚於《雁丘辭》十一年，但應在遺山改訂後的雁丘詞之前，遠較前詞渾成蘊藉，所以為佳。詞前有小序，云：「泰和中，大名民家小兒女，有以私情不如意赴水者，官為蹤跡之，無見也。其後踏藕者得二屍水中，衣服仍可驗，其事乃白。是歲，此陂荷花開，無不并蒂者。沁水梁國用時為錄事判官，為李用章內翰言如此。此曲以樂府《雙蕖怨》命篇。『咀五色之靈芝，香生九竅；咽三清之瑞露，春動七情』，韓偓香奩集中自敘語。」這是一首同情自由戀愛，為癡情小兒女立傳的佳作，而託之以詠并蒂荷花，故又名《雙蕖怨》。蕖即芙蕖，荷花的別名。自敘就是自序，這樣寫始自東坡，因東坡祖父名蘇序，需要避家諱。遺山畢生崇敬東坡，故也依東坡的習慣，將自序寫作自敘。

金宣宗貞祐四年丙子（一二一六），蒙古兵圍太原，遺山奉太夫人攜全家，由忻州渡黃河而南，寓居福昌縣三鄉鎮，與先一年自澤州避亂來福昌的李用章相識。用章講到，曾經手此案的梁國用，親口跟他講過這段令人盪氣迴腸的故事。遺山情動不已，遂有了這一首與《雁丘詞》一道，同被南宋大詞人張炎許為「風流蘊藉處，不減周（邦彥）秦（觀）」的力作。

一起「問蓮根、有絲多少，蓮心知為誰苦」，扣住蓮藕多絲（諧音「思」）、蓮心味苦的特徵，以比興落筆，這是說小兒女的相思如藕絲不斷，他們的悲劇讓蓮心都含著苦楚。次韻生發題序「是歲，此陂荷花開，無不并蒂者」之意，謂池中的并蒂蓮，那就是這對赴水而死的小兒女精魂所化。「天已許。甚不教、白頭生死鴛鴦浦」二句是作者的含怨發問，他說這一年池中花皆并蒂，就說明二人的愛情是天許之緣，可是上天何竟不仁至此，不讓他們像鴛鴦一樣，在水濱白頭到老？夕陽灑在水面，彷佛都在為二人的悲劇而無語凝咽。這池中景致，比之謝靈運筆下「播芬煙而不熏，燭明鏡而不明」（《傷己賦》）的意境，比之湘妃在江上啼哭，都更讓人斷腸。謝靈運小字客兒，人以謝客稱之。湘妃泣淚濺於竹上，生出斑斑竹枝，此是悼亡之哀，但湘妃終究曾與大舜共同生活多年，這一對小兒女，死後方得化作一池并蒂蓮長相廝守，纔更讓人慨歎造化之不公。

雄性鴛鴦頭上，就有一片白色的羽毛。宋人《九張機》聯章詞其四云：「四張機。鴛鴦織就欲雙飛。可憐未老頭先白，春波碧草，曉寒深處，相對浴紅衣。」金庸在《射雕英雄傳》中將這首《四張機》安在了劉瑛姑的名下，又借女主人公黃蓉之口評論道：「真是好詞！鴛鴦生來就白頭……」「甚不教、白頭生死鴛鴦浦」一句，字面是指鴛鴦，實亦指人，可見遺山體物之微，模寫之精。

過片用唐代詩人韓偓《香奩集》自序中的語典，是說好在二人的情愛不滅，化作美麗的荷花、清遠的幽香，以及荷上晶瑩的露珠。

接以「人間俯仰今古」，是「俯仰人間今古」的倒裝。詞人想像二人的精魂，冷眼看著人間今古變遷，哪怕是海枯石爛，彼此情緣永在，就像池中的并蒂蓮花，到秋日零落墜水，仍歸清靜，不在黃土中腐去。相思樹用《搜神記》中典。韓憑為宋康王舍人，妻何氏貌美，康王奪之，韓憑自殺，妻亦投臺死。時人為分而葬之，旦夕間有大梓樹生於二塚上，常有鴛鴦分棲兩樹，悲鳴動人。宋人號其木為相思樹。這是以韓憑故事，來類比雙蕖之怨。「流年度。無端又被西風誤」化用北宋詞人賀鑄的《踏莎行》詞句：「當年不肯嫁春風，無端卻被秋風誤。」謂并蒂蓮縱延得二人一時之精魂，終當凋零。詞人勸世人，該在池中稍加停留，不吝於傾瀉同情，以免得風雨之後，載酒重來，祇見蓮瓣半落，一派狼藉而已。「怕載酒重來」三句，寫出的是詞人對癡情兒女的無盡惋惜之情，對人間真情難得的哀憐之意。

這時再回顧雁丘之作，便覺既不及《雙蕖怨》之蘊藉，又不及它的渾成。起筆「恨人間、情是何物，直教生死相許」固然是名雋之句，奪人眼目，但一滾說破無餘致，不像後詞「問蓮根」二句以比興出之，醰醰有味。「天南地北雙飛客，老翅幾回寒暑」始寫及雁，一般詠物詞會接著鋪敘雁的行止，遺山卻一筆宕開，轉到對人間癡兒女的同情：「歡樂趣。離別苦。是中更有癡兒女。」繆鉞先生謂其「用筆空靈不滯」，其實是遺山以北人學南音，做不到像宋詞人那樣細緻入微。詞中「情是何物」依詞之定格，第二字須用平，但遺山用了仄聲的「是」字，「歡樂趣」三句，於詞律亦有乖舛。「離別苦」後面當作一豆，與下句同屬一句，遺山卻將「離別苦」單獨成句，與「歡樂趣」成對句，遂竟衍出一韻，與歷來詞格相違。詞人想像，殉情之雁如能說話，會告訴我們，它在脫網後仍自投於地的原因：「渺萬里層雲，千山暮景，隻影向誰去。」這數句，在上片裏最精警動人，因其有興象可感，真實不虛。

過片三句「橫汾路。寂寞當年簫鼓。荒煙依舊平楚」，繆鉞先生解釋說，「因為雙雁是葬在汾水之上，於是聯想到當年漢武帝泛舟汾河時所作的《秋風辭》。」又謂橫汾、簫鼓皆用《秋風辭》中的語典：「泛樓船兮濟汾河。橫中流兮揚素波。簫鼓鳴兮發棹歌。」他并且指出，《秋風辭》中有「草木黃落兮雁南歸」之句，可以暗扣住主題的「雁」字。但由雁而及於漢武故事，終嫌牽強，便不渾成，如以為因雁丘在汾上而聯及漢武，則詞中又無交待（詞序中不算）。過片如宋人所謂，「斷了曲意」（張炎《詞源》中語）。

「招魂楚些何嗟及，山鬼自啼風雨」是承接過片三句而來，謂汾水之上，一派淒清，欲待歌《招魂》之曲，返其魂魄，已來不及了，衹有山鬼在風雨中為其哀啼。「何嗟及」出《詩經．王風．中谷有蓷（益母草）》：「有女仳離，啜其泣矣。啜其泣矣，何嗟及矣。」意思是有一女子為丈夫拋棄，啜泣不已，悲歎莫及。何嗟及就是嗟何及。《招魂》《山鬼》皆屈原所作之楚辭，《招魂》中多以「些」為句末語氣詞，其聲至悲，故後世稱淒厲之音曰「楚些」。《山鬼》中有「雷填填兮雨冥冥。猨啾啾兮狖夜鳴。風颯颯兮木蕭蕭。思公子兮徒離憂」之句。我們很難理解，汾上雁丘能承載得起如此深重的哀傷。以下是說，雙雁比翼并飛，圓滿的愛情連上天都會嫉妒，被詞人細心埋葬的雙雁，不會與鶯燕同歸黃土，而會被千古騷人，狂歌載酒，常來憑弔。

詞的下片，與人比擬不倫之感。全詞總讓人覺得，上片與下片截然兩段，不成一體。同時人李治（字仁卿）的和作，就比遺山之作要更來得渾成：

雁雙雙、正飛汾水，回頭生死殊路。天長地久相思債，何似眼前俱去。摧勁羽。倘萬一、幽冥卻有重逢處。詩翁感遇。把江北江南，風嗥月嘆，并付一丘土。　仍為汝。小草幽蘭麗句。聲聲字字酸楚。拍江秋影今何在，宰木欲迷堤樹。霜魂苦。算猶勝、王嬙有塚貞娘墓。憑誰說與。歎鳥道長空，龍艘古渡，馬耳淚如雨。

此詞主旨在寫遺山營雁丘事。自「雁雙雙」至「倘萬一、幽冥卻有重逢處」寫雁，謂投地之雁，自懷癡想，盼著到幽冥中能與愛侶重逢，結想奇特。「詩翁感遇」四句，轉到寫遺山葬雁，妙在自然而然，不著痕跡。況周頤說這四句「託旨甚大，遺山元唱殆未曾有」。（《蕙風詞話》卷三）

過片三句，是說遺山不止營雁丘，且創作了芳馨悱惻的清詞麗句，聲聲悽楚，字字酸辛。「小草」是稍稍起草之意。「拍江秋影」謂雁影，宰木是墳墓前的樹木，仁卿謂多年以後，人們已不見舊年雙飛的雁影，卻見到當日遺山在雁丘前種下的樹木，早已高與堤樹相齊。仁卿感歎雙雁既逝，魂魄飄蕩霜天之中，固然淒苦，但總算比漢代遠嫁匈奴的王昭君，唐代至死仍為妓女的貞娘（應為真娘）要自由，雁丘的人文意義，在朔漠黃沙裏的昭君青塚，虎丘山下的真娘墓之上。

「憑誰說與」一句唱斷，意謂：我心中的感慨向誰說去呢？仁卿詞高明之處尤其體現在此處。他的情緒如何，并不說出，而是說：「歎鳥道長空，龍艘古渡，馬耳淚如雨。」「鳥道長空」用杜甫《秋興八首》句意：「關塞極天惟鳥道，江湖滿地一漁翁。」意指故都難返。「龍艘」字面上指的是漢武帝橫中流而濟汾水的龍船。馬耳用李白《答王十二寒夜獨酌有懷》詩的語典：「世人聞此皆掉頭，有如東風射馬耳。」本指無動於衷。對東風無感的馬，亦為雁丘而泣，則仁卿之哀不必問矣。但我們不禁要問，大雁殉情，縱令人感動，又何至於此？

遺山的原作及仁卿的和詞，在當時已流傳到南方。南宋韋居安《梅澗詩話》全引之，且云：「詳味二詞，亦有優劣，識者必能辨之。」一般來說，唱和詩詞原作都會勝過和作，像章楶（質夫）、蘇軾唱和楊花詞，人多右東坡而左質夫，這樣的例子極少。梅澗不直接說二家優劣，甚至不肯說「二作工力悉敵」的套話，顯然認為仁卿的和詞優於遺山原作。

遺山的雁丘詞定稿於何時？吳庠《遺山樂府編年小箋》以為即元氏十六歲時作，趙永源《遺山樂府校注》因之，與原詞小序「舊所作無宮商，今改定之」不合，繆鉞先生則以為改定的時間距原作「似亦不會太遠」。其實仁卿和詞已提供了此詞寫成時間的線索。詞中云「詩翁感遇」，又曰「拍江秋影今何在，宰木欲迷堤樹」，則雁丘詞成，上距營雁丘之時，宰木已長，遺山也是皤然一翁了。雁丘詞應是金亡以後，遺山、仁卿兩位遺老的唱和之作。考元太宗九年（一二三七），金亡已三年，遺山由冠氏（今山東冠縣）往東平、還太原，在崞山（今山西崞縣）的桐川（今同川，即同河流域），與仁卿相會，有《桐川與仁卿飲》詩：「瀟瀟茅屋繞清灣。四面雲開碧玉環。已分故人成死別，寧知尊酒對生還。風流豈落正始後，詩卷長留天地間。海內斯文君未老，不須辛苦賦囚山。」雁丘詞當改定於此時或稍前數載，仁卿和詞則應作於是年。山西陳為人先生推測：「元好問生存於金滅元興之際，如此沈淪滄桑之情，力透紙背的顯然是悼念亡國的切膚苦痛悲情。」（《走馬黃河之河圖晉書·

滄桑元好問》）陳為人先生是一位作家，創作者敏銳的直覺值得我們重視。我也認為，遺山雁丘詞所改的不止是宮商，更要把亡國之人的板蕩之悲、滄桑之慟寫入其中。但舊瓶裝新酒，其味終不甚醇，而仁卿專就營雁丘一事落筆，寄託家國之懷，在似有若無之間，反能渾成一片。

遺山此詞究竟要寄託什麼？今按《金史．哀宗紀》載：金哀宗於天興三年正月戊申，傳位於東面元帥完顏承麟，詔曰：「朕所以付卿者豈得已哉。以肌體肥重，不便鞍馬馳突。卿平日趫捷有將略，萬一得免，祚胤不絕，此朕志也。」次日承麟即皇帝位，即金末帝，禮畢亟出，與蒙古兵死戰。俄頃城陷，哀宗自縊於幽蘭軒。遺山原詞無一字涉及幽蘭，仁卿詞「小草幽蘭麗句」，明有所指。末帝聞哀帝崩，率群臣入哭，謚曰哀宗，哭奠未畢，城潰，禁衛近侍舉火焚哀宗屍，奉御（官名）絳山遂收哀宗骨，葬於汝水上。末帝為亂兵所害，金遂亡。

金哀宗、金末帝并死社稷，皆不獨生，絳山之收哀宗骨葬於汝水，讓遺山想起自己十六歲時聽聞的雙雁故事，以及當日所營的雁丘。他重理舊作，想要在詞中寄託其對哀宗、末帝的無限同情，這纔有「橫汾路」三句對漢武帝的聯想，這也纔有招魂之些、山鬼之啼。循此，我們也可以理解，仁卿和詞中何以要拿雁丘擬於人的塚墓，又何以為「鳥道長空，龍艘古渡」而歎，因為雁丘實指代哀宗在汝上的墳塋。

遺山集中，尚有古樂府《幽蘭》一首，明為弔哀宗之作：

> 仙人來從舜九疑。辛夷為車桂作旗。疏麻導前杜若隨。披猖芙蓉散江蘺。南山之陽草木腓。澗崗

重複人跡希。蒼崖出泉懸素霓。倏然獨立風吹衣。問何為來有所期。歲云暮矣胡不歸。鈞天帝居清且夷。瑤林玉樹生光輝。自棄中野誰當知。霰雪慘慘清入肌。寸根如山不可移。雙麋不返夷叔飢。飲芳食菲尚庶幾。西山高高空蕨薇。露槃無人薦湘累。山鬼切切雲間悲。空山月出夜景微。時有彩鳳來雙棲。

這是一首句句押韻的柏梁體古詩，據詩中「歲云暮矣胡不歸」之語，知作於天興三年歲暮。首句「仙人來從舜九疑」即謂哀宗如舜之崩於九疑。「南山之陽草木腓」用《詩．召南．殷其雷》語：「殷其雷，在南山之陽。」鄭玄箋云：「召南大夫，以王命施號令於四方，猶雷殷殷然發聲於山之陽。」并下句合觀，則謂哀宗既逝，大金已亡，再無王命號令四方，山川草木也寂寞無主。「素霓」出司馬相如《大人賦》：「垂絳幡之素蜺兮，載雲氣而上浮。」原賦的「大人」即說天子。詩中又有「鈞天帝居」「露槃」等語，皆可落實。值得注意的是，本詩中也用「山鬼」意象寄託悲慨。詩的次句直接檃括《楚辭．山鬼》中「辛夷車兮結桂旗」一句，末又云「山鬼切切雲間悲」，然則《雁丘詞》中「山鬼自啼風雨」，宜亦為亡國之呻、哀絕之吟。

遺山何以在《幽蘭》與《雁丘詞》中兩用山鬼之典？我以為當以山鬼指代收哀宗骨骸的絳山。

遺山詞尚有楊果（字正卿）的和作，題云「同遺山賦雁丘」：

悵年年、雁飛汾水，秋風依舊蘭渚。網羅驚破雙棲夢，孤影亂翻波素。還碎羽。算古往今來，祇有相思苦。朝朝暮暮。想塞北風沙，江南煙月，爭忍自來去。　埋恨處。依約并門舊路。一丘寂寞寒雨。世間多少風流事，天也有心相妒。休說與。還卻怕、有情多被無情誤。一杯會舉。待細讀悲歌，滿傾清淚，為爾酹黃土。

正卿後來仕元，位至參知政事。詞中「想塞北風沙，江南煙月，爭忍自來去」等句，未免故國之思，末云「一杯會舉。待細讀悲歌，滿傾清淚，為爾酹黃土」，顯然也是讀出了遺山詞背後的遺民心跡。「會」即「會須一飲三百杯」的「會」，應當之意。

遺山雁丘詞下片是所謂的「專寄託者」，常州詞派的一個重要主張是：「非寄託不入，專寄託不出。」（周濟語）此詞就能入而不能出。遺山是公認的金源一代文宗，他的詩、詞、文、史皆為金世第一，但金人侵佔北宋故地，以異族而入主中原，儘管朝野上下，都在努力地學習宋人的文化，終究婢學夫人，徒能貌似。遺山此詞之不能渾成，亦當作如是觀。而《雙蕖怨》詞中「相思樹。流年度。無端又被西風誤」三句，依詞格也當為二句，「流年度」後當用一豆，與下七字合成一尖頭的十字句，這些地方失察，都可見其詞學修養之不足。遺山、仁卿、正卿三人唱和的《雁丘詞》，過片首句都入韻，亦非詞之正格。

李清照說：「至晏元獻、歐陽永叔、蘇子瞻，學際天人，作為小歌詞，直如酌蠡水於大海，然皆句讀不葺之詩爾。又往往不協音律，何耶？蓋詩文分平側，而歌詞分五音，又分五聲，又分六律，又分清濁輕重。且如近世所謂《聲聲慢》《雨中花》《喜遷鶯》，既押平聲韻，又押入聲韻；《玉樓春》本押平聲韻，有押去聲，又押入聲。本押仄聲韻，如押上聲則協；如押入聲，則不可歌矣。王介甫、曾子固，文章似西漢，若作一小歌詞，則人必絕倒，不可讀也。乃知詞別是一家，知之者少。」（胡仔《苕溪漁隱叢話》後集卷三十三引）易安是真正的賞音人，故對以詩文為詞者一筆抹倒，但其實晏殊、歐陽修的詞，在文辭上仍是步武《花間》。蘇軾力大才雄，所作的一部分詞，於樂府為破格，是靠他的絕頂天才，在無路處開出一條路來。然而這條路絕非康莊大道，後人無東坡之才力，學之終難有樹立。太老師夏承燾先生謂：「大抵宋詞自東坡以後，始與詩不分。東坡以作詩的筆法作詞，實是功首罪魁。其功在能放大詞之內容，無論何種情感，皆可入詞，使詞不限於花間尊前之作。其罪在混合詩詞為一，破壞詞體的獨立的價值。」（《作詞法》）東坡的一部分詞，世人目為豪放，其實衹是粗於詞、不精於詞道。又東坡自有其深婉韶秀處，更非淺者所知。金人泰半學蘇詞，且多學蘇詞偏於豪放之一端，實因浸染殊淺，故於豪放易入，婉約難親。多見今人學作詞，咀古未足者莫不如是。我少年時為「問世間、情是何物，直教生死相許」這樣的入雲高唱而產生淺薄的感動，以後讀詞漸多，填詞漸夥，纔開始懂得欣賞渾成深婉之美。遺山詞境，老而更成，沈雄蒼涼，自成一家，中年之前，衹能偶到斯境，這種變化既是時代、遭際所致，也與填詞既多，格圓調熟有關。遺山晚年也承認，東坡詞「亦有語意拙直，不自緣飾，因病成妍者」。（《新軒樂府引》）

金是完顏部女真族群征服遼及北宋而建立起來的王朝。完顏部女真世居按出虎水（今黑龍江阿城市阿什河）之源，在女真語中，按出虎即「金」的意思，故國號金，又曰金源。女真人與遼人一樣，都靠武力得國，而在統治著人數遠多過本民族的漢人的同時，享用著中原的文明成果和傳統文化。遼的前身契丹，是唐末建立起來的北方政權。公元九三六年，本為後唐明宗李嗣源駙馬的石敬瑭，因擁兵自重，有不臣之心，為後唐末帝李從珂所猜忌。他先上表要求末帝讓位，激怒末帝，挑起了戰爭，一面向契丹可汗耶律德光求援，認契丹為父國，約定事成後割燕雲十六州與契丹。九三六年末，石敬瑭被耶律德光封為大晉皇帝，建國曰晉，史稱後晉。石敬瑭稱帝後，依約將本為華北屏障的燕雲十六州割予契丹，此後中原地區再無天險可守，北方勁旅可以輕易南下，遺禍數百年之久。石敬瑭得契丹軍援，遂攻入洛陽，滅後唐，不久遷都汴梁。石敬瑭比耶律德光小十歲，卻無恥地諂稱其為父，自稱「兒皇帝」，自古得國之奸雄，未有如石敬瑭這樣下賤的。後晉很快為契丹所滅。宋為了收復燕雲十六州，與金人締結了海上之盟，約定宋金出兵夾攻遼，宋給金付歲幣，金允諾歸還燕雲之地。然而在完顏阿骨打去世後，金的貴族就更傾向於滅宋而令「中外統一」，於是金的侵宋之戰就不可避免地爆發了。金人滅遼後，僅用了不足兩年的時間，就在宋欽宗靖康二年滅亡了北宋，擄掠徽宗、欽宗北上，史稱「靖康之難」。從此北方漢人長期在金、元異族治下生活，殘存的中原文化影響金、元人的同時，也被金、元人所染，南方的文化愈加偏勝。

金人得遼土及宋在北方的故地，據有了中原之地，也得到了原本就在遼人治下的燕雲文士的支持，開始被動地學習中原文化。金熙宗完顏亶得燕人韓昉及中原儒士教導，「雖不能明經博古，而稍解賦詩翰墨。雅歌儒服，分茶焚香，奕棋戰象」。但在宋人看來，他并未掌握中原文化的精髓，衹是徒然地失去了「女真之本態」，而在金的貴勳大臣眼中，「宛然一漢家少年子」，十分礙眼，他也視舊功大臣是無知夷狄。（《三朝北盟會編》引《金虜節要》）熙宗仰慕唐太宗、唐玄宗，又崇敬周公、成王，在位時以孔子四十九代孫孔璠襲封衍聖公，頒行了模倣大宋律法的《皇統制》，并提出，女真人與其他各族人，不宜分別對待，否定了女真貴族提出的，州郡長吏當并用女真人的建議。

完顏亮弒熙宗登位，史稱海陵王，在他統治的期間，金的都城由東北遷到中都燕京，金人沒有停止學習中原文化，也日漸變更女真舊俗。完顏亮能詩詞，其《昭君怨・雪》：「昨日樵村漁浦。今日瓊川銀渚。山色捲簾看。老峰巒。　錦帳美人貪睡。不覺天孫剪水。驚問是楊花。是蘆花。」前人評為「詭而有致」。《鵲橋仙・待月》：「停杯不舉，停歌不發，等候銀蟾出海。不知何處片雲來，做許大、通天障礙。　虬髯撚斷，星眸睜裂，惟恨劍鋒不快。一揮截斷紫雲腰，仔細看、嫦娥體態。」則反映出他內心的蠻橫殘暴，以及為達目的不惜一切代價的性格特徵。他夢想能混同萬里車書，讓金國成為中原的正統，遂決意南征大宋。完顏亮本想速戰速決，滅亡南宋，卻在采石磯被虞允文打得大敗。其時完顏雍在金的東京（今遼寧遼陽）自立稱帝，不習水戰的前線軍士，也在完顏亮下死命逼他們渡江進攻瓜洲時，發動兵變，將完顏亮亂箭射死。

完顏雍為金世宗，是金國的一代仁君，他深知仁義是治道之本，務為純儉，崇孝弟，重農桑，賞罰得當，登極後多次鼓勵臣下進諫直言。在他的治下，金國一歲死刑人數，或十七人，或二十人，世號「小堯舜」。但世宗又是一民族本位主義者，曾下令女真人不得譯漢名，不得著漢人服飾，須習女真語言文字，然而金人向慕漢化的趨勢，即使是貴為至尊的世宗也無法改變。於是到繼位的章宗時期，金人的漢化也就到達頂峰。

金人的正統意識也開始覺醒。金章宗泰和二年（一二〇二），定以土德為德運，這是因為按照西漢學者劉歆修改過的五德終始學說，每一次朝代更替，都應遵循五行相生的原理，宋是火德，號炎宋，火生土，繼宋為正統的朝代，就應該是土德。金人以土德為德運，意味著金人自認為正統，但並不能折服一部分儒士之心。到蒙元末年，則確定了遼、宋、金皆為正統，一直為今天的史學界所認同。

所謂「名不正則言不順」，自孔子著《春秋》，中國傳統史學就一直特別強調正統。歐陽修曾著《正統論》，以為「正統，王者所以一民而臨天下」，以堯、舜、三代、秦、漢、晉、隋、唐為正統，漢晉之間、南北朝之時、五代之時，皆謂之絕，即正統已亡，諸并立政權都不是正統。章望之作《明統論》駁之，以為有正統，有霸統，以功德而得天下者，其得之者為正統，堯、舜、三代、漢、唐、宋是也；徒以武力得天下者，其得之者為霸統，秦、晉、隋是也。正統論起於統一的曆法，故前人又有分正統、閏統者。秦雖能混一宇宙，但徒以武力，任法少恩，敲撲人民，故二世而亡，祇能謂之閏統。歐陽修提出判斷正統的兩個原則：一是「居天下之正，合天下於一」，即據有中原，而又能統一中國者，如堯、舜、三代、秦、漢、唐；二是「始雖不得其正，卒能合天下於一」，即獲得政權不具合法性，但能統一者，即是正統，如晉、隋。歐陽修的原則偏於「統」，而未免於「正」的方面有所讓步。在《正統論》的初稿中，歐陽修竟以為曹魏、朱梁皆可曰正統，這就更加偏離了「正」的原則。後來朱熹云：「祇是天下為一，諸侯朝覲，獄訟皆歸，便是正統。」也純是功利語，恐皆大違聖人之意。我們假設，奉契丹為父的兒皇帝石敬瑭，不是偏居北方，而是混同了南北，後世史家，難道也認其為正統？

孔子著《春秋》以來，中國史學的最高目標，就是樹立正統。所謂的良史，著述要合於永恆不變的價值觀，縱然刀鋸加之，鼎鑊臨之，也不改其初衷。歐陽修所著《新五代史》素號良史，但在正統論的問題上，未免勢利於秦、晉、隋，乃至差一點并及於曹魏、朱粱，這實在是令人遺憾的。

論正統之說，諸家紛紜，我獨賞南宋末年陳過（字聖觀）之說。聖觀認為，論正統必須要「正」「統」兼備，而「正」的原則尤應大過「統」的原則。若不然，則以強力而得天下，又不行仁義，也能稱為正統嗎？如此世間又焉能再有公論？那些蔑棄仁義，視民如草芥，乃至非鬼而祀，非聖坑儒的政權，縱能一統，不過是讓中國人都成為獨夫民賊的奴隸，又怎能算作正統呢？正如聖觀所言：「夫徒以其統之幸得，而遂畀以正，則自今以往，氣數運會之參差，凡天下之暴者、巧者、僥倖者，皆可以竊取而安受之，而梟獍、蛇豕、豺狼，且將接跡於後世。為人類者也，皆俯首稽首厥角，以為事理之當然，而人道或幾乎滅矣！天地將何賴以為天地乎？」（周密《癸辛雜識》後集《論正閏》引）

依照聖觀的原則，堯舜三代已降，符合正統的標準的朝代，衹有漢、唐、宋而已。宋以後，就衹有將蒙元驅回漠北的明，稱得上是正統了。正統并不全靠德，如堯、舜之禪讓，有時也需要必要的武力，但要看這武力是順天應人的「革命」，還是靠強力征服。商湯、周武王之征，人民待之若大旱之望雲霓，漢興而終秦之暴政，唐興而有貞觀之治，宋朝結束五代瓜分豆剖，隱士陳摶高興得從驢背上跌下來，這些朝代纔能稱得上正統。持這樣的標準來看金、元、清，無論如何都不能算是正統。

當然，「惟命不於常，道善則得之，不善則失之矣。」（《大學》）一個朝代，即使得國正當，如不能依本仁義，與民休息，人民終究會起來推翻它，此所謂「水能載舟，亦能覆舟」，歷史鐵律，誰都逃脫不開去。

金人定德運為土，是想在定自家為正統的同時，否定南宋政權的正統。儘管其時金、宋約為叔侄之國，宋向金稱臣，然而從文化上說，金衹是宋的模倣者。誠如周曉川師所言：「金代的文化，實際上是漢族文化的一種延伸和繼續。衹是由於環境和歷史條件的差異，而染上一種特殊的色彩。」（《金元明清詞選》前言）金人淹有宋在北方的故地，很像羅馬之征服古希臘，征服者學習被征服者的文化，最後為被征服者所同化。故以文化論，當時的正統在宋不在金。

金人原本文化幼稚，據有中原之地後，逐漸學習漢人的文化，但文化需要涵養，豈可一蹴而就？宇文虛中是一位出使金國，滯留不歸，而不得不仕金的宋人文士，他性好譏訕，目女真人為「礦鹵」，最終為自己帶來滅族之禍。但金的文化始終不及南宋，則是實情。金初詞壇盛推吳激、蔡松年，號吳蔡體，吳激是北宋龍圖閣大學士吳栻之子，米芾之婿，使金被強留不放歸，蔡松年父蔡靖，北宋末鎮守燕山，被金人所俘，多年消極抵抗金人的授官，曾對完顏宗望說：「靖之此身實屬金國，生之殺之皆在太子，然靖之心卻不屬金國。」（《三朝北盟會編》引許采《陷燕記》）故吳、蔡皆非金產，應屬兩宋文學的苗裔。至於金詞，也不過是北宋詞的庶子罷了。

自漢末北方久亂，南方較安定，文化一直偏勝於南方。魏晉之世，吳人稱中州人為傖，陸機由吳下入洛，聽說北方人左思要寫《三都賦》，寫信給其弟陸雲，說：「此間有傖父，欲作《三都賦》，須其成，當以覆酒甕耳。」傖父意為粗鄙之人，陸機的自信來自南方的文化積澱。魏晉以來，北方諸族匈奴、鮮卑、羯、羌、氐等開始大規模進入中原地區，由民族衝突而發生「永嘉之亂」，導致西晉滅亡，衣冠南渡。從此，文化的天平進一步偏於南方。南北朝時，顏之推著《顏氏家訓》，其《風操》篇多論南北之別，從其所載看，南人明顯勝於北。顏之推說了一段著名的故事：

別易會難，古人所重；江南餞送，下泣言離。有王子侯，梁武帝弟，出為東郡，與武帝別，帝曰：「我年已老，與汝分張，甚以惻愴。」數行淚下。侯遂密雲，赧然而出。坐此被責，飄颻舟渚，一百許日，卒不得去。北間風俗，不屑此事，歧路言離，歡笑分首。

密雲是「密雲不雨」的省辭，意思是流不出眼淚。北人粗豪，不屑下泣言離，也是文化薰染不足之故。所謂文化，就是對待無用之物的態度，愈追求實用，文化愈淺，愈追求精神、靈魂，文化愈深。

遺山的曾祖元春，北宋末為隰州團練使。金據中原，不仕新朝，乃從原籍平定遷忻州。其子滋善，金正隆二年（一一五七）始出仕。滋善生二子，長曰元格，未仕，即遺山生父。次曰元泰，曾為陵川令，遺山自小過繼給元泰為子，生長於金國，是純粹的北人。故於別離之際，難有「數行淚下」之時。《江城子．觀別》：

旗亭誰唱渭城詩。酒盈卮。兩相思。萬古垂楊，都是折殘枝。舊見青山青似染，緣底事，澹無姿。　情緣不到木腸兒。鬢成絲。更須辭。祇恨芙蓉，秋露洗胭脂。為問世間離別淚，何日是，滴休時。

此詞遺山年二十許作。他說自有折柳送別（諧音「留」）之風俗以來，萬古垂楊，都是被人折贈下的枝條。殘，餘也。他從旁觀察，殊難理解世間怎有如許多的離別之淚，故自稱是「木腸兒」，即心腸如木石，不易動情者。他說「鬢成絲，更須辭」，就算你纏綿到頭髮都白了，不還是要離別？純是北人講求實用的思維。作此詞後二十五年，遺山與詞中的男主人公會面話舊，遂又有《太常引》詞：

> 予年廿許，時自秦州侍下還太原，路出絳陽。適郡人為觀察判官祖道。道傍少年有與紅袖泣別者。少焉，車馬相及，知其為觀察之孫振之也。所別即琴姬阿蓮。予嘗以詩道其事。今二十五年，歲辛巳，振之因過予，語及舊遊，恍如隔世。感念今昔，殆無以為懷，因為賦此。
>
> 渚蓮寂寞倚秋煙。發幽思，入哀絃。高樹記離筵。似昨日、郵亭道邊。　白頭青鬢，舊遊新夢，相對兩淒然。驕馬弄金鞭。也曾是、長安少年。

辛巳為金宣宗興定五年（一二二一），遺山三十二歲，不宜有此垂暮之語，且二十五年前亦非廿許之年。振之姓崔，金宣宗元光元年（一二二二）任咸寧令。考蒙古太宗十二年庚子（一二四〇），遺山在家鄉忻州，與崔振之同遊定襄七巖，次年即辛丑年自東平回忻，與振之話舊，或在是年，然則辛巳當為辛丑字形殘缺致誤。如此上推二十五載，《江城子．觀別》當作於金宣宗貞祐四年（一二一六），遺山二十七歲。這一年遺山自秦州侍下（父母存一，謂侍下）還太原，路經絳陽，見郡人送別離任的觀察判官，其孫崔振之時方少年，與琴姬阿蓮泣別，遺山遂作《江城子》詞寄意。

二詞合觀，是非常有意思的個案。《江城子．觀別》寫得有些調謔意味，二十五年後所作，則沈摯渾厚，感人至深。這是為什麼呢？

一個原因是作為北人的遺山，不如宋人詞家那樣感覺細膩，故不善鋪敘。但《太常引》也少鋪敘，衹是以極簡的筆法，寫出今昔之慨，自然動人。何以同一作家，其感覺的粗豪未有變化，詞境之淺深卻有如此大的變化？清代詩人趙翼的《甌北詩話》給出了答案。趙翼說遺山的詩「專以精思銳筆，清煉而出，故其廉悍沈摯處，較勝於蘇（軾）、陸（游）。蓋生長雲（州）朔（州），其天稟本多豪健英傑之氣，又值金源亡國，以宗社丘墟之感，發為慷慨悲歌，有不求而自工者」。其實他的詞亦然。

廉悍是峻峭精悍，遺山天賦中就有英邁雋傑之氣，觀其集中長調諸作，如「牛羊散平楚，落日漢家營」（《水調歌頭．汜水故城登眺》）、「世外青天明月，世上紅塵白日，我亦厭囂湫。一笑拂衣去，嵩頂坐垂鉤」（《水調歌頭．雲山有宮闕》）、「萬事已華髮，吾道付滄洲」（《水調歌頭．空濛玉華曉》）、「興亡事，天也老，盡消沈、不盡古今愁」（《木蘭花慢．孟津官舍寄欽若欽用昆仲并長安故人》）、「玉井蓮開花十丈，獨立蒼龍絕壁。九點齊州，一杯滄海，半落天山雪」（《念奴嬌．欽叔欽用避兵太華絕頂，以書見招，因為賦此》），皆有慷慨悲歌之氣。其《水調歌頭．賦三門津》更是集中第一雄傑之作：

黃河九天上，人鬼瞰重關。長風怒捲高浪，飛灑日光寒。峻似呂梁千仞，壯似錢塘八月，直下洗塵寰。萬象入橫潰，依舊一峰閒。　仰危巢，雙鵠過，杳難攀。人間此險何用，萬古祕神奸。不用燃犀下照，未必佽飛強射，有力障狂瀾。喚取騎鯨客，撾鼓過銀山。

此詞比蘇辛之作更豪邁，更適宜「關西大漢，銅琵琶，鐵綽板」而歌之。此亦因天地山水有以助之，不僅是遺山詞筆雄健所致。三門津素號天險，所謂中神門、北人門、南鬼門，惟人門差可行舟，故云「黃河九天上，人鬼瞰重關」，意思是黃河於九天之上奔瀉直下，奔著人門鬼門的重關而來。

上片先直接描寫風助水勢，噴激蔽日，再以呂梁山之高峻、錢塘潮的磅礴，比喻黃河水經三門津的威勢。橫潰即橫流，水勢漫流，宇宙萬物，彷彿都與水勢一道漫流，而被稱作「中流砥柱」的砥柱峰卻巋然屹立，安閒從容，動靜之際，產生了強烈的藝術張力。其實又何止是一峰閒？遺山面對這天地間的偉觀，也是氣定神閒，中心不動的。北宋理學家程頤貶涪州時，渡長江，船至中流差點覆沒，船上的人都呺咷大哭，衹有程頤正襟安坐如常。船終於上岸，同船有一老人問他：「當船危時，君獨無怖色，何也？」程頤答道：「心存誠敬爾！」遺山也是心存誠敬，故能心無憂怖。

過片承上片的「一峰」，寫仰觀峰頂的危巢，見有雙鵠飛過，慨歎人不如鳥，不能攀躋而上，也進一步刻畫出砥柱山的高峻。這三句隱藏著遺山向自己的詞學私淑之師東坡致敬之意。東坡《後赤壁賦》有「攀棲鶻之危巢，俯馮夷之幽宮」之語，《連日與王忠玉、張全翁遊西湖，訪北山清順、道潛二詩僧，登垂雲亭，飲參寥泉，最後過唐州陳使君夜飲，忠玉有詩，次韻答之》詩則有「故應千頃池，養此一雙鵠」的句子。

「人間此險何用，萬古祕神奸」是說，上天在人間安排了三門津這樣奇險的地方，到底有什麼作用呢？應該是為了祕藏鬼神怪異之物吧？「不用燃犀下照」三句承上三句，意謂不必去探尋水下有什麼樣的鬼神怪異之物，纔掀起這樣偉鉅的狂瀾，即使是再讓吳越王來命武士射潮，也無法阻擋河水的兇猛。燃犀用晉代溫嶠過牛渚磯，燃犀下照，怪物覆火，千形萬狀之典；佽飛本是春秋時斬蛟的猛士，漢代用作武官名，掌弋射。浙江通海，人民每受潮汐之害，吳越王錢鏐築堤不成，遂命武士射潮，以厭勝潮神伍子胥，又在胥山立祠祭祀，潮乃避錢塘。

詞人面對三門天險，一無所懼，反而想著要喚取詩仙李白（自號海上騎鯨客）一流的人物，同擊大鼓，越流而過。「喚取騎鯨客，撾鼓過銀山。」豪宕絕倫，確是歷代豪放詞中的神品。

不過，正如況周頤所指出的，此詞縱然崎嶇排奡，卻仍下坡公一籌，原因便在於，東坡寫這類詞，能「不露筋骨」。況氏判斷這首詞是遺山少作，認為他「晚歲鼎鑊餘生，棲遲零落，興會何能飆舉」，是足為知人論世之論。

「棲遲零落」出自遺山的《木蘭花慢》詞：

賦招魂九辯，一尊酒，與誰同。對零落棲遲，興亡離合，此意何窮。匆匆。百年世事，意功名、

多在黑頭公。喬木蕭蕭故國，孤鴻澹澹長空。　門前花柳又春風。醉眼眩青紅。問造物何心，

村簫社鼓，奔走兒童。天東。故人好在，莫生平、豪氣減元龍。夢到琅邪臺上，依然湖海沈雄。

這是金亡後遺山寄山東諸友之作，骨重神寒，頗近東坡。首句用屈原賦《招魂》自招魂魄，宋玉賦《九辯》感慨搖落起興，他所招的其實是故國之魂。他感慨於道途顛沛，憂患餘生，更細懷著「神功聖德三千牘，大定明昌五十年」（《甲午除夜》）世宗、章宗兩朝盛世，而從衛紹王以來急劇走向衰亡的大金，尤其讓他情難自已。點檢平生，自己把生命都耗在了功名上，不由痛悔起來。黑頭公典出《魏書．宗室或傳》，北魏宗室元或少有才學，時譽甚美，侍中崔光見到他後，跟人說：「黑頭三公，當此人也。」即壯年而至三公之位的意思。遺山感慨百年世事浮沈，功名有命，自己為著小小的功名，做著微官，在金亡後被元兵押往山東羈管六年，殊是無謂。「喬木蕭蕭故國，孤鴻澹澹長空」將深沈的亡國之痛，蘊藏在平澹的語氣之中。喬木蕭蕭，喻世臣凋零，用孟子語：「所謂故國者，非謂有喬木之謂也，有世臣之謂也。」孤鴻用初唐張九齡「孤鴻海上來，池潢不敢顧」的語典，寫自己不仕新朝之志。

過片二句，有杜甫《哀江頭》「江頭宮殿鎖千門，細柳新蒲為誰綠」之意。下寫春景眩目，徒令人腸斷。何以村夫兒童，都忘了國破之恨，在春社之日，簫鼓乘時，奔走歡躍？他想起山東的老友們，希望他們莫要減了平生的豪氣，在夢裏遺山與友人在琅琊臺上相逢，大家依然有著沈雄的氣概。元龍是三國時的陳登，許汜評論他「元龍湖海之士，豪氣未除。」此詞寫得沈雄蒼涼，正是遺山金亡

後詞作的主流風格。

遺山除了學習東坡詞，也向東坡的弟子黃庭堅（山谷）學習。如《阮郎歸・為李長源賦》：「帝城西下望西山。城居歲又殘。萬家風雪一家寒。青燈語夜闌。　人鮓甕，鬼門關。無窮人往還。求官莫要近長安。長安行路難。」頗近山谷之巉削。山谷的名作《定風波・次高左藏使君韻》：「萬里黔中一漏天。屋居終日似乘船。及至重陽天也霽。催醉。鬼門關外蜀江前。　莫笑老翁猶氣岸。君看。幾人黃菊上華顛。戲馬臺南追兩謝。馳射。風流猶拍古人肩。」即上詞不祧之祖。又《水調歌頭・與李長源遊龍門》結構、字面全學山谷的《水調歌頭・遊覽》。山谷詞頗存俗格，往往有極俚俗之語，前人貶之曰惡趣，遺山也時有墮入山谷惡趣處。像「造化戲人兒女劇，狙公暮四朝三」（《臨江仙・孟津河山亭同欽叔飲因寄希顏兄》）、「兒婚女嫁，奴耕婢織」（《八聲甘州・半仙亭》）、「便與君、重結入關期，明年必」（《滿江紅・方城商帥國器軍中寄同年李欽用》）等語，皆甚俚俗，古人謂之為「蒜酪」，意即氣味濃烈而不渾雅，殊非詞之正道。

時代選中了遺山，讓遺山用他的詩筆、詞筆乃至史筆，忠實記錄下金代由衰而亡的痛史，時代也不允許遺山衹做得東坡、山谷的模倣者。時代更加不允許遺山用俚俗的語言去浪費自己的天分，原因是一九八七年諾貝爾文學獎得主，蘇聯流亡詩人約瑟夫・布羅茨基所說的，詩人在作品中采用街頭語言和大眾語言，「這是一個使藝術依附於歷史的企圖。」（《悲傷與理智・表情獨特的臉龐》，劉文飛譯。）惟有文學的語言纔具有永恆的力量。中年後的遺山，因國勢的阽危而飽經患難，詩詞遂皆自成一家，正像趙翼所云，「國家不幸詩家幸，賦到滄桑句便工」（《題元遺山集》）！由此，遺山詞沈摯的一面逐漸壓倒廉悍的一面，終於以其沈雄蒼涼的詞境而渾然大雅，而卓然大家。

作《江城子．觀別》的當年，蒙古兵圍太原，五月，遺山奉太夫人及全家南渡黃河，寓居福昌縣（今河南宜陽）三鄉鎮。次年，即宣宗貞祐五年丁丑（一二一七），遺山寫了一首感人至深的傑作：

點絳唇．青梅永寧時作

玉葉璁瓏，素妝不趁宮黃媚。謝家風致。最得春風意。　手把青枝，憶得斜橫髻。西州淚。玉觴無味。強為清香醉。

詞是睹物懷人之作，他所懷念的，當是三年前在忻州被蒙古人殺害的長兄元好古。

從衛紹王完顏永濟大安二年（一二一〇）開始，蒙古人在成吉思汗的領導下，就開始了對金的蠶食。宣宗登極後，自元年冬十一月至二年春正月，兩月間蒙古人「凡破九十餘郡，所破無不殘滅，兩河、山東數千里，人民殺戮幾盡，金帛子女、牛羊馬畜，皆席捲而去，屋廬焚毀，城郭丘墟矣。」（南宋李心傳《建炎以來朝野雜記．乙集卷十九．韃靼款塞》）宣宗貞祐二年的三月三日，蒙古軍攻下遺山的故鄉忻州，男女老幼被殺者十餘萬人，元好古也在被屠之列，年僅三十一歲。金人本以殺戮得遼、宋故地，但入主中原承平已歷百年，又深受漢文化影響，漸有文明氣象，面對野蠻殘酷以燒殺搶掠為樂的蒙古韃子（Tatar），幾無抵抗之力。宣宗不敢力戰，惟求偷安，遂決意率朝廷南遷，以北宋的故都汴梁為新的都城，從此土地日蹙，終底覆亡。

遺山先由青梅高雅的風姿切入，稱頌青梅高潔有品，不媚時世，暗喻元好古「狷介」（《中州集》中遺山對「敏之兄」即元好古的評語）的品性。青梅花一般是白色，故曰素妝。宮黃是蠟梅之色，此謂青梅花比蠟梅意態更雅。謝家風致，是說青梅有著天然的標格。它的直接來源，即父典，是北宋張耒《梅花十首》中的句子：「姑射仙姿不畏寒。謝家風格鄙鉛丹。」而祖典則是《詩品》卷二引湯惠休語：「謝（靈運）詩如芙蓉出水，顏（延之）如錯彩鏤金。」過片謂今日手把青枝，想起當初兄長簪於髮髻上的風流。而西州淚三字，極簡約而又極沈重，借東晉羊曇在舅父謝安逝後，不忍過西州城門，後醉酒經過，慟哭而去之典，力挽九牛，轉到避兵女几山，見青梅而悼長兄的哀慟情境中來。「玉觴無味，強為清香醉」是說兄弟相失，人天永隔，何有於觴飲之樂？嗅著青梅的清香，想起兄長的手姿，不由中心茫然如醉。

這樣的詞，就絕無金詞蒜酪之氣，而是渾成大雅，沈鬱婉麗的本色之作。

清代評論家劉熙載（融齋）稱遺山詞「疏快之中，自饒深婉」（劉熙載《藝概》卷四《詞曲概》），詞當有百折千回之致，疏快非優點也。衹是遺山身丁國變，「神州陸沈之痛，銅駝荊棘之傷，往往寄託於詞」（況周頤《蕙風詞話》卷三），沈鬱真摯之情，貫注其中，與他疏快、廉悍的語言風格相結合，遂能自成沈雄蒼涼的詞格。這就像京劇老生需要「高亮窄」的嗓子，但周信芳（麒麟童）少年變聲期間嗓子啞掉了，照理是無法成名角的，他卻另走渾厚蒼涼的一路，與他沙啞的嗓子天然配合，反而形成了極富個性的藝術風格，并開創所謂的麒派，周信芳也由此而成與梅蘭芳齊名的京劇大師。遺山疏快、廉悍的字面，本來相對詞的正格，是毛病，是缺陷，但國家的不幸讓他獲得同時期南方宋人難有的滄桑之感，非有疏快、廉悍的字面，不能承載他亡國的哀痛，於是反而成就了他的創作。況周頤謂遺山即金之坡公，遺山當之無愧。他又說坡公不過逐臣，而遺山則是遺臣、孤臣，故其詞「纏綿而婉曲，若有難言之隱，而又不得已於言」，這樣濃摯深沈的感情，是金亡後遺山躋身第一流詞家的根源所在。

龍榆生《唐宋名家詞選》自序分唐宋詞為三派：

蓋自溫韋以來，迄於南唐之李後主、馮延巳，北宋之晏殊、歐陽修、晏幾道，為令詞之極則，已儼然自成一階段焉；迨慢曲既興，作者益眾，疏密二派，疆域粗分。疏極於豪壯沈雄，自范仲淹、蘇軾以下，晁補之、葉夢得、張孝祥、辛棄疾、陸游、劉克莊、劉辰翁、元好問之徒屬之；密極於精深婉麗，自張先、柳永以下，秦觀、賀鑄、周邦彥、姜夔、史達祖、吳文英、王沂孫、張炎、周密之徒屬之。

疏密之說，比豪放、婉約之分更準確，淵源自劉融齋之論：「北宋詞用密亦疏，用隱亦亮，用沈亦快，用細亦闊，用精亦渾；南宋祇是掉轉過來。」「南宋詞近耆卿者多，近少游者少。少游疏而耆卿密也。」（《藝概．詞曲概》）疏與密指的是意象的疏闊繁複，然則秦觀、姜夔、張炎實皆疏之一派。遺山是北人文士的代表，他的生長環境、文化積澱都決定了其長調偏於豪壯沈雄，意象疏闊，純以氣行，有時不免失之於荒率。國家的滄桑鉅變讓遺山詞疏而益上，他以詩筆為詞，遂長於小令，轉與後主、小山為近。遺山曾從之學詩的老師王中立，為遺山樂府題詩：「常恨小山無後身。元郎樂府更清新。」這是說青年遺山的詞作，而遺山真正近於後主、小山的，是他晚年那些把國家之悲、身世之慟打并一處的令詞。

清平樂・太山上作

江山殘照。落落舒清眺。澗壑風來號萬竅。盡入長松悲嘯。　井蛙瀚海雲濤。醯雞日遠天高。醉眼千峰頂上，世間多少秋毫。

太山即泰山，因遺山的嗣父名元泰，遺山為避諱而寫作太山。這是一首充滿絕望的沈哀之作。江山殘照，既是寫物理的時間，更是寫歷史的時間。落落，清楚分明貌。澗壑中風起如同號哭，風裏松葉之聲猶如悲嘯，這是詞人內心痛苦的呼喊啊！過片是說，瀚海雲濤何等壯麗，自天上人觀之，我輩不過如井蛙所見而已，眼中日遠天高，如此廣闊的宇宙，不過如小蟲醯雞所處的酒甕一樣狹小。一結用《莊子・齊物論》：「天下莫大於秋毫之末，而泰山為小。」但遺山絕無表達齊物之旨的意思，他想說的是，國亡之後，江山皆無意義，那是徹骨的悲涼，徹骨的絕望。

清平樂

香團嬌小。拍拍春多少。一樹鉛華春事了。消甚珠圍翠繞。　生紅鬧簇枯枝。衹愁吹破胭脂。

說與東風知道，杏花不看開時。

此是詠杏花之作。遺山把杏花比喻作嬌小的香團，滿滿地（拍拍）妝點著春天。然而一樹鉛華，終歸零落，怎消受得起賞花人穿珠戴翠，環繞樹下？下片四句，是說杏花新開時，在枯枝上妝點得春天熱熱鬧鬧的，怕就怕東風會把杏花吹殘。我且寄語東風：杏花落便落吧，我要看的是杏花零落後綠葉成陰的姿態。北宋詞人宋祁有「紅杏枝頭春意鬧」的名句，故謂「鬧簇枯枝」。這首詞傲兀倔強，東風是元人，杏花是金，金雖亡而不亡，因有遺山這樣守定故國文化的人在。

遺山是以詩為詞，故尤其擅長體製最近於七律的《鷓鴣天》，可稱作「元鷓鴣」。《遺山樂府》卷三所刊三十七首《鷓鴣天》，況周頤認為「泰半晚年手筆。其《賦隆德故宮》及《宮體》八首、《妾薄命辭》諸作，蕃豔其外，醇至其內，極往復低徊、掩抑淩亂之致。而其苦衷之萬不得已，大都流露於不自知。」他又說此等精品，宋名家如辛稼軒固然也有，但不能像遺山那樣地眾多。——這當然是因為遺山身經國亡，內心比稼軒更痛苦、更絕望。《鷓鴣天．隆德故宮同希顏、欽叔、知幾賦》：

臨錦堂前春水波。蘭皋亭下落梅多。三山宮闕空瀛海，萬里風埃暗綺羅。　雲子酒，雪兒歌。
留連風月共婆娑。人間更有傷心處，奈得劉伶醉後何。

此詞作於蒙古乃馬真后稱制二年（一二四三），金亡後的第十個年頭，是遺山與雷希顏、李欽叔、麻知幾等文字友，同弔汴京故宮所作。隆德是汴京故宮正殿名。自金宣宗遷都汴梁，金的文物俱入汴京，遺山也曾在汴京擔任尚書省東曹掾，并於汴京城破後，被蒙古兵俘獲，解往山東聊城看管。舊地重遊，無限黍離麥秀之悲，「三山」二句，絕似後主「四十年來家國，三千里地山河。鳳闕龍樓連霄漢，玉樹瓊枝作煙蘿」之概。「雲子酒」三句是說大家在酒鄉歌席消磨時光。雲子是碎雲母，丹家以為服之可成仙，雪兒為隋末李密的愛妾，善歌，此指歌伎。此是伏下之筆，更引出「人間更有傷心處，奈得劉伶醉後何」的沈痛。遺山說：人間再多的傷心，我像劉伶一樣終日在醉鄉，又能奈得我何？這是怨痛之極的反語，說是醉中忘得，其實是忘不得。清代陳廷焯評此詞「蒼茫雄肆，竟似稼軒手筆」（《詞則·放歌集》卷三），說得不對，此詞更近後主也。

是年八月，遺山遠赴燕京，為耶律楚材父耶律履作神道碑，又作《鷓鴣天》：

八月盧溝風路清。短衣孤劍此飄零。蒼龍雙闕平生恨，祇有西山滿意青。　塵擾擾，雁冥冥。
因君南望湧金亭。還家賸買宜城酒，醉盡梅花不要醒。

風路當為風露。燕京曾為金的中都，海陵王遷都於此，與金的盛世相隨始終，宣宗貞祐三年被蒙古軍隊攻陷，後成為蒙古的都城。詞人來到燕京的另一個目的是拜訪張柔，求看《金實錄》，為所著的史書《壬辰雜編》定稿作最後的努力。來到故都，心情當然是壓抑、悲憤的。西山青翠滿眼，江山無恙，而龍樓鳳闕已屬蒙古，自然悵恨填膺。滿意青就是滿眼青。過片三句，謂京城緇塵擾擾，鴻雁振翅南飛，詞人也因南飛之雁，思念起河南輝縣常與友人一起登臨的湧金亭。宜城是產美酒之地，此謂歸去後，當買美酒，於梅花下沈醉，好忘記觸目傷時之痛。

遺山《鷓鴣天》諸作，最佳者莫如其《薄命妾辭》五首：

複幕重簾十二樓。而今塵土是西州。香雲已失金鈿翠，小景猶殘畫扇秋。　天也老，水空流。
春山供得幾多愁。桃花一簇開無主，盡著風吹雨打休。

顏色如花畫不成。命如葉薄可憐生。浮萍自合無根蒂，楊柳誰教管送迎。　雲聚散，月虧盈。
海枯石爛古今情。鴛鴦隻影江南岸，腸斷枯荷夜雨聲。

一日春光一日深。眼看芳樹綠成陰。娉婷盧女嬌無奈，流落秋娘瘦不禁。　霜塞闊，海煙沈。
燕鴻何地更相尋。早教會得琴心了，醉盡長門買賦金。

玉立芙蓉鏡裏看。鉛紅無地著邊鸞。半衾幽夢香初散，滿紙春心墨未乾。　深院落，曲闌干。
舊歡新恨苧衣寬。幾時忘得分攜處，黃葉疏雲渭水寒。

百囀嬌鶯出畫籠。一雙胡蝶殢芳叢。蔥蘢花透纖纖月，暗澹香搖細細風。　情不盡，夢還空。歡緣心事淚痕中。長安西望腸堪斷，霧閣雲窗又幾重。

組詞純以比興出之，故極低徊要眇之致。據狄寶心先生《元好問年譜新編》考證，當是為金亡之日，蒙古兵擄宣宗后王氏、哀宗后徒單氏、柔妃裴滿氏及諸妃嬪北上而作。

第一首謂汴京向日複幕重樓，今惟塵土而已。《金史·后妃列傳·宣宗王氏皇后》載：「及壬辰、癸巳歲，河南饑饉。大元兵圍汴，加以大疫，汴城之民，死者百餘萬，后皆目睹焉。」同在汴京被圍的遺山不會不知，塵土二字，隱藏著多麼深重的哀慟！被擄女子頭上的髮飾，已被蒙古兵搜刮一空，祇有畫扇無人搶奪，仍隨在身邊，昭示著她們被捐棄的命運。過片用李賀「天若有情天亦老」之語，水空流是說時光無情。「春山供得幾多愁」化用辛棄疾《水龍吟》詞「遙岑遠目，獻愁供恨，玉簪螺髻」句意，謂青山也載承不起如許的愁恨。詞人把焦點定格在路邊的桃花上，那無主的小桃，被風吹雨打，花盡飄零，不正是這些可憐的女子命運的象徵嗎？她們後來遭遇了什麼？《金史》記載了一句：「京城破，后及諸妃嬪北遷，不知所終。」不忍想，不敢想。

第二首慨歎后宮的女子紅顏薄命，如浮萍一樣，隨水浮沈，不能自主。詞人不由詰問：道旁楊柳祇管送迎，你們知道她們將要遭受怎樣的劫難嗎？「雲聚散，月虧盈」是說歷史無情，周而復始，而被擄女子的痛苦，即使到海枯石爛也不會消逝。想來偷生於歸德府的哀宗，便如江南岸邊的孤鴛，聽著雨打枯荷之聲，柔腸寸斷。

第三首寫兩宮既已北遷，金國人民對她們的同情與懷念。兩宮被擄北上，時維哀宗天興二年四月，故首二句純是寫實。詞人用魏武時宮人盧女、杜牧筆下「窮且老」的舊宮人杜秋娘為喻，寄託對兩宮女子的同情。過片想像北行之遠，將至於霜塞，而往事已如海蜃煙沈。燕鴻皆信使，此謂消息永斷。一結是說：她們若是能脫得虎口，我們會不吝千金，買醉寄興。《金史》載：天興元年冬，哀宗逃往歸德。二年正月，遣近侍徒單四喜、朮甲荅失不奉迎兩宮。兩宮及柔妃裴滿氏等乘馬出宮，行至陳留，城左右火起，疑有兵，不敢進。王太后於是下令回到汴京。等到再想逃走時，汴京城已破，沒法再逃脫生天了。琴心用司馬相如彈奏《鳳求凰》，打動卓文君，半夜隨其私奔之典，此喻哀宗命人迎兩宮往歸德。長門買賦，亦用司馬相如之典，漢武帝廢后陳阿嬌以千金請相如作《長門賦》，想重新打動武帝。此祇是接上句順用其典，表示如果她們能逃出，我們千金不惜，去買酒歡慶之意。

第四首謂宮中女子美麗無匹，即使是唐代邊鸞那樣的名畫家，亦無所用其技。有的昨夜的幽夢尚未做完，有的几案上所寫的詩句墨尚未乾，就被蒙古兵勒逼上路。北上後她們想起宮中的院落闌干，情傷消瘦，連苧麻衣都變得寬大了。一結化用唐許渾《咸陽城東樓》詩的後四句：「鳥下綠蕪秦苑夕，蟬鳴黃葉漢宮秋。行人莫問當年事，渭水寒聲晝夜流。（一作故國東來渭水流）」謂哀宗拋棄她們逃往歸德，正是黃葉疏雲，渭水寒聲不歇之時。

第五首以「百囀嬌鶯」比喻哀宗，以「一雙胡蝶」指代兩宮，譴責哀宗逃出汴京，卻讓兩宮留滯。「蔥蘢」二句，渲染哀宗去後宮中的寂寞。下片則從哀宗的心情著眼寫開去。想像哀宗在歸德，追憶前情，恍如一夢，西望汴京，宮室盡被雲霧籠罩，徒然流淚而已。歸德府在今河南商丘一帶，正在汴京之東，故曰「長安西望」。

在《遺山樂府》中，還有一首言志的《鷓鴣天》：

> 華表歸來老令威。頭皮留在姓名非。舊時逆旅黃粱飯，今日田家白板扉。　沽酒市，釣魚磯。愛閒真與世相違。墓頭不要征西字，元是中原一布衣。

金亡以後，遺山不仕蒙元，保持了傳統士人的氣節。金與蒙元都是北方征服政權，固皆非正統，但金享國日久，比蒙元更早接受中原文化，也不如當時蒙古兵那樣殘暴，如依儒家華夏、夷狄之辨，其時金已進於華夏，蒙元則為夷狄。因儒家所謂的華夏、夷狄，不在血統，而在文明程度。遺山國亡後以國史自任，所編《中州集》附《中州樂府》，將記憶所得的前輩及交遊諸人的詩詞，隨即錄之，保存了金源一代詩人的重要作品，并為每位詩人撰寫小傳。「百年遺稿天留在，抱向空山掩淚看」（《自題中州集後》），那不單是藉詩以傳史，更是遺山保存故國文化的孤詣苦心。中州、中原不止是地域概念，更是文化概念，都代表遺山對華夏文化的固守信膺。中原布衣，是他基於文化信仰的人生選擇。蒙古乃馬真后稱制四年乙巳（一二四五），遺山為遷葬母親，由忻州來到曾為縣令的內鄉，得當地父老相留相挽，感慨「事去恍疑春夢過，眼明還似故鄉歸」，當鄉人要他題詩留念時，他說：「題詩未要題名字，今是中原一布衣。」（《為鄧人作詩》）這首《鷓鴣天》詞用「元是」，比詩的「今是」更斬截，寫出遺山後半生的志尚。

首句用《搜神後記》丁令威離家千歲，化鶴歸來，棲於華表柱上，感慨城郭依舊，人民全非之典，暗寫亡國鉅變。次句則用的是《東坡志林》中的笑話：宋真宗訪天下隱者，得杞人楊樸。真宗問：「臨行有人作詩送卿否？」楊樸答道：「惟臣妾有一首云：『更休落魄耽杯酒，且莫猖狂愛詠詩。今日捉將官裏去，這回斷送老頭皮。』」真宗大笑，遂放還山。遺山用這個典故，是含著淚的笑，意謂人雖僥倖苟全，卻已非金的仕人了。舊日遊宦生涯，不過如旅舍中的黃粱一夢，今日田家白屋，纔是真實的人生。他在酒市上、魚磯邊得到安閒，百年之後，哪裏需要像曹操那樣，希望在墓上寫著「漢故征西將軍」的字樣，自己本來祇是中州大地的一名布衣之士啊！

為了給金留一部信史，遺山忍辱偷活，四方訪求文獻，為此與不少投降蒙古而身居高位的金的舊臣交往，即使為人訕罵，亦在所不惜。在與這些舊臣新貴交往時，遺山總是注意鼓勵他們勤政愛民、崇儒尚學，以一己之微力，努力保全文脈。其實，在哀宗天興二年四月蒙古兵入汴京時，元好問就向蒙古國中書令耶律楚材上書，請求他保護金的「天民之秀」，讓這些金的文化精英能為新朝所用。遺山晚年甚至與張德輝一道北上覲見忽必烈，希望這位蒙古賢王能擔任儒教大宗師，并蠲除儒戶兵賦（《元史．張德輝傳》），這些行為與他作為金的遺民的身份有矛盾嗎？并不矛盾。凡國皆有興衰滅絕，而不亡的是這片土地的人民，以及被一部分「天民之秀」所傳承的文化。遺山晚年以國史自任，謂：「不可令一代之跡泯而不傳。」遂在家構野史亭，采摭金源君臣遺言往行，有所得即記錄之，後來元人纂修《金史》，多本其所著。遺山不仕蒙元，以金之遺老自命，但託命給他的，不是完顏氏一家一姓，而是「金一變，至於宋」的故國文化。

南宋忠臣家鉉翁，宋亡後，被置瀛州（今河北河間）十年，以《春秋》教授弟子，為諸生講宋興亡之故。在河間時得讀《中州集》，感慨道：

世之治也，三光五嶽之氣，鍾而為一代人物，其生乎中原，奮乎齊魯汴洛之間者，固中州人物也；亦有生於四方，奮於遐外，而道學文章為世所宗，功化德業被於海內，雖謂之中州人物可也。蓋天為斯世而生斯人，氣化之全、光岳之英，實萃於是，一方豈得而私其有哉？迨夫宇縣中分，南北異壤，而論道統之所自來，必曰宗於某，言文脈之所從出，必曰派於某，又莫非盛時人物範模憲度之所流行。故壤地有南北，而人物無南北，道統文脈無南北，雖在萬里外，皆中州也，況於在中州者乎！

家鉉翁深刻地指出，所謂中州（乃至中國），不是靠地域劃分，而是看是否合於道統、文脈。其人能接於盛時人物之範模憲度，能做到道學文章為世所宗，功化德業被於海內，即可謂中州人物，亦即中國道統、文脈之傳承人。遺山編《中州集》，固不止為金源一代之詩史，更是中州道統、文脈之所繫。遺山誨弟子王惲曰：「千金之貴，莫逾於卿相，卿相者，一時之權。文章，千古事業，如日星昭回，經緯天度，不可少易。顧此握管銛鋒雖微，其重也，可使纖埃化而為泰山，其輕也，可使泰山散而為微塵，其柄用有如此者。」一表現出以道統自任、文脈自任的強大氣概。正如劉剛、李冬君伉儷所云：「王朝雖然赫赫，不過歷史表象，江山何其默默，實乃歷史本體。表象如波易逝，一代王朝，不過命運的一齣戲，帝王將相跑龍套，跑完了就要下臺去，天命如此，他們不過芻狗而已。改朝換代，但江山不改，家國興衰，還有文化主宰，文化的江山還在。」（《文化的江山》引言）遺山所無限忠於的是文化的江山，他的詩、詞、文、史皆屬文化的江山，衹要文化的江山不朽，遺山的作品也將永遠炳煥於天地之間。

傷春不在高樓上 在燈前敧枕 雨外熏爐
尘乙未秋夜於京

孤煙冷，風雨滿西湖。春夢不留行樂地，
霜紅飛盡酒醒餘。聽雨傍熏爐。

右吳夢窗

人間萬感幽單

吳文英

我師周曉川先生有《婉約詞典評》一著久行於世。是書選唐代至民國二百一十一家詞人的婉約之作共三百首，各綴以精練的短評，對讀者賞會名作，頗有裨益。我印象最深刻的，是曉川師對南宋詞人吳夢窗《宴清都・連理海棠》的評論。這首詠物之作，我從前也曾讀過，然而那時候衹是看到密密沈沈的意象，并不能理解詞人的寄託所在。詞曰：

繡幄鴛鴦柱。紅情密，膩雲低護秦樹。芳根兼倚，花梢鈿合，錦屏人妒。東風睡足交枝，正夢枕、瑤釵燕股。障灩蠟、滿照歡叢，嫠蟾冷落羞度。　人間萬感幽單，華清慣浴，春盎風露。連鬟并暖，同心共結，向承恩處。憑誰為歌長恨，暗殿鎖、秋燈夜語。敘舊期、不負春盟，紅朝翠暮。

曉川師評論道：「『秦樹』『鈿合』暗扣李隆基、楊玉環華清密誓，可謂妙於比興。換頭處一句唱斷，『人間』以下直抒感慨。華清恩寵，夜殿密誓，到頭來不過是一場悲劇。祇有連理海棠，不負春光，年年花開似舊。這是單純詠花嗎？不！這是對人間負心行為的批判啊。」他指出，清末大詞人朱祖謀（彊村）評此詞曰「濡染大筆何淋漓」，是道出了此中深意。

曉川師的見解讓我若受電然，我這纔發現，原來夢窗有如此沈厚的氣息，如此悲憫的胸襟。後來再讀清末大詞人陳洵的《海綃說詞》、現代大學者劉永濟先生的《微睇室說詞》，漸漸讀懂了夢窗的詞，也就更能理解，何以這位畢生未中進士，沈淪於幕僚曹官這一類低等職位的失意文人，會被宋末的尹煥推崇為南宋第一，會被周濟許為「奇思壯采，騰天潛淵」，與周邦彥、辛棄疾、王沂孫并著為「宋四家」，會得到王鵬運、朱祖謀、鄭文焯、況周頤、馮煦、張爾田等晚清學者的一致推崇。

吳文英，字君特，號夢窗，晚號覺翁，浙江四明（今寧波）人。他本姓翁氏，出繼吳姓為後，他的親哥哥翁元龍也是一位詞人。夢窗曾入蘇州倉幕。所謂倉幕，倉是指「提舉常平廣惠倉兼管勾農田水利差役事」，這是宋代為宏觀調控而設立的財政機構，夢窗在該機構任幕僚，他又曾入南宋名臣袁韶、史宅之及嗣榮王趙與芮幕，都是客卿身份，不是有職銜的官吏。然而，身份的卑微并未妨礙他與當時的名士顯宦如吳潛、賈似道的交往，他的詞在南宋末年已得大聲於天下，至清末更因王半塘（鵬運）、朱彊村（祖謀）先後宣導，而風靡一時。彊村編選的《宋詞三百首》選夢窗詞最夥，至二十五首，彊村的傳硯弟子龍榆生先生，在他的《唐宋名家詞選》初版裏，選夢窗詞達三十八首之多，同樣冠冕諸家。

夢窗的詞風，前人有評以「密麗險澀」的，用這四個字來形容夢窗詞的整體風貌，還是十分允當的。但是，夢窗也有天骨開張、蒼勁雄渾的作品，這類作品正有著周濟所稱的「奇思壯采，騰天潛淵」的風格特徵。

比如他的名作《八聲甘州·靈巖陪庾幕諸公遊》，就在沈著中寓悲慨，既有騰天直上之雄健，又有潛淵而下之深味：

渺空煙四遠，是何年、青天墜長星。幻蒼崖雲樹，名娃金屋，殘霸宮城。箭徑酸風射眼，膩水染花腥。時靸雙鴛響，廊葉秋聲。　宮裏吳王沈醉，倩五湖倦客，獨釣醒醒。問蒼波無語，華髮奈山青。水涵空、闌干高處，送亂鴉、斜日落漁汀。連呼酒，上琴臺去，秋與雲平。

這是一首登覽之作。詞人與他在倉幕（詞題中庾幕是古人對幕府的美稱，因東晉庾亮幕中多賢俊之士而得名）的同僚一起遊覽蘇州的靈巖，弔古之餘，不免傷今，遂有此詞。靈巖山是蘇州的名勝，其最高處曰琴臺，以春秋時吳國所建館娃宮而知名。山上又有一溪流，水直如矢，故名箭徑。當年，吳王夫差寵信西施，於靈巖山上為建館娃宮（娃是美女之意），又造了一座地板下挖空、安有特別裝置的走廊，著木屐行於其上，便有樂音生出，謂之響屧廊，而吳王終以縱逸荒政，被處心積慮矢志復仇的越王句踐所滅。詞人自然聯想到積弱無能的南宋朝廷，正面臨著北方蒙元政權侵略之大患，而上層統治者卻不思勵精圖治，仍然醉生夢死，作為一名底層的士人，夢窗無力改變時局，衹好借詞句抒寫他心中的憂患與鬱憤。這不是普通的遊覽、泛泛的弔古，而是深具經國體野之心的寄託之作。

《八聲甘州》原是大曲《甘州》的一部分，之所以名「八聲」，是因為此詞有八個韻。第一韻「渺空煙四遠，是何年、青天墜長星」，寫的是詞人遠觀靈巖的感受。從遠處望去，靈巖山拔地兀立，周邊是彌望的平原，天地交接之處，彷彿是虛空的澹煙，顯得那樣地渺邈。是哪一年天外的流星隕落，纔有了孤峙的靈巖山？第二韻「幻蒼崖雲樹，名娃金屋，殘霸宮城」，精切處在一「幻」字。蒼崖雲樹，宮城金屋，霸主名娃，與永恆的宇宙相比，都不過是可憐的瞬現瞬滅的幻相。這是詞人對歷史的痛切體悟，也暗承上韻的「是何年」三字。第三韻「箭徑酸風射眼，膩水染花腥」，「酸風射眼」是化用唐代詩人李賀的名句「東關酸風射眸子」，意思是詞人經過箭徑溪，想起當日館娃宮人，洗妝時脂粉流入水中，水面漂起一層油垢，而今繁華安在，不由得熱淚縱橫，如被酸風所激。第四韻則是寫秋葉飄落於響屧廊，發出淒清的音調，恍如當日西施靸著鞋，行走於其上。靸，是把鞋後幫踩在足跟下，當拖鞋穿著的意思。第三、四韻其實都是依照詞人遊覽的順序落筆的，但他把遺跡與歷史、想像與感受打混在一起寫，便泯去了針線縫合之痕，是非常高明的藝術手段。

第五韻「宮裏吳王沈醉，倩五湖倦客，獨釣醒醒」是詞的過片，需要承擔承上啟下的功能，詞人的處理方法是劈空議論，點明主題。五湖倦客是指吳越爭霸時越國的大夫范蠡，傳說他在功成之後攜西施泛舟五湖（太湖的別稱），隱居不仕。「醒」，是醉的反義詞，飲酒後清醒過來謂之為「醒」，念平聲，倩則是請的意思。這一韻是說，吳王在館娃宮中沈醉，這是主動招致范蠡這樣的敵國大夫，在一邊冷靜地尋找傾覆吳國的機會啊。第六韻「問蒼波無語，華髮奈山青」轉為抒情。詞人叩問奔逝的波濤，歷史的教訓如此顯明，怎麼當今的統治者就不知道惕然自省呢？逝水也沒有答案，而詞人不免有年光老去、無所建樹之慨，「華髮奈山青」，是短暫的人生面對恒久的自然所發出的深沈喟歎。第七韻用了兩個尖頭句：「水涵空、闌干高處，送亂鴉、斜日落漁汀。」句法參差跌宕，意謂登上闌干高處，極目所見，水天包涵，如成一色，西下的夕陽，向水天相接處的小洲落去，也送著紛飛的烏鴉歸巢。「亂」是這一韻的點睛之筆，象徵詞人紛亂的內心。值得注意的是，第六韻的感慨纔一出來，到第七韻便轉為寫景，而這景又是烘託情致的妙筆，這樣，詞人就不用直露地抒情，而祇需要讓讀者在情景交融的意象中自行體會詞人紛亂的心情就可以了。近代詞人陳洵強調，夢窗詞善用「留字訣」，所謂「無往不復，無垂不縮」，有十分的情感，祇說八分，賸下二分，須讓讀者自行體味尋繹。填詞而能「留」，便有了留駐不去的餘味。第八韻「連呼酒，上琴臺去，秋與雲平」隱含著情感的轉折：國事既然不可問了，不如與同僚一起上到靈巖山的最高處琴臺去，飲著酒，感受秋氣的高爽吧！

　　夢窗的登覽之作，往往高蹈中見出沈鬱，讀後常有秋風過雨、一片荒涼之慨。如《齊天樂·與馮深居登禹陵》：

　　三千年事殘鴉外，無言倦憑秋樹。逝水移川，高陵變谷，那（ㄋㄨㄛˊ）識當時神禹。幽雲怪雨。翠萍濕空梁，夜深飛去。雁起青天，數行書似舊藏處。　　寂寥西窗久坐，故人慳會遇，同剪燈語。積蘚殘碑，零圭斷壁，重拂人間塵土。霜紅罷舞。漫山色青青，霧朝煙暮。岸鎖春船，畫旗喧賽鼓。

禹陵在浙江紹興，是歷史上著名的賢君大禹安葬的所在。詞的開筆，簡直是老杜的筆致，蒼茫、闊大，極盡沈著之能事。「三千年事殘鴉外」，如同說「三千年王圖霸業，都付殘鴉」；「無言倦憑秋樹」，意思是弔古之情，積鬱胸中，不知從何說起，衹是倦然倚著秋樹，任憑無限感慨從心頭流過。「逝水移川，高陵變谷，那識當時神禹」是說時間無情，高高的山陵變成了深谷，永恆不息東流而逝的河川也改變了路徑，當初大禹治水疏浚河川的成績，現在已經無法見到了。接著「幽雲怪雨」一句，是驀然而起的插敘，為的是引出「翠萍濕空梁，夜深飛去」一段奇情壯采的故事。傳說大禹祠正殿的主梁常常像被水浸過，還霑著水生的萍藻，人們不免駭異，後來纔知，因名畫家張僧繇曾在禹梁上畫了一條龍，當風雨之夜，禹梁變化成龍，潛入鑒湖與湖龍相鬭，風雨停歇，再飛回到禹祠的正殿。夢窗對典故的剪裁是非常見功力的，他截取的往往是典故中最有詩意的細節，這樣就使得他用典使事，不讓人覺得是在「掉書袋」「獺祭魚」，而靈氣流行，成為詞的有機組成部分。「幽雲怪雨」四字，見出夢窗非凡的語言創造能力，前人把這樣的能力稱作「自鑄偉詞」，的確，用前人沒有用過的詞語搭配，卻又不令人覺得生造、突兀，這是一種非常了不得的本領。「雁起青天，數行書似舊藏處」則是轉而寫禹穴。禹穴是大禹藏玉簡書之地，這兩句意思是，大雁從天空飛過，排成雁字，彷彿是當年玉簡書上的奇字。

過片「寂寥西窗久坐，故人慳會遇，同剪燈語」是時空的驀地跳轉，補敘與馮深居共登禹陵前夜的情境。老朋友難得一見，到夜晚也捨不得各自安寢，於是久久地在西窗下坐著，剪去燈芯燃燒後炭化的部分，讓燈光更明亮些，說著話，排遣寂寥的情緒。「積蘚殘碑，零圭斷璧，重拂人間塵土」，又轉回遊禹陵，禹碑、玄圭、玉璧等文物，已被苔蘚塵土所積，詞人與友人摩挲古物，自然興起傷時念亂之悲。「霜紅罷舞」一句，轉寫禹陵山景：經霜的紅葉已凋落乾淨，暗中交代節令。「漫山色青青，霧朝煙暮。岸鎖春船，畫旗喧賽鼓」，則是作者想像，霜葉凋盡後，任憑朝晚間山嵐霧氣蒸騰，時令經冬徂夏，山上的植被，也轉為青綠色，再到春夏之交，會有很多遊人來到禹陵之上，憑高欣賞端午賽龍舟的熱鬧場面。「漫」是一個虛字，表示「任憑」「由得」，直領以下四句，筆力十足雄健，而這個「漫」字，隱藏著詞人對光陰流逝的無奈、悲愁之感。普通民眾「畫旗喧賽鼓」，渾不覺天地翻覆的鉅變即將到來，與詞人憂患時局的情緒形成了鮮明的對照。清代詞論家陳廷焯《雲韶集》評此詞曰：「憑弔中純是一片感歎，我知先生胸中應有多少憂時眼淚。」真是知夢窗之言。

夢窗即身親見宋亡，他的詞中自然不少亡國之音。如這一首宋亡後某年的正月十四日（詞題中的試燈夜）所作的小令：

點絳唇．試燈夜初晴

捲盡浮雲，素娥臨夜新梳洗。暗塵不起。酥潤淩波地。　輦路重來，彷彿燈前事。情如水。小樓熏被。春夢笙歌裏。

上片寫天淨無雲，月色明亮，長街經雨，淨潔不生塵土，正是最適宜士女遊衍的天氣，然而亡國之人，誰還有心情出來看燈呢？下片則寫自己經過宋朝皇帝御輦專行的道路，當年懸燈布彩、熒煌耀天的太平氣象，徒能付諸想像而已。「情如水」謂亡國之思如同流水，永無斷絕。「小樓熏被」則暗指春寒陰濕難當，喻亡國後元人統治之殘酷。古人有一種專門放置在被窩裏可以滾動的球形香爐，讓被子乾燥馨香，爐分裏外兩層，外層是鏤空的，裏層貯放香料，用以點燃，不論外層的球如何滾動，裏層始終保持垂直方向不動，這樣便不慮香灰或火星濺出。結拍「春夢笙歌裏」澹澹五字，卻寫盡了對故國文明的眷戀之情。

再如這一首極有名、幾乎沒有選家不選的《高陽臺・豐樂樓分韻得如字》：

修竹凝妝，垂楊駐馬，憑闌淺畫成圖。山色誰題，樓前有雁斜書。東風緊送斜陽下，弄舊寒、晚酒醒（ㄒㄧㄥ）餘。自銷凝、能幾花前，頓老相如。　傷春不在高樓上，在燈前攲枕，雨外熏爐。怕艤遊船，臨流可奈清臞。飛紅若到西湖底，攪翠瀾、總是愁魚。莫重來，吹盡香綿，淚滿平蕪。

這首詞應作於夢窗晚年，宋亡以後。詞人與友人分韻聯吟，寄其亡國之思，他感慨春去年衰，其實是在哀挽已為元人覆滅的故國。「修竹凝妝，垂楊駐馬，憑闌淺畫成圖」三句，緊扣「豐樂樓」的主題，是說自豐樂樓憑闌望去，樓前修竹畔倚著端正妝容的佳人，垂楊樹下繫著少年的馬匹，成了一幅天然的圖畫。「山色誰題，樓前有雁斜書」，仍是說這幅圖畫中的山色，有誰來題一首詩呢？樓前的歸雁，在天上排列成行，便彷彿是詩句中的靈動的筆劃了。豐樂樓景致不殊，但正自有人情之異，

「東風緊送斜陽下，弄舊寒、晚酒醒餘」，詞意轉為淒緊哀怨。醒餘，意思是酒意剛過。那惱人的東風，不管不顧地催送斜陽落山，還做弄起去年冬天的寒意，讓剛從傍晚的酒意中醒過來的人，心頭平添了幾分淒惻。「自銷凝，能幾花前，頓老相如」，是說詞人祇管騃騃地出神，想著自己年衰力減，如漢代辭賦家司馬相如一樣疾病纏身，還能有多少花前聚首的機緣呢？司馬相如患有消渴症（糖尿病），後世詩家常以指代自己的患病之身，李商隱亦有句曰「茂陵秋雨病相如」。

換頭三句「傷春不在高樓上，在燈前攲枕，雨外熏爐」，是說真正的悲哀，不會在大家一起登樓攬勝的場面上，而是在獨自一人，燈前雨外，烘著熏爐、倚著靠枕之時。詞人的哀樂都比一般人來得深刻，亡國之思也不例外。「怕艤遊船，臨流可奈清臞」，不願意泊船靠岸，因為流水中可以照見清瘦的面容，而觸動感慨。「飛紅若到西湖底，攪翠瀾、總是愁魚」，暮春的落花，假使墜到西湖水底，引逗水中的魚兒攪動綠波，那些魚也含著愁思。魚猶傷春，更何況是人呢？這裏的春當然是喻指國祚。「莫重來，吹盡香綿，淚滿平蕪」，春光盡而楊絮飛，落在平曠的原野上，彷彿都是愁人的眼淚，詞人飽蘊亡國之慟，觸目所見，盡是傷心，當然要自誓不再重來了。

這首詞和前文所舉登覽弔古之作，都是夢窗詞的別調，相對夢窗的主流風格，要清俊得多。更多的時候，夢窗沈浸在他所營造的穠麗荒涼的精神世界中，詞風也以密麗沈厚為主。

夢窗詞的最大成就是長調，其有一顯著特點則是意象組織方式獨特。很多人讀不懂夢窗的詞，就是因為夢窗詞往往不像一般詞人的作品那樣，有非常明顯的意脈，而是用類似於後世拍電影的蒙太奇手法，一個鏡頭一個鏡頭地轉換過去，中間自有一種內在的理路。祇要習慣夢窗這種獨特的意象組織方式，其實并不會覺得夢窗詞難讀。與夢窗差不多同時代的大詞人張炎批評他的詞「如七寶樓臺，眩人眼目，碎拆下來，不成片段」，實在是因為張炎不習慣夢窗詞的組織方式而已。

如這首詠水仙詞《花犯》：

小娉婷，清鉛素靨，蜂黃暗偷暈。翠翹攲鬢。昨夜冷中庭，月下相認。睡濃更苦淒風緊。驚回心未穩。送曉色、一壺蔥蒨，纔知花夢準。　湘娥化作此幽芳，淩波路，古岸雲沙遺恨。臨砌影，寒香亂、凍梅藏韻。熏爐畔、旋移傍枕。還又見、玉人垂紺鬒。料喚賞、清華池館，臺杯須滿引。

大意是說，養在水盆中的水仙，它的花瓣是白色的，如同抹了鉛華（古代美白的粉）的佳人的粉臉，花蕊卻是黃色的，似乎偷得佳人化妝用的蜂黃。它的花朵攲斜生出，彷彿是佳人鬢髮上斜插的翠翹。接到朋友送來的這盆水仙，正是寒冷的月夜。一晚上睡得很沈，夢裏卻感到淒冷的寒風，醒來時心中還有著對寒冷的記憶。看到晨光曦微中蔥蒨的水仙，纔知道是它給我的夢帶來寒意。水仙彷彿是娥皇女英的精魄變化而成，她們在水面上淩波微步，卻無以消歇與大舜死別的終古之恨。又或是臺階邊上疏影橫斜的梅花，受不了酷寒，把暗香清韻藏到了水仙花中來。趕緊把馨香的水仙挪到熏爐側、枕頭畔，好仔細觀賞。但見水仙微微下垂的紺青色的葉子，彷彿是美女長而下垂的鬢髮。把它放到水清木華的池館中一共觀賞的話，該當飲盡大杯的酒，纔算對得住它的芳華吧。

這首詞衹是一篇沒什麼思想內容的單純的賦體，當然不是真正的文學，但是它的意象組織方式是夢窗的典型作風，很少一般詞人常用的承接性的虛字，而是一個鏡頭接一個鏡頭，每一個鏡頭都是活動的，步步騰挪，步步閃挫，這樣意象就顯得非常繁密，正像清人戈載所說的那樣，「其密麗之處，水潑不進」。如果把夢窗詞比作電影的話，別的作家的詞就像是在放幻燈片。

前人謂，詞家有吳文英，亦如詩家有李商隱。夢窗詞也有著玉溪生詩那樣字面穠麗的特點。戈載說夢窗詞「無數麗字，眩人眼目。如名花團簇，隨風而展，生動翻飛。使人聞其香也，忘其所歸」，但夢窗真正獨特的，還不是字面的穠麗，而是在穠麗中見出幻滅之感、滄桑之悲。這是因為，他選字遣詞有其特別的心法。

夢窗慣於選用那些光學上偏於濃烈、暖熱的色調，卻用愁懷鬱志的詞去修飾，賦予濃烈的色彩以幽暗的情緒，這就有了愈穠麗、愈荒涼的感覺。如《一寸金》：「正古花搖落，寒蛩滿地，參梅吹老，玉龍橫竹。」花本穠豔可人，但「古花」就帶上一絲暮氣老氣了。《齊天樂·會江湖諸友泛湖》：「平蕪未剪。怕一夕西風，鏡心紅變。」「紅」指的是人少年至壯盛的朱顏，但接一個「變」字，便覺興慨無端，百感淒涼。再如《塞翁吟》：「紅衣卸了，結子成蓮，天勁秋濃。」蓮花凋盡，謂之「紅衣卸了」，冷落荒寒之意，曲曲傳出。《惜黃花慢》：「翠香零落紅衣老，暮愁鎖、殘柳眉梢。」翠、紅都是很明亮的色彩，但是翠「零落」、紅「老」，便自哀豔不凡。

夢窗獨特的藝術境界與他的精神氣質密切相關，而他的精神氣質，最有可能是因其人生閱歷，尤其是愛情的閱歷，而終於形成的。然而，我們現在并沒有確鑿的文獻證據，可以知道他一生經歷過幾段愛情，以及每一段愛情的來龍去脈。所有學者對夢窗情事的研究，都是靠在夢窗詞中尋找蛛絲馬跡，希圖勾勒出若干相對完整的脈絡。前輩學者比較有影響力的看法是夢窗至少有過兩段刻骨銘心的愛情，兩段情事的女主人公，一為杭妓，一為蘇妓。杭州妓女可能是他的第一段戀情，後來不幸早年下世；蘇妓曾隨他返回四明，但中道分離，女子重返蘇州，夢窗在痛苦咀嚼中度過了餘生。近年孫虹教授則推測，夢窗少年時在揚州還與一位楚妓有過一段過從。不過，夢窗詞就有一種獨特的魅力，可以讓不明本事（詩詞背後的故事叫作本事）的讀者，同樣感受到文字的精魂。相比八十年代那些故作深沈的稚拙白話詩，夢窗的詞作纔是真正的朦朧詩。

瑞鶴仙

晴絲牽緒亂。對滄江斜日，花飛人遠。垂楊暗吳苑。正旗亭煙冷，河橋風暖。蘭情蕙盼。惹相思、春根酒畔。又爭知、吟骨縈銷，漸把舊衫重剪。　淒斷。流紅千浪，缺月孤樓，總難留燕。歌塵凝扇。待憑信，拌分鈿。試挑燈欲寫，還依不忍，箋幅偷和淚捲。寄殘雲、賸雨蓬萊，也應夢見。

這首《瑞鶴仙》表現的是情侶分手後的惘然追憶。我們用鏡頭拆分的方法來讀這首詞，自然覺得脈絡分明。「晴絲牽緒亂。對滄江斜日，花飛人遠。」這是第一個鏡頭。飄颺在晴朗空氣中的蟲絲，一如人的思緒一般紛亂，鏡頭中落花爭飛，主人公的身影遠遠地定格在大江邊上，夕陽側畔。這是懷人望遠的影像。晴絲，是春天空氣中飄浮的蟲絲。以下鏡頭立即進行時空轉換：「垂楊暗吳苑。正旗亭煙冷，河橋風暖。」垂楊即垂柳，柳色由初春的金黃，再到仲春的嫩綠，再到晚春的深綠，自然讓蘇州的園林都籠罩著一層濃重的色彩。旗亭指酒樓，酒樓不做熱食，乃是古代寒食節的風俗。寒食時節，正當暮春，在河橋之上，已經能感受到風裏有了很多暖意。「蘭情蕙盼。惹相思、春根酒畔。」這是第三個鏡頭，攝錄的是主人公與愛侶初逢，一見傾心的畫面。正趕上春天的尾巴（春根），詞人於酒筵之上，乍逢絕色，她的笑容若有情，若無意，她的雙眼顧盼生姿，彷彿蘭蕙一般美好，他的一顆心，立即被她俘虜了。「又爭知、吟骨縈銷，漸把舊衫重剪。」鏡頭再一次轉換時空，是對主人公的特寫。與「她」分手之後，哀樂過人的詩性人格導致自己的身體日漸消瘦，從前合身的衣服現在也顯得寬大很多，不得不重新裁剪。

過片的「淒斷」二字，相當於電影的畫外音。「流紅千浪，缺月孤樓，總難留燕。」這是兩個鏡頭的組合。第一個鏡頭，「流紅千浪」是千溪之水，盡浮泛著落紅，滔滔東流，是動態的鏡頭；第二個鏡頭，「缺月孤樓，總難留燕」，則是如鉤的月亮靜靜映照著孤零零的樓臺，人已去，樓已空，是靜態的畫面。「總難留燕」，用的是唐代張建封有愛妓關盼盼，建封死後，盼盼居徐州燕子樓十餘年，不更嫁人之典。「歌塵凝扇」一句，又是一個特寫鏡頭，「她」曾用過的歌扇，已經霑滿了塵土。轉到「待憑信，拌分鈿」，又是一句畫外音。意謂打算以她的歌扇作為憑信，意待挽回，卻衹能接受分手的事實。「拌」，意同於「判」「拚」，表示甘願、割捨之意。「試挑燈欲寫，還依不忍，箋幅偷和淚捲。」鏡頭再轉到主人公的身上，主人公挑亮了燈火，想給對方寫信，也許是為了責備對方的無情，也許是為了做最後的努力，然而終因心中難受，寫不下去，把寫了一半的信箋，和著眼淚一起捲好。「寄殘雲、賸雨蓬萊，也應夢見。」這幾句相當於電影結尾的主題歌，主人公竟如此深情，他雖明知二人已同陌路，卻依然抱有萬一的希冀，希望她有時還能想起在一起的情分。

渡江雲．西湖清明

羞紅顰淺恨，晚風未落，片繡點重茵。舊堤分燕尾，桂棹輕鷗，寶勒倚殘雲。千絲怨碧，漸路入、仙塢迷津。腸漫回、隔花時見，背面楚腰身。　逡巡。題門惆悵，墜履牽縈，數幽期難準。還始覺、留情緣眼，寬帶因春。明朝事與孤煙冷，做滿湖、風雨愁人。山黛暝、塵波澹綠無痕。

我們依然用鏡頭拆分的方式來分析這首詞。「羞紅顰淺恨，晚風未落，片繡點重茵」三句，是第一個鏡頭，大致是寫春花將萎，彷彿眉宇間凝結著愁恨的女子，晚風沒有止息地吹著，片片落花落在了遊客鋪的席子上。「舊堤分燕尾，桂棹輕鷗，寶勒倚殘雲。」此為承接上一個鏡頭的推進，西湖的蘇堤、白堤如燕尾一樣開叉，湖面的小舟，湖上輕快的湖鷗，堤上「殘雲傍馬飛」，結成了一幅動人的畫面。「千絲怨碧，漸路入、仙塢迷津。」鏡頭緊跟主人公的腳程，一路分花拂柳，來到與女子初遇之地。「腸漫回」是一句畫外音，意謂空自惹得人盪氣迴腸，而鏡頭中的形象則是「隔花時見，背面楚腰身」，那是女人在掩映的花叢中曼妙的身姿，讓主人公縈回心曲，不能自已。

過片的短韻「逡巡」和以下「題門惆悵，墜屨牽縈，數幽期難準」，是轉換時空的一個新的鏡頭。此當別後再訪，不見伊人，空餘惆悵而已。「題門」「墜屨」皆用典：唐代詩人崔護口渴乞漿（古代飲料），遇一女子，彷彿有情，次年重訪不見其人，於其門上題詩——「去年今日此門中。人面桃花相映紅。人面不知何處去，桃花依舊笑春風。」春秋時楚昭王與吳人作戰，昭王敗走，掉了一隻鞋，已行三十步，又回頭取了鞋子再跑。等到了安全的地方，左右問道：「大王難道還捨不得一隻鞋子嗎？」昭王答道：「楚國縱然貧窮，我還捨不得一隻鞋嗎？祇是想著穿著它出來，也能穿著它一起回去罷了。」「墜屨牽縈」一句，是說對她的思念，便如遺失鞋子一樣，不能釋懷。「還始覺、留情緣眼，寬帶因春。」此三句是主人公的內心獨白，別後既惹相思，這纔明白，她的眼波已在我心頭深種情根，由此也有了傷春情緒，身體日漸消瘦，腰帶也變得寬了。「明朝事與孤煙冷，做滿湖、風雨愁人。」這是一個祇有景物，而沒有人物出場的空鏡頭。緊扣詞題《西湖清明》，寒食節後，即是清明，故謂「事與孤煙冷」。寒食清明時候，正值春盡花殘，往往風雨交加，這一段愛情，從一開始就籠罩著一股淒涼的氣息。「山黛暝、塵波澹綠無痕。」再接一個空鏡頭，暝色下眉黛一樣的山色漸漸昏暗，初春時麴塵（酒麴上所生的菌，色作澹黃）色的水波也轉為澹綠色，再至於被夜色籠罩，看不見波痕。

與上一首《瑞鶴仙》相比，這首詞中所表現的情感，明顯要淺一些，冷靜一些。「山黛暝、塵波澹綠無痕」顯然是一種自求解脫、自我救贖之語。中間消息，就在於前一首中的愛侶，是主動與夢窗分手；後一首中的愛侶，是因事羈纏，睽違難見。人最難忘懷的，往往不是最愛你的那一個，而是傷害你最深的那一個，夢窗又是性情極敦厚之人，他愛著一個人，就會如飛蛾赴火般全情投入，故而一旦失去，傷心也甚於常人。什麼叫愛情？愛情就是三個字：求不得。這是愛情的真相，也是人類永恆的悲哀。

滿江紅・甲辰歲盤門外寓居過重午

結束蕭仙，嘯梁鬼、依還未滅。荒城外、無聊閒看，野煙一抹。梅子未黃愁夜雨，榴花不見簪秋雪。又重羅、紅字寫香詞，年時節。　簾底事，憑燕說。合歡縷，雙條脫。自香銷紅臂，舊情都別。湘水離魂菰葉怨，揚州無夢銅華闕。倩臥簫、吹裂晚天雲，看新月。

盤門是蘇州西南的城門名。這首詞詞采激烈，是對於過往情感的執著不回癡心不甘。此詞不用鏡頭轉換的寫法，結構樸直，也就更有憤激的力量。蕭仙即艾人，「結束蕭仙，嘯梁鬼、依還未滅」三句，寫端午時紮艾人禳鬼的風俗。梁鬼嘯而不已，則說明艾人沒有用處，這是暗指自己內心盤紆不去的鬼，他對已逝的愛情執著難斷，想要驅除，終難驅除。「荒城外、無聊閒看，野煙一抹。梅子未黃愁夜雨，榴花不見簪秋雪。又重羅、紅字寫香詞，年時節。」六句要當一句來讀，力道極其淩厲。盤門在宋時人跡稀少，故謂荒城。因睹盤門外野煙，而想到雖未到梅雨時節，卻已不禁夜雨之淒涼，五月本該是榴花盛開之時，此時卻無榴花在前，好摘取下來，簪在自己像秋雪一樣的鬢邊。衹好遵從時令，寫一點芳馨悱惻的新詞，鄭重地書寫在雙層的絲羅之上。秋雪，語出唐劉禹錫《終南秋雪》：

「南嶺見秋雪，千門生早寒。」指容顏早衰，未老頭先白。

過片「簾底事，憑燕說。合歡縷，雙條脫」，是說過去的情事，不忍心再提，就讓無情的燕子呢喃低語吧。但舊情終難忘記，忘不了與她共度的端午節，她的粉臂上纏著五彩絲（這也是端午習俗），與她臂上的玉釧相映，更增奇美。「自香銷紅臂，舊情都別。」這兩句是說與女子歡會未久，便爾分離，從前的情分正如女人手臂上點的守宮砂，漸澹漸銷。「湘水離魂菰葉怨，揚州無夢銅華闕。」前句以屈原自擬，謂水風菰葉間，盡是離怨；後句則是說與女子再會無期。唐時揚州曾向朝廷進貢江心鏡，是端午日在江心所鑄，這批鏡子不是百煉之銅，到六七十煉已經很容易就破碎了。隱指舊日情事，已如鏡之破裂。「倩臥簫、吹裂晚天雲，看新月。」作為一篇的結尾，表明作者決不肯忘情，而把一腔幽怨，化為笛聲，形於激憤。臥簫，是指橫吹的笛子。簫聲宛轉低回，而笛聲則清健激越，故能「吹裂晚天雲」。

孫虹教授認為，這首詞是追念一名揚州歌伎而作。其實詞中「揚州無夢銅華闕」暗用唐人杜牧的名句「十年一覺揚州夢，贏得青樓薄倖名」之意，揚州夢，即青樓夢。從詞的字面看，僅能得出此詞所懷念的，是一位青樓女子而已，恐不宜坐實為揚州歌伎。況且在我看來，夢窗詞背後的本事究竟如何，并不是最重要的，他的詞無論憶念的對象是誰，最後都表現為他對愛的執著不捨。孔子、耶穌都不講愛情，佛祖則讓人斷捨離愛，然而，大概祇有大智慧者纔能做到揮慧劍、斬情絲，對於芸芸眾生來說，看不透、割不斷、拋不得，纔是人生的常態，也是文學能打動我們的根源。

一切詩人，一切詞人，首先都是非常自我的人，夢窗也不例外。如果我們把「寫詩的人」與「寫詞的人」剔除開去，祇談詩人與詞人，那麼他們之間的根本分別就是，詩人在愛自己的同時，也同樣地愛著人類；而詞人傾向於祇愛自己。情場失意讓夢窗的心靈遭受極大創傷，他變得不再熱愛人類，他不自覺地與整個世界疏離，他變得祇愛自己，他的那些彷彿是古蕃錦一樣繁縟華美而又帶著淒涼氣息的詞，成了他生命的支柱。

讀夢窗詞，很明顯可以感到，這是一個畢生生活在痛苦與絕望中的人。然而，夢窗的忠厚便在於，他的心縱然是絕望的，卻總是不讓讀者也感到絕望。他往往在詞的結尾或過片振起一筆，如：

最傷情、送客咸陽，佩結西風怨。（瑣窗寒．玉蘭）

明朝事與孤煙冷，做滿湖、風雨愁人。（渡江雲．西湖清明）

倩臥簫、吹裂晚天雲，看新月。（滿江紅．甲辰歲盤門外寓居過重午）

前事頓非昔。故苑年光，渾與世相隔。（應天長．吳門元夕）

這樣，讀他的詞就不會有杜鵑啼血之感，卻有一派荒寒、令人徹悟之致。

王國維曾提出一個讓現實的中國人無法接受的觀點：「生百政治家，不如生一大文學家」。蓋因政治家與國民以物質上之利益，文學家與國民以精神上之利益，在王國維看來，精神利益要遠遠重於物質利益，而且物質利益祇是一時的，精神利益卻是永久的。循此而論，夢窗雖無顯赫之功業，但祇憑著他的那些感均頑豔的詞作，已足不朽了。

折蘆花贈遠
零落一身秋

天入海，大雪阻山陰。萬里自甘薇蕨老，
百年終見湛盧心。空際尚清音。

右樂笑翁

載取白雲歸去

張炎

清初詞人朱彝尊，為他自己的詞集題了一首《解佩令》，詞曰：

> 十年磨劍，五陵結客，把平生、涕淚都飄盡。老去填詞，一半是、空中傳恨。幾曾圍、燕釵蟬鬢。　不師秦七，不師黃九，倚新聲、玉田差近。落拓江湖，且分付、歌筵紅粉。料封侯、白頭無分。

詞中「老去填詞，一半是、空中傳恨」，典出《冷齋夜話》：宋代法雲寺有一位秀關西和尚，勸黃庭堅不必作豔歌小詞，黃庭堅回道：「空中語耳（都是并無實事的虛構之作），非偷非殺，終不坐此（因此）墮惡道（佛教謂地獄、餓鬼、畜生三道為惡道）。」但朱彝尊的「空中傳恨」，恐怕是要暗示自己的詞是寄託了政治情懷的用心之作。在詞學淵源上，他自陳未嘗師法秦觀（秦七），也不曾步趨黃庭堅（黃九），其詞風獨與南宋的遺民詞人張炎（玉田）相近。

朱彝尊是清代浙西詞派的開山鼻祖，浙西詞派所崇奉的偶像，便是姜夔和張炎。清初填詞之風大盛，因浙西詞派的宣導，竟至於「家白石而戶玉田」，二人的詞集暢銷一時。而朱彝尊明確說自己「倚新聲、玉田差近」，那大概是因為他的詞中隱含對明朝的故國之思，能與張炎在宋亡以後的幽微詞心相通。清代中葉的大詞人蔣春霖（號鹿潭），身經太平軍亂，多抒忠悃之情，被彊村老人評為「詞家天挺杜陵才」，他的《水雲樓詞》堪稱咸豐、同治年間的「詞史」，而其詞風實對玉田亦步亦趨。

七百多年來，張炎以其王孫飄淪的遭際、哀樂過人的深情、清空騷雅的詞風，打動了一代又一代的讀者，也影響了後世眾多的詞人。

張炎有著烜赫的家世。六世祖張俊，隴西成紀（今甘肅天水）人，起於行伍，累積戰功，南渡後因功封清河郡王，死後追封循王。張俊生前，即有良田百萬畝，園林宅第無數。到了張炎的曾祖張鎡，既享富貴，更得閒時，人稱其家「園池聲妓服玩之麗甲天下」，生活的奢侈清華不是一般人能想像的。

張鎡及其異母弟張鑒，并與姜夔交好，姜夔且曾接受過張鑒多年的資助。張家從張鎡這一代開始，取名是由金水木火土排序。金生水，張鎡子張濡，水生木，張濡子張樞，木生火，遂有張炎，字叔夏，玉田其號也。晚年的玉田，經歷了由勝國王孫到人間凡種的滄桑鉅變，心緒有了很大的變化，又自號樂笑翁。

玉田出生於宋理宗淳祐八年戊申（一二四八），他去世的年份，有學者認為是元仁宋延祐七年庚申（一三二〇），也有學者考證是元仁宋延祐九年（一三二二）。總之，他活到了七十歲以後，也就經受了更多的屈辱、更久的苦難。

他的家族自六世祖張俊始興，是由戰功和政治手腕共同成就的新貴。常話說「三代養成一個貴族」，張俊接待高宗，所辦的宴席據說豪奢程度千古第一，卻未免暴發戶氣息，到了張俊曾孫張鎡這一輩，其家就已渾是一派清華氣象了。

張鎡，字功甫，號約齋，有《玉照堂詞》。他的孫子，也就是玉田的父親張樞，字斗南，同樣雅好填詞，且深通音律，有《寄閒詞》。

張鎡的堂號玉照堂，是有典故的。宋孝宗淳熙十二年乙巳（一一八五），張鎡自曹姓人家購得南湖之濱的一座花園，連帶一起買的，還有花園附近的十畝地，重加經營。園中舊有古梅數十株，他把這些梅花重新栽培，又從位於西湖北山的私人花園中移來若干株紅梅，合成四百本，築堂數間，以臨觀梅花。堂後東西兩室，東室邊種植的是千葉緗梅，西室邊種植紅梅，各有一二十章。（章、本，都是花木的計量單位，清代詩人龔自珍《己亥雜詩》有云：誰肯栽培木一章。）東西二室的門前，也建築了和前堂一樣多的廊柱，花開時節，居宿其中，「瑩潔輝映，夜如對月」，故名玉照堂。

這樣一番佈置，當然所耗金錢不在少數，而其目的，不過是在梅花開放的短短幾日，能居宿其中，領略一下幽夜梅開澄澈華嚴的勝境。暴發戶無法想像這竟然是一種生活的享受，而這實在是祇有真正懂得高層次享受的貴族，纔會不惜金錢去追求的審美境界。

張鎡在杭州的房產有用以家祭的東寺、日常居住的西宅、管領風月的南湖園、接待賓客親友的北園、修心養性的亦庵、晝閒讀書的約齋，光是讀書的約齋就有泰定軒、煙波觀，管領風月的南湖園則有御風橋、閬春堂、把菊亭、天鏡亭、星槎、鷗渚亭、泛月閣等園池之勝。他還擁有很多山頭，在山中建有三四十幢建築及若干人工景致，總名之曰眾妙峰山，以便閒時「暢懷林泉，登賞吟嘯」。嘗自述其十二月的「賞心樂事」，正月有歲節家宴、立春日春盤、人日煎餅會、玉照堂賞梅、天街觀燈、諸館賞燈、叢奎閣山茶、湖山尋梅、攬月橋看新柳、安閒堂掃雪；二月有現樂堂瑞香、社日社飯、玉照堂西緗梅、南湖挑菜、玉照堂東紅梅、餐霞軒櫻桃花、杏花莊杏花、南湖泛舟、群仙繪幅樓前後毬、綺互亭千葉茶花、馬塍看花；三月有生朝家宴、閬春堂牡丹芍藥、花院月丹、曲水流觴、寒食郊遊、花院桃柳、滿霜亭北棣棠、蒼寒堂西緋桃、芳草亭觀草、碧宇觀筍、宜雨亭千葉海棠、豔香館林檎、花院紫牡丹、宜雨亭北黃薔薇、現樂堂大茶、花院嘗煮酒、瀛巒勝處山花、經寮鬬茶、群仙繪幅樓芍藥……張鎡的生活是奢侈的，但那是有文化的奢侈，是為著滿足精神而非感官的奢侈。

與玉田的父親張樞同為西湖吟社社友的周密，在其《齊東野語》一著中，專門有一條「張功甫豪侈」，記述張鎡生活的奢華，這可能是親得自張樞敘述。張鎡在南湖園建了一座駕霄亭，用大鐵索懸空弔在四株參天的古松間，當風清月白之夜，與客人乘著梯子登亭，「飄搖雲表，真有挾飛仙、溯紫清之意。」中國人的最高理想，大概就是身化飛仙，逍遙九霄，雖不能至，讓人產生類似的錯覺，也總是好的。登仙之感，意味著對紅塵濁世的暫忘與超越，脫俗即是雅，駕霄亭提供的是高雅的審美享受。

而張鎡的同僚王簡卿，則向時人講述了他親歷的張鎡所辦以牡丹為主題的一次聚會。這次聚會，當時傳為佳話：

眾賓既集，坐一虛堂，寂無所有。俄問左右云：「香已發未？」答云：「已發。」命捲簾，則異香自內出，郁然滿座。群伎以酒肴絲竹次第而至，別有名伎數十輩，皆衣白，首飾衣領皆繡牡丹，首戴照殿紅一枝（一種山茶花），執板奏歌侑觴。歌罷樂作乃退。復垂簾談論自如，良久，香起，捲簾如前，別十伎，易服與花而出，大抵簪白花則衣紫，紫花則衣鵝黃，黃花則衣紅，如是十杯，衣與花凡十易，所謳者皆前輩牡丹名詞。酒竟，歌者、樂者，無慮百數十人。列行送客，燭光香霧，歌吹雜作，客皆恍然如仙遊也。

一次聚會動用的名伎樂工竟達百人以上，每飲酒一巡，則換一批歌伎，頭上所簪之花，與身上所著之衣，都有不同，一共換了十輪之多。每一輪花與衣色彩的搭配都非常細緻，那些衣服，顯然都是為了這次聚會而專門裁製的。「恍然如仙遊」，這是親歷者的直觀感受，張鎡以其超凡的審美品位，奢華到極致的藝術手段，帶領客人一起超越現實人生，進入夢幻般的境界。

玉田出身於這樣顯貴清華的世家，又有家學的薰染，再加上他過人的天資，自小才華穎發。他辭采過人，精擅樂理，能書善畫，尤長於畫水仙，如果不曾經歷乾坤板蕩、亡國破家的慘禍，他本可以成為承平時代繁華世界的紀錄者。但宋恭帝德祐二年（一二七六）三月丁丑，蒙元軍隊攻陷南宋都城臨安，二十九歲的玉田人生就徹底改變了。

他的祖父張濡，曾以浙西安撫使參議官守獨松關。其時蒙元派遣禮部尚書廉希賢、侍郎嚴忠範與宋議和，張濡的部下襲殺嚴忠範，又抓獲廉希賢押送臨安，不久廉希賢因傷口惡化去世。元世祖聞之大怒，遂下令全力攻宋。張濡的愚蠢行為，加速了南宋滅亡的進程。臨安城破後，張濡被廉希賢之子殘酷報復，遭寸磔（千刀萬剮）而死。戰亂中玉田的父親張樞亦不知所終，家財被元兵籍沒，家眷賣作官奴，玉田倉皇逃竄，這纔得全首領。

宋亡以後，玉田的日子過得非常艱辛。一方面，元人的統治極其殘酷，玉田隨時可能被當作漏網之魚，遭到戮身之禍；另一方面，家財籍沒後養家餬口都很困難，他不像孔子那樣「少也賤，故多能鄙事」，所擅長的技藝，大抵都是要花錢來養卻不容易賣錢的。他的祖上，曾經非常大方地資助過姜夔、孫季蕃這樣的文士，但在玉田落魄之時，卻再難有既有經濟地位，又懂得鑒賞文化高下、認同文化價值的搢紳之士了。元人征服大宋，不止是改朝換代，更是野蠻對文明的毀滅，是暴民對貴族的踐踏，一直承載著兩宋文明的士大夫階級，作為一個整體而遭遇滅頂之災。向時的賢德之士，宋亡後普遍陷入困頓，能真心賞識玉田才華的，多已下世，稍能接濟玉田一點的，卻顧不得他的長貧，解決不了他生計的根本。然而，貴族就是貴族，即使是心懷國仇家恨，飽看世態炎涼，玉田的詞作卻沒有一絲一毫劍拔弩張，沒有一丁點乞兒相寒酸氣，他那清空騷雅的詞風，實在折射出的是他高峻芳潔的人格。作為大宋的遺民，玉田畢生不曾向元人屈膝，八卷《山中白雲詞》，無一首宋亡以前的作品，他用芳馨悱惻的絕代文字，書寫出文化遺民高峻入雲的絕世風標。集名「山中白雲」，當出自齊梁時著名隱士陶弘景的詩《詔問山中何所有賦詩以答》：「山中何所有，嶺上多白雲。祇可自怡悅，不堪持贈君。」齊高帝詔書起徵陶弘景，問「山中何所有」，弘景答道：山中祇有嶺上的白雲，但它是屬隱逸高懷的，紅塵濁世中人，任你權勢滔天，也無法理解個中真趣。光是這個詞集名，就體現了玉田不肯降志辱身的堅貞志節。

集中的壓卷之作（古時壓卷指集子裏的第一篇作品），是《南浦·春水》。因為這首詞賦春水而深得春水神致，玉田被當時人稱作「張春水」。這是他在宋亡以後的第一篇作品，大概是與另一位遺民詞人王沂孫（號碧山）的唱和之作。表面上看，這首詞僅僅是一篇體物瀏亮的詠春水之作，實際上它寄託著玉田沈鬱蒼涼的遺民哀怨。

南浦·春水

波暖綠粼粼，燕飛來、好是蘇堤纔曉。魚沒浪痕圓，流紅去、翻笑東風難掃。荒橋斷浦，柳陰撐出扁舟小。回首池塘青欲遍，絕似夢中芳草。　和雲流出空山，甚年年淨洗，花香不了。新淥乍生時，孤村路、猶憶那回曾到。餘情渺渺。茂林觴詠如今悄。前度劉郎歸去後，溪上碧桃多少。

詞的開篇，先從作者最熟悉的西湖春水鋪陳開去，「波暖」「燕飛來」，暗點節令正當春時。蘇堤的曉色何以好？拂曉時分，西湖、蘇堤，都籠罩在一片輕霧之中，朦朧中隱現的是故國江山，故曰「好是蘇堤纔曉」。「魚沒浪痕圓，流紅去、翻笑東風難掃」，是說我們這些遺民，便如魚潛浪底，花流水上，任爾東風掃蕩，我自江湖深隱。東風，喻指元朝統治者。「荒橋斷浦，柳陰撐出扁舟小」，放扁舟於五湖，是隱者的經典意象。昔日重樓傑閣，清歌檀板，而今卻寄身荒橋斷浦，漁隱生涯，這是何等殘酷的對照！「回首池塘青欲遍，絕似夢中芳草」，表面上是用了《南史．謝惠連傳》的典故：著名詩人謝靈運非常喜歡他的堂弟謝惠連，與惠連相處時往往會靈感迸發，有佳句成詩。有一次在永嘉西堂構思作品，一整天都沒寫出來，不得已去睡覺，卻因夢見惠連，得到「池塘生春草」的佳句。但實際上暗用的是淮南小山的楚辭《招隱士》中的名句：「王孫遊兮不歸，春草生兮萋萋。」以芳草暗指王孫，是對自身王孫落魄的自憐。

過片「和雲流出空山，甚年年淨洗，花香不了」，是說春水無心爭競世事，挾著雲氣從空山流出，經過山外水流的沖刷，卻依然帶著山中落花的香澤。那不正是玉田、碧山這些悃懷故國的遺民的內心寫照嗎？「新淥乍生時，孤村路、猶憶那回曾到」，昔時曾經的孤村，何以又要拿出來說呢？請注意「新淥乍生時」一句，其涵義是異族臨朝，改了年號，這纔使得不肯降元的遺民們對從前的一村一溪，都無限眷懷。「餘情渺渺」四字，謂遺民們對大宋的眷懷不捨之情，渺渺綿綿，不絕如縷。「茂林觴詠如今悄」，則以東晉時王羲之等人的蘭亭雅集自擬——王羲之《蘭亭集序》有句云「此地有崇山峻嶺，茂林修竹……一觴一詠，亦足以暢敘幽情」，隱約點明這首詞是遺民們結社吟詠時的命題之作。一結「前度劉郎歸去後，溪上碧桃多少」，則用東漢明帝永平五年，剡縣劉晨、阮肇入天台遇仙的故事。據《太平御覽》引《幽明錄》，劉、阮二人入天台采藥，失迷路徑，飢餓難耐，先見一大桃樹，遂攀爬到桃樹下，采桃子充飢，於是又發現一條小溪，溪水上有蕪青葉、胡麻飯流出，乃溯溪而上，遇二仙女，成就宿緣。劉、阮二人與仙女生活半年後，思家求歸，回到家鄉纔發現原來已過去七世，二人再想回到山中，卻再也找不到向時的路徑了。用這個故事，是說大宋朝已經風流雲散，我們就算再對它忠悃不忘，過去的美好光陰再也不會回來了。

這首詞是遺民的絕望吟唱，《山中白雲詞》的全部作品，便因這首詞而定好了基調。

此詞尚有另外的版本，與今本相同的，僅「和雲流出空山，甚年年淨洗，花香不了。新淥乍生時，孤村路、猶憶那回曾到」數句，可知這幾句正是全詞著力所在。別本一結或作「試問清流今在否，心碎浮萍多少」，或作「賦情謾逐王孫去，門外潮平渡小」，遺民情懷都比今本要來得顯豁。如果我們尚對這首詞背後的寄託有所懷疑，不妨來看一看另一位遺民詞人王碧山的同題之作：

> 柳下碧粼粼，認麴塵、乍生色嫩如染。清溜滿銀塘，東風細、參差縠紋初遍。別君南浦，翠眉曾照波痕淺。再來漲綠迷舊處，添卻殘紅幾片。　葡萄過雨新痕，正拍拍輕鷗，翩翩小燕。簾影蘸樓陰，芳流去、應有淚珠千點。滄浪（ㄌㄤˊ）一舸，斷魂重唱蘋花怨。采香幽徑鴛鴦睡，誰道湔裙人遠。

這首詞關鍵之處在於「滄浪一舸，斷魂重唱蘋花怨。采香幽徑鴛鴦睡，誰道湔裙人遠」數句。「滄浪」是水名，古之隱者有《滄浪歌》。「蘋花怨」，典出唐代詩人柳宗元的名作《酬曹侍御過象縣見寄》：「破額山前碧玉流。騷人遙駐木蘭舟。春風無限瀟湘意，欲采蘋花不自由。」亡國之人，自由成了奢侈品，故曰「斷魂重唱蘋花怨」。「鴛鴦」與「湔裙」，出自唐李商隱的《柳枝詩并序》，洛中少女柳枝，愛慕李商隱的詩才，訂約「湔裙水上，以博山香待」，詩中則有「畫屏繡步障，物物自成雙。如何湖上望，祇是見鴛鴦」之句。李商隱與柳枝未能成就姻緣，《柳枝》詩表達的是詩人永久的遺憾。故國淪亡，同樣是碧山永久的遺憾，但他用「誰道湔裙人遠」這樣一句反問句，讓絕望中又生出一絲希望，故而更加深婉動人。

除了被稱為「張春水」，玉田還被時人稱為「張孤雁」，這緣於他的另一首詠物名作《解連環．孤雁》：

> 楚江空晚。悵離群萬里，怳然驚散。自顧影、欲下寒塘，正沙淨草枯，水平天遠。寫不成書，祇寄得、相思一點。料因循誤了，殘氊擁雪，故人心眼。　誰憐旅愁荏苒。謾長門夜悄，錦箏彈怨。想伴侶、猶宿蘆花，也曾念春前，去程應轉。暮雨相呼，怕驀地、玉關重見。未羞他、雙燕歸來，畫簾半捲。

詞中的「寫不成書，祇寄得、相思一點」，聯想自然真切，比喻新奇，被當時很多人傳頌，張孤雁的美稱，便是靠了這幾句的光。然而這首詞的真正佳處，并不在體物的精微、比喻的巧妙，而在於詞背後的政治寄託。

宋恭帝德祐二年（一二七六）正月，蒙元兵逼臨安城下，攝政的太皇太后謝道清攜著年僅五歲的小皇帝向元人投降。元軍統帥伯顏擄宋恭帝、恭帝生身母親全太后以及宮中妃嬪、朝臣等北上大都，謝太后因患病在床，暫時留在了臨安，直到當年八月，纔以臣虜之身押赴大都。玉田的這首詞，就是對謝太后未行之時的追述。他以孤雁喻指謝太后，以「伴侶」比喻宋恭帝等人。過片「誰念旅愁荏苒。謾長門夜悄，錦箏彈怨」數句，是說誰會惦念謝太后淒苦漫長的旅途呢？任憑樂師在淒涼的夜晚、淒冷的故宮，彈奏錦箏，寄託哀怨。「長門夜悄」是從唐代詩人杜牧的《早雁》詩「仙掌月明孤影過，長門燈暗數聲來」化出，「錦箏彈怨」也暗扣「雁」字，因為箏上有斜柱，形如雁行，謂之為「雁柱」。「想伴侶、猶宿蘆花，也曾念春前，去程應轉」，是說謝太后在宋亡後，還抱有萬一的希望，希望宋恭帝等人在入大都朝覲完元世祖後，能被元朝放還。人生最大的痛苦，并不在於絕望，而在於明知絕望卻仍然不肯放棄微茫的希望。這幾句是杜鵑啼血般的哀斷之音，既是謝太后心境的真實寫照，也是玉田和他的遺民朋友們共同的心靈印跡。「暮雨相呼，怕驀地、玉關重見」，是說希望終究破滅，不是宋恭帝一行被元人放還，反而是謝太后於當年八月，也被擄北上。一結的「未羞他、雙燕歸來，畫簾半捲」，化自北宋詞人晁端禮《清平樂》詞的名句：「莫把朱簾垂下，妨他雙燕歸來。」是說在遺民的心中，始終都有著對謝太后的一分尊敬、一分掛懷。

宋亡以後的十多年間，玉田大抵衹在杭州、紹興兩地活動。他仍不時躑躅在西湖邊，那裏有他的回憶，有他的綺夢。但西湖風物如舊，江山已染膻腥，他衹有把一腔故國之思，盡泄為詞。這首《高陽臺·西湖春感》，便是其中的一篇傑構：

接葉巢鶯，平波捲絮，斷橋斜日歸船。能幾番遊，看花又是明年。東風且伴薔薇住，到薔薇、春已堪憐。更淒然，萬綠西泠，一抹荒煙。　當年燕子知何處，但苔深韋曲，草暗斜川。見說新愁，如今也到鷗邊。無心再續笙歌夢，掩重門、淺醉閒眠。莫開簾、怕見飛花，怕聽啼鵑。

詞的上片，先用白描式的賦筆，勾勒出春日西湖遊船的澹蕩從容，而轉以「能幾番遊，看花又是明年」，立刻進入正題。春日將逝，繁花盡萎，衹能明年再賞勝景了，傳達的是亡國之人對西湖邊每一時每一刻的勾留都無限珍視。「東風且伴薔薇住，到薔薇、春已堪憐。」三句意思層層折進，愈轉折，而情愈深。古人把從小寒到穀雨的一百二十日分作八氣，每氣十五日，又分作三候，每五日為一候，每候應一種花的花期，共二十四候，稱作二十四番花信。花信始於梅花，終於楝花，薔薇花開的時候，是驚蟄的第三候，薔薇花凋謝以後，就進入春分的節氣，春天也就過半了。詞人希望春神能伴著薔薇的花期停住腳步，詞人的敏感讓玉田不必等到「雨橫風狂三月暮」「開到荼蘼花事了」，就已經傷春不置。那正是亡國之人憂懼的情懷啊！「更淒然，萬綠西泠，一抹荒煙」三句，是藉景傳情的典範，詞人深邃的情感，是通過這一蒼鬱到恍如水墨的畫面婉曲地透露出來的。宋時西泠是西湖邊的村莊，平時人煙稠密，宋亡後卻是一派死寂之氣。

過片「當年燕子知何處，但苔深韋曲，草暗斜川」，連用了三個典故卻不讓人覺得堆砌。首句用唐代詩人劉禹錫《金陵五首．烏衣巷》的詩意：「朱雀橋邊野草花。烏衣巷口夕陽斜。舊時王謝堂前燕，飛入尋常百姓家。」玉田本來就是宋代的王謝烏衣子弟，他的家財全被籍沒，故居也淪於新貴，他的感慨，衹有比劉禹錫的懷古之作更加深沈。韋曲是唐代長安城南的一處權貴聚居地，現在卻罕有人跡，地上覆滿青苔，隱寓貴族淪胥之歎。晉朝遺民陶淵明不願臣事劉宋，歸隱柴桑，在五十歲時與二三鄰曲同遊斜川，各疏年紀鄉里，用意卻是繼承晉朝貴族於孟春酉日遊宴的典制遺習。「草暗斜川」，是說故國的承平氣象，已被春草深遮。這三句，正是此詞的題眼所在。

「見說新愁，如今也到鷗邊」，寫得含蓄而蒼涼。連本該忘機的水鷗，也承受了塵世的痛苦，則人心之鉅慟，自可想見。是什麼樣的痛苦能讓忘機的水鷗也一同經受？當然衹有亡國破家之痛。「無心再續笙歌夢，掩重門、淺醉閒眠」是說落魄之際，再沒有心思去追憶當初的繁華世界、極樂人生，衹好把門戶重重關閉，喝到微醺薄醉，偷閒睡睡覺。玉田是用澹語寫深情，澹是為了雅，雅澹的文辭底下，是以血書寫的深情。玉田生怕你真的覺得他的情感是冷澹的，馬上用下面的句子挑明了他的哀傷：「莫開簾，怕見飛花，怕聽啼鵑。」落花漫天，杜鵑啼血，不僅是春盡的怨曲，更是亡國的哀歌。

元世祖至元二十七年（一二九〇），玉田四十三歲。這一年，元朝統治者想出了一個羅致故宋遺民的主意，乃用金屑混入松墨之中，詔求才藝之人鈔寫藏經，凡糜黃金三千二百四十兩，歷時數年乃成。玉田這一次終於沒能逃過元人的耳目，當年秋天被詔北上，赴大都寫金字藏經。同行者有沈堯道、曾子敬。

元人徵召才藝之士寫金字藏經，其目的是引誘故宋遺民為其政權服務，而更重要的是，通過這樣的方式來侮辱宋朝。我們且看歷史上任何一個殘暴的開國之君，他在上臺後都要逼前代的遺民出山為官，向他稱臣。暴君的朝堂之上，并沒有非遺民不可的職位，但暴君之所以是暴君，其實是根源於他內心的自卑陰暗，他要通過逼迫遺民臣服來滿足自己的自卑心態，讓自己更有「真龍天子」的感覺。元人入主中原，建立了人類史上前所未有的鉅大帝國，但在深受孔子之教的中國人的心中，他們始終是夷狄，是不文明、未開化的民族，這是元朝統治者內心自卑的根源。遺民為前朝守節，便如仇人的妻子為仇人守貞，這是自卑陰暗的元朝統治者萬萬不能容忍的，他們要讓遺民屈膝，便正如獸性的人總要強姦仇人的妻子纔解恨。正是在這樣的背景下，玉田被挾迫北上，成了被侮辱的對象。但是，從遺民的立場來看，被徵寫金字藏經，畢竟是一種文化活動，與在元朝直接做官還是很不一樣的，這些被徵者也就沒有激烈地反抗。

玉田在大都衹待了不足一年，就南返居紹興了。他的這一段屈辱經歷，同時人的記載非常含蓄，不敢直言玉田的真實心境。然而衹要我們細加尋繹，仍可從那些看似平澹的文字背後，讀出他們與玉田一樣的深沈拗怒。

舒岳祥《贈玉田序》說玉田「自社稷變置，淩烟廢墮，落魄縱飲，北遊燕薊，上公車、登承明（漢代的宮殿名）有日矣。一日，思江南菰米蓴絲，慨然襆被（整理行裝）而歸」。大意是說玉田在宋亡之後，流落無依，縱酒狂飲，被詔赴京繕寫金字藏經，眼看著很快會被元朝薦用，上金殿為官，卻有一天像晉代張翰一樣，思念江南的菰米蓴菜，遂整頓行裝返歸鄉里。需要注意的是「上公車，登承明」六字。公車本是漢代官署名，臣民上書和被徵召，都是由公車接待。可知并不是玉田想要求仕，而是元朝要公車徵召，「上公車，登承明」實出諸挾迫，而非出諸玉田的本意。戴表元《送張叔夏西遊序》說玉田「嘗以藝北遊，不遇，失意亟亟南歸」，彷彿玉田想靠著自己的才華在大都謀取一官半職，卻不得朝廷的任用，衹得失意地倉促南歸。但我們衹要想一想以玉田的身份才華，以及史書所載元人對江南技藝之士的喜好，他何至於求一官職而不得呢？戴序在後面說玉田南歸以後，衹能靠旅食度日，但酒酣氣張，歌平生所作樂府，依然是「高情曠度，不可褻企」，實際上已經暗暗透露了個中消息。（注：舒岳祥和戴表元的序，都是贈序，古代用以贈人的一種文體，不是給書籍寫的序。）

壺中天

夜渡古黃河，與沈堯道、曾子敬同賦。

揚舲萬里，笑當年、底事中分南北。須信平生無夢到，卻向而今遊歷。老柳官河，斜陽古道，風定波猶直。野人驚問，泛槎何處狂客。　迎面落葉蕭蕭，水流沙共，遠都無行跡。衰草淒迷秋更綠，惟有閒鷗獨立。浪挾天浮，山邀雲去，銀浦橫空碧。扣舷歌斷，海蟾飛上孤白。

《壺中天》是《念奴嬌》的別名。此詞是玉田與沈堯道、曾子敬一同被詔北上，夜渡黃河所作。沈堯道，名欽，曾子敬，名遇，二人都是當時的名士，也同樣被元朝統治者注意上，強令赴大都寫金字藏經。照詞題看，沈、曾二人也有同題之作，不過今天我們已經見不到了。

玉田的這首詞頗有一些湖海豪氣，不知是否是得了北地江山之助。然而詞意「豪而不放」，豪宕之外，更多的是激憤孤高之意。自「揚舲萬里」到「卻向而今遊歷」四句，是說百餘年來，大宋與北方政權南北對峙，本以為即使是夢中，也不會夢到宋疆以外的古黃河，不想如今卻真的放船萬里，親身遊歷了。這四句詞，尤其是「笑當年」「須信」「卻向」數語，蘊藏著對元人吞併南宋的無限辛酸。詞人十分注重詞意的含蓄蘊藉，稍事點染之後，馬上轉為白描繪景：「老柳官河，斜陽古道，風定波猶直。」風定波猶直，是說風止而浪不定，浪頭高起如人直立。「野人驚問，泛槎何處狂客」，回一筆寫到自身，說的是船中的三位名士，雖然被迫赴大都，但志氣不沮，在船上狂嘯高吟，讓郊野之人為之側目。最早的狂客，是《論語》中那位在孔子跟前高歌「鳳兮鳳兮，何德之衰……今之從政者殆而」的楚狂接輿，可以想見，這三人同行途中，必定以氣節互相砥礪，約定決不降元，這纔以不願出仕的楚狂為榜樣。

過片「迎面落葉蕭蕭，水流沙共，遠都無行跡」，是說秋葉飛落，飄拂在人的臉上，遠遠望去，祇見流水與沙洲，故都汴梁十分遼遠，沒有可能一踐其地。這三句另一版本作「雲外散髮吟商，任天荒地老，露盤猶泣」，用魏明帝西取漢武帝時所造銅塑捧露盤仙人，仙人臨載潸然下淚的故事，對故都的緬懷之情就更加明顯。同時周密送陳君衡被召之《高陽臺》詞，有「秦關汴水經行地，想登臨、都付新詩」之語，南人被召北上，經黃河而念舊都，當是人同此心。

這三句通常被標點成：「迎面落葉蕭蕭，水流沙共遠，都無行跡。」實則《山中白雲詞》中所有的《壺中天》或《湘月》（那是《念奴嬌》的另一個別名），過片三句均依《詞譜》正格，作六字、四字、五字的句式。惟有《詠周靜鏡園池》一首，過片似作「不恨老卻年光，可憐歸未得，翻恨流水」，然而這三句同樣可依正格標點為：「不恨老卻年光，可憐歸未，得翻恨流水。」「得」是詩詞中的常見語辭，「猶底也；何也；怎也；那也；豈也。」（《詩詞曲語辭辭典》）「雲外散髮吟商，任天荒地老，露盤猶泣」更符合玉田的初心本旨，但應該不合於玉田尊尚詞律的主張。

「衰草淒迷秋更綠，惟有閒鷗獨立」亦作「水闊不容鷗獨佔，一棹芙蓉香濕」，秋日淒迷的衰草，映襯著草間獨立的閒鷗，更顯綠意，閒鷗獨立，蓋謂丈夫之氣終不可奪，寧願如沙鷗逍遙江湖，不能臣事元朝。「浪挾天浮，山邀雲去，銀浦橫空碧」三句，蒼涼悲壯，堪稱奇警。銀浦即銀河，古人傳說黃河源頭上通天河。

清代詞論家陳廷焯評論此詞，說「『揚舲』等句，高絕，超絕，真絕、老絕……結更高更曠，筆力亦勁……壓遍今古。」（《雲韶集》卷九）一結「扣舷歌斷，海蟾飛上孤白」的確高曠沈雄，力破餘地。海蟾就是月亮，月亮從海面昇起，昇到孤飛的白雲之上，這一靈動的意象實際隱藏著詞人的自誓：君且看我心，便如這明月白雲一般瑩潔淨白，決不會被功名富貴所玷污。

抵達大都後，玉田時時憶念故鄉，「片雲歸程，無奈夢與心同」（《聲聲慢・都下與沈堯道同賦》），「梨花落盡，一點新愁，曾到西泠」（《慶春宮》），「舞扇招香，歌橈喚玉，猶憶錢塘蘇小」（《臺城路》）……杭州的風物人情，牽縈著他的旅夢。他在大都偶遇舊日相識的杭妓沈梅嬌，後者為生計輾轉到此，同是天涯淪落，相逢各話淒涼，自不待言。儘管時移世換，梅嬌還能歌北宋詞人周邦彥的《意難忘》《臺城路》二曲。古人歌與唱是兩個概念，唱是有固定的旋律，相對簡單，歌是要深切理解文辭的五音四聲，再根據文辭的四聲確定旋律，根據五音確定發聲吐字歸韻，要難得多。周邦彥的詞音律最講究，梅嬌能歌周詞，說明其本人亦有相當程度的文化素養。北人性情輕躁，更喜歡繁音促節的北曲，梅嬌在大都，可能不歌周詞久矣，大概衹有玉田這樣的知音，纔真正懂得欣賞。

兩個被時代所播弄的人，他鄉再遇，想起從前的繁華，對照如今的落魄，內心深處共同飄蕩著對故國的緬懷。玉田為梅嬌寫了一首《國香》，詞成後寫在羅帕上，贈送給梅嬌。詞中說「相看兩流落，掩面凝羞，怕說當時」，是二人心境的真實寫照。宋朝的中國，文明程度冠於世界，而有著極高文明的大宋，竟然被蠻夷滅亡，兩個本來都有著安定生活的人，卻都他鄉流落，梅嬌的歌聲中不得不飽蘊淒涼：「淒涼歌楚調，嫋餘音不放，一朵雲飛。」在玉田聽來，真是餘音嫋嫋，恍如飛雲了。歌闌酒盡，梅嬌深情款款，苦留玉田不去：「無端動人處，過了黃昏，猶道休歸。」這是噙著淚的絮語，帶著哽咽的溫存，兩個異鄉淪落的可憐人，在寒夜中給了彼此以溫暖。

玉田集中最佳之作，要數這一首《甘州》：

辛卯歲，沈秋江同余北歸，秋江處杭，余處越。越歲，秋江來訪寂寞，晤語數日，又復別去，賦此餞行。并寄曾心傳。

記玉關踏雪事清遊，寒氣脆貂裘。傍枯林古道，長河飲馬，此意悠悠。短夢依然江表，老淚灑西州。一字無題處，落葉都愁。 載取白雲歸去，問誰留楚佩，弄影中州。折蘆花贈遠，零落一身秋。向尋常、野橋流水，待招來、不是舊沙鷗。空懷感，有斜陽處，卻怕登樓。

沈秋江就是沈堯道，曾心傳則是曾遇曾子敬，元世祖至元二十七年庚寅（一二九〇）的大都之行，玉田與沈堯道、曾子敬同往，相約同出同歸，然而次年衹有玉田與堯道回到了南方，子敬卻留在了大都獲得官職，可能直到元成宗大德元年（一二九七）纔回到家中。（清吳升撰《大觀錄》一書卷十五，鈔錄了曾遇舊藏《溫日觀墨葡萄圖卷》的題跋，最末是曾遇的詩，署年為大德改元，詩中有「萬里歸來家四壁，沙鷗笑人空役役」之句。）元世祖至元二十九年壬辰，沈堯道從杭州到紹興探訪玉田，數日後離去，這首詞是玉田贈給堅貞不移的同道沈堯道的餞行之作，但還要寄給在京戀戀不去的曾子敬，顯寓諷喻規勸之意。

細心的讀者肯定已經發現以上所引玉田的這首名作，其小序及詞中「弄影中州」的「州」字，與通常我們讀到的版本不同。的確，上詞據的是明代水竹居鈔本，晚清詞人王鵬運《四印齋所刻詞》本「中州」作「中洲」，與通行本一致，但小序與水竹居本無二。通行本小序作：「庚寅歲，沈堯道同余北歸，各處杭越。逾歲，堯道來問寂寞，語笑數日，又復別去。賦此曲，并寄趙學舟。」差別殊鉅。吳則虞先生考證四印齋本《山中白雲詞》所據為元鈔本，是現存玉田詞的最古版本，水竹居本則為玉田詞第四古本，四印齋本、水竹居本的小序，應該纔是玉田原稿的面目。

這首詞寫得非常見身份，玉田的身上，流淌著的是貴族的血液，縱使迫於強權，不得不含垢忍辱，赴大都繕寫金字藏經，但他心底的一份孤傲、一份自尊，卻是誰也奪不走、毀不去的。「記玉關踏雪事清遊，寒氣脆貂裘」，意思是北方天氣的酷寒，政治形勢的嚴峻，沒有讓我屈服，祇當是一次旅行罷了。清遊，是不求功名利祿的遊歷。對於被詔赴大都的屈辱行程，詞人祇是用了澹到極致的「事清遊」三字提領，元人為了折辱故宋士大夫，煞費苦心，收穫的卻是玉田輕蔑的一顧。後一句也暗用蘇秦說秦王，「書十上而說不行，黑貂之裘弊，黃金百斤盡」之典，他在大都遭遇的窮苦之境，也祇用「脆貂裘」輕輕帶過。「傍枯林古道，長河飲馬，此意悠悠」，追憶庚寅年秋天北上路途所見，白描景致，清雅蒼渾，「此意悠悠」四字尤堪翫味。他的心中裝著太多太多的東西，那些對往昔的緬懷，對現實的忍受，對未來的憂懼，多到訴之不盡，不如什麼也不說，他知道沈堯道必能明白。「短夢依然江表，老淚灑西州」，用東晉羊曇在舅父謝安去世後，不忍過西州路之典，明確表示，在北方的日子，哪怕祇是做一個短暫的夢，也總會夢到江南。「老淚灑西州」，是自誓忘不了臨安城破死難的祖父和父親。「一字無題處，落葉都愁」，則說滿天的落葉，都載不動亡國破家的愁苦，紛紛下墜，我待要把心曲化成詩句，題寫到落葉之上，又有哪一片落葉能載得動如許的愁怨呢？

過片「載取白雲歸去，問誰留楚佩，弄影中州」，隱藏著對友人曾子敬的譴責。子曰：「不義而富且貴，於我如浮雲。」載取白雲歸去，謂沈堯道與自己皆鄙棄新朝富貴如浮雲，卻有人眷眷於懷中楚佩，不忍撒手，在北方中州之地，戀棧不去。《列仙傳》載，江妃二女，出遊漢水之皐（江岸曰皐），遇見一位叫鄭交甫的青年，解下衣上的佩飾贈給交甫，交甫把佩飾放入懷中，往前走了數十步，再回頭去看，二妃倏已不見，懷中的佩飾也不見了。可見此用楚佩（漢水屬楚地）之典，指的是功名富貴到頭不過一場虛空，又何必戀棧不去呢？「折蘆花贈遠，零落一身秋」，暗用《吳越春秋》

中漁父呼伍子胥之典：「蘆中人，蘆中人，豈非窮士乎？」玉田折江南的蘆花，贈給遠在大都的曾子敬。他想讓子敬勿忘同為窮士，早早歸來。亡國之人，早早感受到了蕭瑟的秋意，亦望子敬同存此零落淒涼之心，不易其節。

通行本「中州」寫作「中洲」，小序中「并寄」的對象也不是曾心傳，而是趙學舟。以前的學者都認為，「問誰留楚佩，弄影中洲」化自《楚辭・九歌・湘君》裏的句子「捐余玦兮江中，遺余佩兮澧浦」及「君不行兮夷猶，蹇誰留兮中洲」。而「折蘆花贈遠」出自《楚辭・九歌・湘夫人》裏的「搴汀洲兮杜若，將以遺兮遠者」。循此解讀，這五句表達的是堯道欲行而夷猶，玉田相送，依依不捨的情愫。我以為這樣解說，看似圓融，恐怕是把玉田複雜的遺民心志看得清淺了。

「向尋常、野橋流水，待招來、不是舊沙鷗。」形容世事變遷，人情變幻，從前相交的好友，現在能如沈堯道一樣始終知心的，又能有幾？一結「空懷感，有斜陽處，卻怕登樓」，用三國時王粲登樓懷故國，作《登樓賦》之典，這本來是一個熟典，但加上「有斜陽處」，意境便完全不同。初昇的朝陽，帶給人的是無限希望，迫近崦嵫的夕陽，卻讓人哀傷，讓人絕望。更須知天下何處無斜陽，凡有斜陽處，便不忍登樓，是說無論走到哪裏，亡國之人的愁苦也會跟到哪裏。一九三二年，現代女詞人沈祖棻痛感「九一八事變」後山河破碎的現實，寫了一首令她一舉成名的《浣溪沙》：「芳草年年記勝遊。江山依舊豁吟眸。鼓鼙聲裏思悠悠。　三月鶯花誰作賦，一天風絮獨登樓。有斜陽處有春愁。」結二句正是從玉田詞化出。

玉田的詞風可以用清空騷雅來形容。清空是相對質實而言的，清空的美學風範，便如中國畫中的南宗，不直接敘事、抒情，而是通過寫意的、大量留白的手段，引起欣賞者的聯想。如上引《高陽臺．西湖春感》的「萬綠西泠，一抹荒煙」，《壺中天．夜渡古黃河，與沈堯道、曾子敬同賦》的「老柳官河，斜陽古道，風定波猶直」「衰草淒迷秋更綠，惟有閒鷗獨立。浪挾天浮，山邀雲去，銀浦橫空碧」，《甘州》的「傍枯林古道，長河飲馬，此意悠悠」，皆是清空的筆致。騷是《離騷》，此指芳馨怨悱之情，雅是《詩經》中的《大雅》《小雅》，代表著雅正。中正平和，樂而不淫，哀而不傷，這纔是雅，纔是正。同時的舒岳祥這樣評價他：「詩有姜堯章深婉之風，詞有周清真雅麗之思，畫有趙子固（孟堅）瀟灑之意，未脫承平公子故態，笑語歌哭，騷姿雅骨，不以夷險變遷也。」無論人生的境遇怎樣變化，玉田詞始終不過情，不逾禮，懂得情感的節制，這纔是承平公子的風流，這纔是貴族的氣象。

何謂貴族？在我看來，凡是把追求美看得高於一切的，便是貴族，反之便是非貴族。這世間惟有美是不帶一毫實用精神的，愈追求實用，便離貴族精神愈遠。美看似最柔最弱，然而惟獨美纔具有穿越時空的價值。況且，玉田詞的騷姿雅骨，猶有一層更深的精神在。

有人給《山中白雲詞》作序，說：「吾識張循王孫玉田先輩，喜其三十年汗漫南北數千里，一片空狂懷抱，日日化雨為醉，自仰扳姜堯章、史邦卿、盧蒲江、吳夢窗諸名勝，互相鼓吹春聲於繁華世界，飄飄徵情，節節弄拍，嘲明月以謔樂，賣落花而陪笑，能令後三十年西湖錦繡山水，猶生清響，不容半點新愁，飛到遊人眉睫之上，自生一種歡喜痛快。豈無柔劣少年，於萬花叢中，喚取新鶯稚蝶，群然飛舞，下來為之賞聽？」

這段話的意思是，玉田詞以騷雅為宗，雖經亡國之慘，卻不作哀斷之語，而是讓人通過他的詞，仍然感受著往昔承平之日西湖的美好。它不是如市井之詞一樣賺人熱淚，而是讓聽詞、讀詞的人心中生出一種歡喜痛快，從而不忘故國，更加熱愛故國的文化。說這番話的人，在大宋亡國後，坐必南向，畫蘭不畫土，以表不忘故國——他叫鄭思肖，是著名的志士。

誠哉吳則虞先生之言！「讓西湖山水，『猶生清響』，『自生一種歡喜痛快』，換言之，即對於故國山河有一種愛護和留戀在！不止是流連光景，而有一種希望在。」（吳則虞校輯本《山中白雲詞》序言）愛國，首先是愛一個國家的文化。玉田晚年，窮困潦倒到在鄞縣賣卜（給人算命打卦），但在那樣艱難的生涯裏，玉田還是完成了詞學鉅著《詞源》。他不止自己的創作騷姿雅骨，更從理論上全力推崇清空騷雅的詞風。這是因為，玉田要努力呵護，全力捍衛宋代精緻高雅的文化，與蒜酪味殊重的元代風格誓不共戴一天。這是寂寞的靈魂守望，更是高峻的文化自尊，他無愧於一位真正的愛國者。

政治、道德、國家、民族、英雄、遺民……一切都可能湮沒，惟有美纔是永恆的。

國家圖書館出版品預行編目資料

海枯石爛古今情：唐宋詞人十五講 / 徐晉如編著．-- 初版．
-- 新北市：華夏出版有限公司，2024.07
374 面 ; 13.5×20 公分．
ISBN （平裝）978-626-7393-78-9
1.CST: 藝術 2.CST: 文集

782.244　　113007100

海枯石爛古今情：唐宋詞人十五講（平裝）

著　　者	徐晉如
繪　　圖	林語尘
企　　劃	傳古樓
責任校對	陈炯弢
出版發行	華夏出版有限公司 220 新北市板橋區縣民大道 3 段 93 巷 30 弄 25 號 1 樓 電話：02-32343788　傳真：02-22234544
排　　版	尚文盛致文化策劃有限公司
印　　刷	百通科技股份有限公司
總 經 銷	貿騰發賣股份有限公司 新北市 235 中和區立德街 136 號 6 樓 電話：02-82275988　傳真：02-82275989 網址：www.namode.com
版 印 次	2024 年 7 月第 1 版　2024 年 7 月第 1 次印刷
書　　號	ISBN：978-626-7393-78-9
定　　價	新臺幣 780 元（一冊）

傳古樓聯繫方式：(0571)88187151;　郵箱：chuangulou@sina.com